好望角

在这里，看见新世界

昭和史

毁灭与重生

日本昭和时代（1926—1989）

[日]古川隆久——著

章霖——译

浙江人民出版社

图书在版编目（CIP）数据

浙江省版权局
著作权合同登记章
图字:11-2019-254号

毁灭与重生 ：日本昭和时代 ：1926—1989 /（日）古川隆久著 ；章霖译. — 杭州 ：浙江人民出版社，2021.3

ISBN 978-7-213-09944-1

Ⅰ. ①毁… Ⅱ. ①古… ②章… Ⅲ. ①日本-近代史-1926—1989 Ⅳ. ①K313.4

中国版本图书馆 CIP 数据核字(2020)第 267447 号

毁灭与重生 ：日本昭和时代(1926—1989)

古川隆久 著 章 霖 译

出版发行：浙江人民出版社(杭州市体育场路 347 号 邮编 310006)
市场部电话：(0571)85061682 85176516

丛书策划：王利波　　营销编辑：陈雯怡 陈芊如
责任编辑：吴玲霞　　责任校对：戴文英 何培玉
责任印务：程 琳　　封面设计：张庆锋
电脑制版：杭州大漠照排印刷有限公司
印　　刷：浙江新华数码印务有限公司
开　　本：880 毫米×1230 毫米 1/32　　印　　张：11.375
字　　数：245 千字　　插　　页：6
版　　次：2021 年 3 月第 1 版　　印　　次：2021 年 3 月第 1 次印刷
书　　号：ISBN 978-7-213-09944-1
定　　价：79.00 元

如发现印装质量问题，影响阅读，请与市场部联系调换。

出版者言

当今的世界与中国正在经历巨大的转型与变迁，她们过去经历了什么、正在面对什么、将会走向哪里，是每一个活在当下的思考者都需要追问的问题，也是我们作为出版者应该努力回应、解答的问题。出版者应该成为文明的瞭望者和传播者，面对生活，应该永远在场，永远开放，永远创新。出版“好望角”书系，正是我们回应时代之问、历史之问，解答读者灵魂之惑、精神之惑、道路之惑的尝试和努力。

本书系所选书目经专家团队和出版者反复商讨、比较后确定。作者来自不同的文化背景，拥有不同的思维方式，我们希望通过“好望角”，让读者看见一个新的世界，打开新的视野，突破一隅之见。当然，书中的局限和偏见在所难免，相信读者自有判断。

非洲南部“好望角”本名“风暴角”，海浪汹涌，风暴不断。1488年2月，当葡萄牙航海家迪亚士的船队抵达这片海域时，恰风和日丽，船员们惊异地凝望着这个隐藏了许多个世纪的壮美岬角，随船历史学家巴若斯记录了这一时刻：

“我们看见的不仅是一个海角，而且是一个新的世界！”

浙江人民出版社

中译本序言

能够有机会让中国的广大读者读到这本书，令我感到非常荣幸。

早在千百年之前，日本就开始通过朝鲜半岛中转的方式，与中国接触。不久以后，中日之间进一步开始直接交流，日本由此汲取了当时中国的先进文化。就是通过这种方式，日本进入了文明时代。但是，中日关系的发展并非一帆风顺。特别是在日本所说的昭和时代的前半段，也就是 20 世纪 30 年代初至 40 年代中期的这段时间里，两国之间一直处于惨痛的战争状态，无数人因此丧失了生命。无可否认，日本给中国带去了极大的伤害。

对于此刻将本书捧在手中的读者，那场漫长的战争想必也会是各位在阅读过程中所关注的一大焦点。日本是在什么背景下挑起与中国的战争，并将之扩大的？当时的日本在政治、社会、经济以及文化方面发生了什么变化？这些问题正是本书前半部分的主题。通过本书的论述，我们能够了解到，当时的日本未能构筑起一个能够纠正统治者的错误，并安定政局的政治结构，这是战争时期日本犯下诸多错误的一大原因。

对本书少有涉及的20世纪20年代末到40年代中期日本人的“中国观”，我想在此简单地加以说明，以便中国的读者能够更好地理解本书。

正如本书第一、第二章所提到的那样，从20世纪20年代到1945年日本战败为止，往返于长崎、神户、横滨等日本城市与中国上海之间的航船数量众多。从这些日本城市出发，经过几天的航行之后，就能到达上海。从中国东北地区的沈阳、大连等城市出发，也只需要几天时间，就能抵达东京。因为当时的日本人将朝鲜半岛和中国台湾地区视为本国领土，所以对他们来说，中国就是距离自己最近的外国，有大量日本人居住在中国的大连和上海；另一方面，在长崎、神户以及横滨也聚集了大量中国人，形成了“唐人街”。中国的香港则是许多从美国西海岸出发，经由横滨与神户前往中国的航线的终点。当时中日两国之间的经济往来不可谓不密切。

《三国演义》和《西游记》等诞生于中国的作品，在当时的日本也广为流传，众人皆知。《西游记》还被改编成戏剧与电影。在文化程度较高的人群中，喜爱中国古代经典，阅读并创作旧体诗的人也为数不少。总而言之，当时的日本人喜欢并尊敬“过去的中国”。

但是，在日本取得甲午战争（1894—1895年）的胜利后，“‘现在的中国’已经不再值得尊敬，应该反过来由我们对中国进行教导”这种观念开始在日本流行（参见金山泰志《明治期日本における民衆の中国観—教科書・雑誌・地方新聞・講談・演劇に注目して》，芙蓉书房出版，2014年）。这一观点流传了数十年之久，直到1945年日本战败投降，大部分日本人才最终意识到这种分割“过去与现在”的二重中国观是错误的。

日本发动并进一步扩大了战争，最终导致包括自身在内的诸多国家受到巨大的创伤。在战败投降之后，日本要如何重新回到国际社会，并在废墟之上重新站立起来，本书的后半部分将聚焦这一问题。在最初决定国家的重建与外交等方面的方针政策时，日本作为战败国，政府与民众并没有完全的自主权。但是不再给别国带去伤痛，埋头苦干将日本社会建设得更加富足，这一点可以说是当时日本国内的共识。而这一共识，来源于国民不愿再战的共同希望。

本书的内容止于1989年昭和时代结束之时，在平成时代也已经成为历史的当下，昭和时代的最后一年已经过去了30多年。那么昭和时代和现在的日本，又有着什么样的关系呢？在本书的最后，我略微谈及了这一问题。在昭和时代结束的同时，东西冷战也走向终结，原本泾渭分明、在某种意义上相对容易理解的二元世界，变得复杂起来。在日本国内，让经济重新开始高速增长这种想法已经变得近乎痴人说梦。各种耐用消费品已经完成普及，虽然相当多的人都过上了比较富裕的生活，但与此同时，社会也步入了老龄化。国际上，不少发展中国家的经济正在稳步发展，日本制造不再像从前那样吃香了。

在这种情况下，日本过去奉行的在军事外交方面依赖美国，专注于发展本国经济的“昭和战后模式”开始变得与时代脱节。今后日本要如何继续吸取二战之前昭和时代的教训，避免重蹈覆辙，并将国家建设得更加美好，尽可能地为人类的发展做出贡献？要找到实现这一目标的方法，并非易事。

但是通过回顾昭和时代的历史，有一点是显而易见的。那就是日本需要继续维持战后的《日本国宪法》所规定的政治体制，即便在世界局势不那么安定的状况下，也绝不妄自尊大，肆意妄为。居住在日本列岛的人们以及由这些人们所组成的国家，要在人类社会中维持一个适合自身的位置，就需要从各个阶层的不同视角出发，自由发声讨论，让每个国民都负起责任，共同思考国家的未来。

最后，在向尽心翻译了本书的译者章霖表示衷心感谢的同时，我由衷地希望本书能够为中国的读者提供一个思考日本以及中日两国关系的机会，并为今后两国保持长久的友好关系贡献微薄之力。

古川隆久

2020 年 8 月

前　言

何谓昭和时代 1

“昭和”这一年号，自1926年12月25日开始使用，直到1989年1月7日结束。也就是说，从改元昭和算起，至今（2016年）已经过去了90年。

本书的目标，是尽量使用通俗易懂的语言，将发生在昭和时代的日本历史面貌（即所谓昭和史）描绘出来。虽然还是存在用日语写作的局限性，但是我仍然希望可以通过本书，让尽可能多的人，特别是那些平日里对历史问题并不感兴趣的人，也能对日本近现代以来的历史有所关心。我衷心地希望，这样的尝试能够帮助日本与世界创造一个更加美好的明天。

说起昭和时代，这种区分时代的方式，完全是人为而非自然的。年号，本是中国历代皇帝为了显示自身对时间也能够加以支配的无上权力而发明的。

因此，年号有时候并不能如实反映时代的发展变化。例如， 12
1945年夏天，日本战败投降，这是历史上非常重要的事件，以此为契机，日本的现行宪法在 1947 年开始施行，国家的姿态也发生了根本性的转变。故而在高中的日本史教科书里，常常以战败为时间节点，将之前的历史划为近代，之后则为现代。另一方面，从民众的生活这一角度来看，随着家用电器的普及，人们日常生活的景象发生翻天覆地的变化，则是在 20 世纪 60—70 年代。通过以上两个例子可知，用昭和来分期，其实很难说得上是个最优解。

但是在书店和图书馆里，还是有大量诸如“昭和史”“昭和史之……”，或是“……的昭和史”之类标题的书。我们必须承认，现代的日本人对于昭和时代，也同样有着像对明治、大正时代那样的熟悉感和亲切感，甚至可以说，其程度还超乎前面的这两个时代。另外，虽然是偶然，不过根据不同的视角，昭和时代所处的 20 世纪 20 年代到 80 年代末，也确实可以作为一个整体来看待。

例如，从政治角度出发，20 世纪 20 年代刚好是共产主义运动兴起，并在包括日本在内的许多国家遭到敌视和镇压的时期，而 80 年代末则是东欧的社会主义国家发生剧变，冷战走向终结的时期。日本的政党内阁时代同样自 20 年代开始，并在经历了一段时间的中断后，在战后进入了自民党长期执政的时期，而这一局面也在 80 年代末开始瓦解。从文化方面来说，在这 60 多年里，先是电
13 影、唱片和广播等大家共赏、众人同乐的大众文化开始发展壮大，之后又迎来了卡拉 OK 和随身听等偏向个人体验的新型文化消费方式。

综上所述，本书将会把昭和时代作为一个整体，去审视发生在这段时期内的日本历史。

昭和持续了 64 年，超越了持续 45 年的明治，成为日本历史上

使用时间最长的年号。因此，为了更清楚地认识其中的历史动向，我们就需要对昭和时代做进一步的细分。

1937—1945 年，日本持续进行着大规模的战争，因此将这段时期视作一个阶段是恰当的。到了战后，自 60 年代起，政界与社会的注意力都集中到了经济发展上，这也可以被视为一个重要的分界点。因此，我在书中把战前、战时、战后初期、战后后期四个时期分别作为四个章节来进行阐述。

另外，日本进入昭和时代初期，不管是政治制度、教育制度，还是当时人们对于社会与人生的看法，都与现在有着相当大的差异。如果不事先认识到这些差异，那么在审视那段历史时，就有可能引发意想不到的误解。因此，我首先会用一章的篇幅来介绍昭和初期日本的方方面面。

从三个角度审视昭和史 14

就算仅限于昭和史，凭我的能力，要在有限的篇幅中将所有问题一一阐明，也是不可能的，因此我会在叙述中有所侧重。关于侧重点的选择，首先要让那些一直以来并不关心历史的人也能有兴趣阅读，同时要充分利用目前为止有关昭和史的研究成果。另外，还不能忘记立足于那些从现在回望过去，才能更鲜明地看清某些事物的视角。基于以上要求，我在书中会着重从以下三个角度来进行论述。

第一，重视普通民众。这不仅是为了让那些不太关心历史的人也能没有负担地阅读，从而提供与他们立场相近的视角，还是因为实际的历史，其根基也是由民众的日常生活积累而成的。

第二，重视国际关系。在昭和时代刚刚开始时，日本已经在政治、经济、文化等各方面与世界密切相关，这一点在今天也没有改变。

第三，不能遗忘少数派。一方面，实际的政治与人们的社会意识都会倾向于多数优先，正是因为这一点，那些居于少数的人们往往陷于被压迫的境地，甚至被强制要求做出并非出于本意的牺牲。另一方面，也不断有人在质疑这种情况，并为了寻求改变而努力着。改变虽然缓慢，但如今的社会相比过去已经变得更为宽容，这使更多的人能够较为轻松地去过自己的生活。正是这些努力的成果，造就了今天的日本与国际社会。限于篇幅，为了简单易懂地阐述历史，我虽然不得不更多地将目光聚焦于多数派的行动，但也不会忽视少数派。

从这些角度来俯瞰昭和史，在个人与集体之间做出权衡这一问题就浮现了出来。在写作书中各章时，我都会将这个问题牢记在脑海中。

我在日常写作时，总是会引用大量的史料。史料作为历史研究的材料，由过去的人们写成并流传至今。从广义上说，基础设施与建筑物、照片与影像，乃至工具与艺术品，只要是过去的人们所留下的物品，都可以视为史料。而从狭义上说，史料仅指那些文字材料。我认为，直接阅读史料，从中感知生活在过去的人们的一举一动，对于理解历史是非常重要的。

但是如果用这种方式写作，这本书恐怕会变得非常难读。为了能让所有人都可以有相对轻松的阅读体验，我在本书中不会直接引用史料。

要根据第一手史料将昭和时代 64 年间的历史都研究透彻，凭
我一人之力实在是不可能完成的。在本书中，我虽然会活用自己之 16
前的研究成果，但肯定还远远不够，所以我也会引用其他诸多研究者的相关成果。对于这些学术上的前辈，我要表示衷心的感谢。读者朋友如果对本书的内容还想有更多的了解，或是对本书的观点有所疑问的话，请务必参照卷末的参考文献进行拓展阅读。

目　录

第一章

昭和的序幕：改元之初的日本

时　间	事　件
1868 年（庆应 3 年 / 明治元年）	1 月，发布《王政复古大号令》(明治维新)
1872 年（明治 5 年）	10 月，新桥至横滨的铁路通车
1875 年（明治 8 年）	5 月，签订《库页岛千岛群岛交换条约》
1877 年（明治 10 年）	1—9 月，西南战争
1881 年（明治 14 年）	10 月，明治 14 年政变
1882 年（明治 15 年）	1 月，颁授《军人敕谕》
1889 年（明治 22 年）	2 月，颁布《大日本帝国宪法》，制定《皇室典范》
1890 年（明治 23 年）	10 月，颁布《教育敕语》
1894—1895 年（明治 27—28 年）	甲午战争
1900 年（明治 33 年）	9 月，立宪政友会成立
1904—1905 年（明治 37—38 年）	日俄战争
1910 年（明治 43 年）	8 月，日韩合并
1912 年（明治 45 年 / 大正元年）	7 月，大正天皇继位，改元大正；12 月，第一次护宪运动开始
1914 年（大正 3 年）	7 月，第一次世界大战爆发；8 月，日本参战
1915 年（大正 4 年）	1 月，日本向中国提出“二十一条”
1918 年（大正 7 年）	9 月，原敬内阁成立；11 月，第一次世界大战结束
1920 年（大正 9 年）	1 月，国际联盟成立
1921—1922 年（大正 10—11 年）	华盛顿会议
1923 年（大正 12 年）	关东大地震
1924 年（大正 13 年）	1 月，第二次护宪运动开始；6 月，加藤高明内阁成立；12 月，《KING》创刊
1925 年（大正 14 年）	1 月，《日苏基本条约》签订；3 月，广播放送开始；4 月，《治安维持法》公布；5 月，《普通选举法》公布
1926 年（大正 15 年 / 昭和元年）	1 月，第一次若槻礼次郎内阁成立；12 月 25 日，大正天皇去世，昭和天皇继位，改元昭和

1926 年 12 月 25 日凌晨，47 岁的大正天皇在与疾病斗争多年之后，迎来了生命的终点。皇太子裕仁迅速进行了被称为“践祚”的继位仪式，成为新任天皇，也就是昭和天皇。

新天皇最初的工作就是将年号从大正改为昭和。在明治维新之后的日本，实行所谓“一世一元”的制度，即在天皇更迭之后，年号也马上随之改变。在大正天皇病情不断恶化的情况下，改元的准备自然也已经在宫中秘密地进行了。

昭和天皇即位时，报纸刊登的天皇夫妇照片

“昭和”一词，来源于中国典籍《尚书》中的一节，其中包含了对世界和平以及君民关系和谐的期冀。在这一天的报纸上，日期仍然是大正15年12月25日。而当天报道新天皇即位与改元的号外，已经将日期改为昭和元年12 月 25 日，向民众明确宣告了昭和这一新年号的开始。

如果我们能够进行时间旅行，前往当时的日本，展现在我们面前的将会是怎样的世界呢？在这一章中，为了让读者更好地理解之后章节的内容，我将首先介绍改元昭和时日本的情况，以及当
20 时日本国内民众的生活，这也可以说是给头脑进行的准备运动。当时的日本姑且算是亚洲最发达的国家，虽然经济在不断发展，但是在国家的制度设计等方面还存在一些问题，使得人们往往无法自由地去追寻各自的幸福。接下来，我要介绍的各类数据、法令以及制度，若无特别说明，其时间都是1926年或是1926年度。

那么，让我们先来了解一下即位之前的昭和天皇。1901年，昭和天皇作为嘉仁皇太子（日后的大正天皇）的长子出生于东京，取名裕仁，并得到了“迪宫”的称号。在1912年大正天皇即位的同时，裕仁成为皇太子。1914年，裕仁从学习院初等科毕业后，便进入了为他特别开设的东宫御学问所继续学习，直到1921年。同年3月，皇太子开始了为期半年的欧洲巡游。随着大正天皇病情的恶化，他在1921年11月就任摄政一职。两年多后的1924年1月，他与良子女王结婚。1926年12月，即位成为天皇。

在东宫御学问所，裕仁通过杉浦重刚讲授的帝王学，培养了君主所需的正义感，并在巡游欧洲的过程中感受到了西欧式的理性主义，认同协调外交与议会政治。从作为兴趣爱好进行研究的生物学中获得的知识，大概会让裕仁从心底否认对于天皇的神化，但是出于统治的需要，他又认为这属于无可奈何之举。在巡游欧洲期间，裕仁身着便装的照片登上大众媒体，成为日本近代皇室历史上的创举，同时他还爱好体育运动，诸如此类的报道使得回国之后的裕仁拥有了如今天的偶像一般的人气。

1 拥有殖民地的“帝国”

改元时的日本领土

当时日本的领土除了北海道、本州、四国、九州以外，还包括在明治维新后吞并的琉球、库页岛（准确地说是库页岛的南半部分）、朝鲜、中国台湾地区，以及以上地区的一些周边岛屿。相比现在要广阔得多。

其中，北海道、本州、四国、九州在明治维新（1868 年 1 月）之前就是日本的领土，因此在战前被称作“内地”，战后则称“本土”。不过，就算是在这四个岛的范围之内，在北海道也还存在着阿伊努人这样拥有不同语言与文化的原住民，他们作为被同化的对象，长久以来备受歧视。原本是独立国家的琉球王国，其语言和文化也与日本本土存在差异，在明治维新后被吞并，成为冲绳县，到改元昭和时，这里在制度上已经被视作内地，然而在实际生活中，冲绳县出生的人还是会在诸多方面遭到歧视。

中国台湾地区、库页岛和朝鲜在法律上则有所不同，被视作“外地”。中国台湾地区是日本在甲午战争（1894—1895 年）中战

22 胜清政府后，于 1895 年占领的；库页岛南部则是与俄国进行日俄战争（1904—1905 年）之后占有的；而朝鲜被占领则源于 1910 年合并大韩帝国。当时，以上地区虽被视为日本领土，但是日本宪法与内地的其他法令并不适用于这些地区。这是因为日本政府与权力高层在宣示当地为日本领土的同时，既希望避免当地民众的反抗，又不愿意给予当地人与内地居民同等的待遇，所以做出了这样的安排。不过，在 1943 年（昭和 18 年），库页岛被划入了内地。

此外，还有关东州租借地、南满洲铁道附属地、委任统治领（南洋群岛）等类似于领土的地区。顾名思义，租借地即是一国从他国租借而来，并实施统治的土地。一个代表性的例子，便是英国在 1997 年归还中国的中国香港地区。当时日本占有的租借地是位于中国辽东半岛的关东州，这也是日本在日俄战争中战胜俄国之后取得的。虽然关东州也是租期到 1997 年为止的租借地，但是日本并没有支付租金，只是约定了总有一天会归还。

南满洲铁道附属地同样是日本通过日俄战争得来的，并且与关东州租借地接壤。日本不仅拥有南满铁路的线路、车站以及周边土地，还拥有在这些区域的大部分行政权。在日俄战争之后，日本政府设立了南满洲铁道株式会社来管理运营南满铁路。这一企业在运营铁路之外，也掌管着日本从俄国手中得到的权益，如铁道附属
23 地的大部分行政权、煤矿等资源。因此，满铁并非单纯的民营铁路公司，同时也是殖民地管理机关。满铁的社长（后改称总裁）是由政府任命的，而且就算企业出现了赤字，日本政府也会施以援手。

南洋群岛则是日本在第一次世界大战中从德国手中夺取的。一战结束以后的 1920 年，国际联盟成立，并正式将这些岛屿以委

任统治的方式移交日本。在被日本占领之前，南洋群岛的居民大约有 5 万人，在成为日本的委任统治地之后，从经济落后的冲绳等地移居到这些岛屿的人开始不断增加，到 1940 年，移居者已达 5 万人。

最后，还有虽是外国领土，却由日本实行统治的区域，即租 24
界。从明治中期开始，日本在中国的天津和汉口各占据了一部分区域作为租界。另外，在当时中国最重要的大都市之一的上海，还有所谓公共租界，这一租界由包括日本在内的列强共同管理，那里也有不少日本人。

根据 1930 年（昭和 5 年）的人口普查结果，当时日本内地的人口数量为 6445 万人，其中朝鲜籍（当时被称为朝鲜人） 42 万人。朝鲜半岛则有 2105 万人，中国台湾岛有约 460 万人，以上地区也各有数十万的内地籍居民（当时称内地人），与当地人相比，内地人只是很小的一部分。在当时日本统治的所有区域内，总共有 9179 万人，其中 6526 万人是内地人。

虽然连同殖民地在内，日本当时已有接近 1 亿人口，但是其中 1/3 的人口有着与日本不同的语言和文化，处于被内地人统治和支配的境遇下。直到第二次世界大战战败为止，日本都将自己称作大日本帝国，从占领原本属于外国的土地，进而对拥有自身民族文化的当地人进行统治这一点来看，倒确实是帝国所为。

25 # 2 宪法、国家以及政治

天皇主权的《大日本帝国宪法》

当时日本国家的根本法，是1889年颁布、1890年开始施行的《大日本帝国宪法》。这部宪法是通过天皇下达诏敕的形式颁布的，也就是说，宪法是由天皇赐给臣民的。宪法颁布时，也要求臣民对国家忠诚，并付出一切。既然是天皇所赐的宪法，那么接受宪法的国民也就成了天皇仆从一般的存在。换句话说，不是国家为了国民而存在，而是国民为了国家而存在。

宪法规定了日本要由所谓“万世一系”的天皇家的长子出任最高权力者，实行一代又一代的统治。由天皇来行使国家主权，这种情况被称为“天皇主权”。以伊藤博文的名义出版的《宪法义解》一书，实际上就是关于《大日本帝国宪法》的法定解释，其中将天皇称为神的子孙，把天皇与臣民完全区分开来。

宪法规定，只有天皇有调动军队的权限。此外，政府机构的
26 相关制度、官员的薪金和任免、教育制度、宣战媾和、缔结条约、
发布戒严令，乃至在紧急情况下由天皇掌握全权，即所谓“非常

大权”，也都被划入天皇的权限之内，这些权力被统称为“天皇大权”。其中的“非常大权”一经行使，日本就会变成天皇独裁的国家。不过直到这部宪法失效，天皇也没有行使过一次“非常大权”。

虽然宪法也规定了在天皇处理政务时，国务大臣有辅弼之责，但是并没有规定天皇有听从的义务。

宪法中虽无关于内阁的相关内容，但是内阁还是作为国务大臣的合议机构发挥着作用。在规定内阁官制的法令中，规定了由总理大臣（首相）担任内阁首脑。要说首相的权限与其他阁僚有什么不同，无非是他需要负责统领内阁而已。

虽然宪法规定了天皇握有对于包括首相在内的内阁成员的任免权，但是并没有写明具体的任免程序。一直以来，首相的人选都是通过元老推荐产生的，而首相以外的内阁成员则由首相推荐，然后由天皇任命。首相虽然能推荐阁僚人选，但是并没有开除不听话阁僚的权限。

西园寺公望

关于元老，并没有相应的法律规定。元老主要就是从那些曾经担任首相的资深政治家中间选出的类似长老的人物。在改元昭和的时候，元老只剩下西园寺公望一人。而根据西园寺本人的意向，之后也再未选出新的元老。1940 年西园寺不再

履行元老之责以后，首相的人选就改由内大臣与曾经出任首相者
27 （被称为重臣）讨论之后再向天皇进行推荐了。

枢密院是作为天皇的法律顾问而设立的机构，其职责是在天皇的指示下，对敕令草案、条约草案以及政府预定要向议会提出的法律草案进行审查，并将结果报告天皇。枢密院的成员被称为枢密顾问官，最高责任人则称为枢密院议长。

枢密顾问官由内阁从那些曾经担任帝国议会议员、国务大臣、政府中央机构的副部长、帝国大学教授等职位的人当中挑选，并向天皇推荐。当枢密院开会时，不仅天皇会出席，现任的阁僚们也会作为顾问官参加。枢密院议长在地位上与首相是同等的。

对于国民的权利与义务的规定

首先让我们了解一下法令方面的相关名词。那些关乎国民权利和义务的法令（被称作法律），需要在议会经过多数表决后再以天皇的名义发布。而那些属于天皇的大权，则需要通过被称为“敕令”的法令来实施，这些敕令是在负责相关事务的大臣的辅佐下，
28 以天皇的名义发布的。在军事方面，天皇会在军部大臣的建议下，通过发布军令的形式来进行控制。

在紧急事态下，政府有权发布所谓“紧急敕令”，即以天皇名义发布敕令，从而对包括国民的权利和义务在内的诸多方面进行管制。不过，关于这一点，还是存在一些限制，紧急敕令施行之后首次召开的议会，会讨论决定紧急敕令是否得当。

关于国民的权利，虽然存在“在法律许可的范围内”这一限制，但是依然规定了诸如言论和思想的自由、居住和职业的自由等

一整套权利。但是实际上，在改元昭和的时候，政府制定了《新闻纸法》《出版法》《治安警察法》《治安维持法》《军机保护法》等诸多法律，这些法律都对思想和言论的自由造成了限制。

其中的《治安维持法》，旨在维护由一代又一代天皇统治日本这样一种国家的存在方式，即所谓的“国体”，并对反对的声音进行限制和取缔。1925 年（大正 14 年）制定的这部法律，最初的具体监管对象是否定君主制的共产主义运动。早在明治末期，为了监控政治犯和思想犯，警察组织内部就已经设立特别高等警察，即“特高”。不过，特高真正开始专横跋扈，令人害怕，还要等到稍后的时代。纳税和服兵役是国民的两大义务。在司法审判环节，同样也在天皇的名义下建立了以大审院为最高审判机构的审判制度。

当时的帝国议会相当于现在的国会。帝国议会由众议院与贵族院组成，众议院议员由公开选举产生，而贵族院议员则来自皇 29
族、华族以及名义上由天皇任命的所谓敕选议员。两院在关系上是对等的，当出现两院意见相左的情况，就需要召开两院协议会来进行磋商。众议院议员的任期和现在一样，是 4 年。1926 年，今天位于东京永田町的国会议事堂尚未建成，议会都在日比谷的临时议事堂召开，直到 1936 年 11 月国会议事堂建成为止。

众议院议员虽然实行公开选举，但是最初要成为选民，还有纳税额的限制，只有缴纳税金超过一定额度者才有选民资格。经过 1925 年的众议院议员选举法修正，在改元昭和的 1926 年，25 岁以上的男性都拥有了选举权，所有 30 岁以上的男性也被赋予了被选举权。如此一来，当时 1/5 的日本国民成了选民。但是，真正根据这一制度实施众议院总选举，还要等到两年后的 1928 年。

在当时的日本，宪法的宗旨是天皇主权，即由天皇来行使主权，因此在日本的政治舞台上，不会出现“民主主义”“民主化”这样的词语。取而代之的是大正时期的政治学者吉野作造提倡的“民本主义”，以及类似于“政治的民众化”这样的说辞。但是在本书中，不论是“民主主义”还是“民本主义”，其实都源于英语“democracy”一词，两者的意思相当接近，所以在没有需要特别说明的情况下，都会直接使用“民主主义”等词汇。

吉野作造

30 关于当时的众议院选举，还有一点需要说明的是，籍贯为朝鲜或中国台湾等地的人，在移居内地以后，也能拥有选举权和被选举权。实际上，在1928年实施的第一次不设纳税额限制的普通选举中，朝鲜籍的朴春琴成功当选议员。这种情况是日本政府与殖民地统治机构出于各自需要，对殖民地当地民众的权利与义务同时实行属地原则和属人原则而出现的。

除了法律，国家预算案也需要帝国议会的批准才能得以实行。如前所述，诸如敕令、军令、条约等法令，议会都无权干涉，但是作为国家运作基础的国家预算案，必须得到议会的多数表决通过，方能生效。如果议会否决了新年度的预算案，那就只能继续执行上一年度的预算。这一点成了议会政治力量的来源，通过对预算案的审议，议会可以对军事、外交以及教育等方面的问题进行讨论。没有议会的支持，政府有时就会出现新政策或是军事扩张计划难以实施的情况。

改元时的众议院与贵族院 31

改元时的众议院议员是在选举权依然存在纳税额限制的时候选举产生的，共有 464 人，议会中的第一大党是占有 165 个议席的宪政会，其次是拥有 161 席的立宪政友会，第三大党则是占 91 席的政友本党。

政友会成立于 1900 年（明治 33 年），可以看作是曾经作为自由民权运动中心的自由党的继承者，多次获得执政地位，可谓战前日本保守派政党的代表。宪政会则成立于 1916 年（大正 5 年），与自由民权运动中的改进党颇有渊源，一直高举反自由党、反政友会的旗帜。这基本是一个由长期混迹于在野党的人在历经波折之后所结成的保守派政党。

至于政友本党，其实是一批因为党首的人事问题而脱离政友会的人，打着反对普通选举的旗号，在 1924 年成立的，也属于保守派政党。该党在成立不久之后举行的众议院总选举中遭遇不利，内部出现了动摇，不断出现脱党者，1927 年，这部分人与宪政会合并组成了立宪民政党。在 1924 年的众议院议员选举中，本还有一个叫革新俱乐部的政党，但到 1925 年时已经分裂，主要成员被政友会吸收。

这些党派都是以众议院议员与地方议会的议员为中心的议会政党。虽然政友会与宪政会都宣称自己拥有数万名甚至数十万名普通党员，但是这些所谓普通党员，其实不过是党内某一议员的支持

者，除投票之外，基本没有什么其他的政治活动。大部分政党都规定党首需由党大会选举产生，但在实际中都是由党内高层商讨决
32 定，公选党首之类的只是个幌子而已。

在改元昭和时，因为普通选举法已经通过，有人开始尝试建立无产政党，准备参与下一次总选举。无产，顾名思义就是没有财产的人，主要指工人与佃农，因此这些政党都属于社会主义政党。虽然当时的法律禁止共产主义政党活动，但在不否定天皇制的前提下，主张对社会上的弱者进行救济的社会主义政党是合法的。事实上，在这些政党成立时起领导作用的，主要是对社会主义思想产生共鸣的律师、学者等高学历的知识分子，而不是真正的无产阶级。

此外，如果把刚刚提到的诸多政党比作水面上的波浪，那么在水面之下，还有以头山满领导的黑龙会为代表的一些政治团体，它们如同暗流一般在涌动着。作为传统右翼，这些宣扬天皇至上，要求对外强硬的政治团体大大小小、鱼龙混杂，其成员也会做出暗杀之类的政治恐怖活动。

贵族院议员大约有 400 人，主要由世袭或内部相互推举产生的华族议员，或是由政府从曾任高官者、学者等人群中挑选推荐，请天皇任命的所谓敕选议员组成。根据华族们的爵位与就任贵族院议员的原委，贵族院内部也分为几个院内会派。这些院内会派主要是为了进行决定议员的发言顺序及议事日程，选定委员会成员等贵族
33 院的日常运作工作而结成的，属于仅仅在议会内部活动的议员团体。

不论是法律草案还是预算草案，都需要在众议院与贵族院获得通过才能生效。而对于贵族院制度，众议院无权加以修改，因此可以说，这是一个并不完全信任民意的制度。不过，在事实上，到

大正中期为止，贵族院虽然不时在重要法案问题上与众议院发生对立，但是在护宪运动及普选运动等民主化运动不断发展、产生影响之后，贵族院也变得越来越尊重众议院的意见了。

至高无上的天皇统治

在宪法的最后，是关于修改宪法的相关条文。如果要修改宪法，就需要有天皇的指示，并在众议院与贵族院都得到 2/3 以上议员的赞成。这一规定使得修宪极为困难。

对于皇位的继承等与皇室相关的问题，则需要参照《皇室典范》这一法令。《皇室典范》在形式上属于天皇单独制定的特殊法令，内阁无权修改，只有由成年男性皇族成员组成的皇族会议，才能以天皇的名义对这一法令进行修改。这也是为了体现天皇的至高无上。因为大正天皇病情加重无法履行公务，当时还是皇太子的裕仁在 1921 年就任摄政，做出这一决定的就是皇族会议。

说到男性皇族成员，他们被规定有从军的义务。这一规定源
于所谓贵族义务（Noblesse oblige）思想，具体来说，就是因为贵
族受到种种优待，因而有义务去完成危险的任务。在昭和时期，中 34
日战争爆发以后，就有不少皇族军官前往战场，并有两人分别因为
战斗与事故而死亡。

宫内省负责管理皇族事务，最高责任人便是宫内大臣。虽然与其他中央省厅的首脑一样都是大臣，但是宫内大臣并不是内阁成员，只是在级别上与其他各省大臣同等而已。此外，内大臣作为天皇的政治顾问，其级别与总理大臣相当，主要从拥有入阁经验的人当中选拔。只有天皇能够任免宫内大臣与内大臣，内阁对于这些职

位的人选没有发言权。

综上所述，虽然《大日本帝国宪法》的具体条文看起来与部分欧美国家的宪法颇为类似，但是其基本宗旨在于维护至高无上的天皇的长久统治，直至永远。在这一体系下，要在政治层面如实反映民意是比较困难的。

在制定这部宪法时，虽然列强将制定与欧美相当的法律体系，作为修改各国与日本签订的不平等条约的条件，但领导了明治维新及之后的国家建设的伊藤博文与山县有朋等藩阀政治家，却把自由民权运动视作妨碍富国强兵的不智之举，在制定宪法时极力将自由民权运动的影响排除在国家的日常运作体系之外。他们的想法因此造就了这样一部不能很好地反映民意的宪法。

35 当时只有一位政治家对这种情况提出异议，指出在这种制度下，权力恐怕会越来越向高层集中，他就是大隈重信。1881 年，大隈上书要求尽早制定宪法，并提倡实行英国式的议会内阁制，此举导致他被排挤出政府高层，这就是所谓“明治 14 年政变”。大隈的意见可以说非常切合时宜，但是当时的其他政府高层却将之视为大隈意欲独揽大权的手段，并将大隈排挤出政治权力的中心。在这之后，伊藤博文开始制定以天皇的大权为中心、弱化议会权力的宪法，而山县有朋则以即使自由民权派掌握政权，也无法对军队产生影响为目标，制定相应的军事制度。

大隈的预言在 65 年后成为现实。当时日本的政治家们对大隈意见的理解仅仅停留在政治斗争的层面，不得不说政府高层内部只有这样一些人物的日本，是颇为不幸的。如果大久保利通在西南战争后没有被暗杀的话，也许日本历史的发展会有所不同吧。

3　官僚制度与地方制度 36

改元时的中央机构

当时政府的中央机构除了由军人构成的陆军省与海军省，还有内务省、大藏省、外务省、文部省、递信省、铁道省、农林省、工商省、拓务省等。对于官员来说，做到各个省厅的次官，也就是副部级，基本上就是出人头地的顶峰了。在护宪三派内阁（第二次护宪运动后由宪政会、立宪政友会、革新俱乐部三派联合组阁产生的内阁）时期，作为民主化的一环，建立了政务次官制度。在这一制度下，各省厅设置了与次官地位相当的政务次官，以及与省下属局长相当的参与官各一名，由贵族院或是众议院的议员出任。政务次官实际上就成了相当于副大臣的职位，之后在议会的答辩中，常常出现政务次官代替大臣发言的情况。

内务省不仅要管理包括警察事务在内的各种地方行政工作，当时在地方政府担任行政长官等重要职务的人，也都是直接从内务省派遣出去的，因此内务省是中央机构中规模最大的。在内务省，警保局局长负责管理全国的地方警察，而警视总监则负责管理首都东京的警察，这是两个特别重要的职位。据说只要在警保局局长任上没有出什么纰漏，那么升职到内务次官，或是成为贵族院的敕选议员，就指日可待了。

37 此外，还有其他几个现代日本人可能不太熟悉的省厅，比如铁道省，主要负责国铁的运营和民营铁路运输业的监管。递信省则负责运营邮政与电信电话业务，当时刚刚出现的民用航空，也归递信省管辖，而拓务省管辖的是殖民地与海外移民事务。

一道、三府、四十三县的地方制度

当时日本内地的一级行政区划共有一道、三府、四十三县，并在其下设置市、町、村等行政区划。东京都与其所辖的特别区是1943年才设置的。在1926年时，东京的行政级别还是东京府，下辖东京市。除了东京，余下的行政区划基本上与现在相同。

这些地方政府的行政长官被称为知事，前面已经提到，知事都是由内务省直接从中央派遣任职的，而由地方民众投票选举所在地的知事，还要等到二战结束以后。虽然地方议会是由公开选举产生的，但其权力仅限于本地的财政预算与税收工作。因此，当时的道、府、县政府，只能说是一半自治，一半受国家的直接管辖。这种更接近中央集权的地方与中央关系，可以说是模仿了法国等欧洲大陆国家。

作为更低一级行政区划的市、町、村，则是完全的自治体，不过这些地方的行政长官也不是由民众直选的，而是由当地议会选举产生，属于间接选举。而且候选人不是从议员中产生的，一般是从当地的有权有势者，或是拥有在内务省任职经历的人当中挑选。

当时普遍认为，担任过内务省官员的人会有较高的行政能力，而且方便与中央其他部门沟通。说到地方议会，这些议会的议员们在1926年以后，也开始由男性普通选举产生。

在中国台湾地区和朝鲜这些殖民地，台湾总督府和朝鲜总督 38
府负责管理包括警察在内的各种事务。总督作为总督府的最高首脑，代表着天皇的权威，拥有颁布法律法规、决定教育内容等诸多大权，其地位可以说基本与总理大臣相同。而在关东州、库页岛、南洋诸岛，则分别设有关东厅、桦太厅、南洋厅等机构负责行政管理。这些机构的负责人被称为长官，如关东州的行政长官便是关东厅长官，其地位基本相当于中央省厅的次官。以上这些行政机构的重要职务基本由日本人担任，总督与长官自不待言，就算是其他相对次要的职务，也基本上被日本人包揽。虽然在中国台湾地区和朝鲜都出现了要求自治的运动，但是由当地民众公开选举产生的议会等自治机构，始终都没有出现。

从内地到殖民地，当时的高级官员基本是通过了文官高等试验以后被录用的。想要参加这一考试，首先需要具备大学学历。考试合格，基本就算是拥有了向某一省厅的次官或是其他管理职位奋斗的入场券。虽然制度上，对于这些官员的母校是一视同仁的，但实际上，这一考试的合格者中，有半数以上都是从东京帝国大学法学部毕业的，而其他大学的毕业生就算通过了考试，也基本没有人能够做到次官级别。另外，中国台湾地区和朝鲜的本地人，虽然也有参加并通过文官高等试验，进而在当地总督府担任管理职务的，但也仅仅止步于此了。

在旧宪法下，国家官员全都被视为天皇的部下，受到《官吏服务纪律》的约束。

在新闻机构中，当时最为强势的莫过于报纸。日本广播协会（NHK）作为当时唯一的广播播送机构，还没有设置采访报道部
39 门，广播的新闻都是直接采用各个通讯社的稿件。另一方面，各大报社通过连载小说、悬赏问答乃至举办博览会等丰富的活动，竞相招揽读者订阅。朝日新闻（主要包括《东京朝日新闻》《大阪朝日新闻》）与每日新闻（主要包括《东京每日新闻》《大阪每日新闻》）是当时主要的全国性报纸，发行量均达到100万份。除了这两份报纸，订阅其他报纸，特别是在各地出版的地方性报纸的人也为数不少。

对于国际新闻，当时有能力向海外派出通讯员的差不多只有朝日新闻社和每日新闻社，大部分报社都通过国内的通讯社来接收国外主流通讯社，比如英国路透社发布的消息。

虽然当时存在对于言论自由的限制，但是不可否认，在媒体方面还是存在着一定的多样性。

4　教育

国家至上主义的学校教育

在不近民意这一点上，不仅是宪法，当时的教育和军事也同样如此。当时的义务教育只包括六年制的寻常小学校，不过，这一点在同时期的其他国家也差不多。小学从三年级开始，实行男女分班制。从明治后期开始，学校使用的教科书都是国家指定的，在日本史（当时称为国史）课程中，《日本书纪》当中记录的神话内容被作为事实教给了学生。在课堂上，学生们会学到这样的内容，如“日本建国以来的历史已有2500余年，属于世界上屈指可数的古国之一，而且一直由‘万世一系’的天皇所统治，当真是举世无双的可贵国度”。

此外，还有所谓“修身”的科目，主要目的就是教育学生要将天皇放在至高无上的地位，在国家需要的时候，放弃个人利益，为国家献出一切，并深信这就是作为日本人最好的生活方式。事实上，在《大日本帝国宪法》施行前颁布的《教育敕语》中，就已经以天皇的名义，要求每个国民通过教育，树立起包含儒家思想的天皇至上主义的人生观和世界观。所以，在其他的科目中，如语文和音乐，也大量采用了以宣扬国家至上为主题的内容。

总之，当时日本的教育将国家置于个人之上，非常强调个人必须服从国家的意志。诸如自己思考如何改进政治运作机制，或怎样与他人展开讨论等涉及民主主义立场和观点的话题都是完全不存在的。在普通选举法通过之后，终于有人开始探讨要进行“选民教育”，这才多少出现了一些民主政治的观点。日本的这一特点，与大多经历过革命或是独立战争的欧美国家极为不同，在我们接下来继续回顾昭和时期日本的历史时，有必要牢记这一点。

在改元昭和时，完成义务教育的寻常小学校的毕业生，大约
41 一半都直接走上了社会。根据政府的统计，到明治后期，小学的入学率差不多已经达到了 100%。但是这一数据其实只统计了那些曾经入学的学生，而并没有考虑中途辍学的情况。现在的研究表明，完成 6 年的学业，正式从小学毕业的学生的比例基本达到 100%，其实是到了昭和初期的 20 世纪 30 年代才实现的。在社会上，人数次于寻常小学校毕业生、居于第二位的是高等小学校毕业生。所谓高等小学校，大致相当于现在的公立中学，通常与寻常小学校一起设立。

各个府县都设有公立的师范学校，来培养小学的教员。进入这些师范学校，需要有高等小学校毕业的学历。在成功入学之后，个人无须承担学费，这是师范学校的一大优势。但是，可能因为小学教员的工资还是太低，所以教员数量不足的问题一直存在。在偏远的农村地区，还存在没有接受过正规师范教育的代课教师。

极低的升学率

如果要追求比高等小学校更高的学历，男性大多会在寻常小学校毕业后，选择升入中学校，而女性则会选择高等女学校。这两种学校都是五年制的，如果用现在的学校来类比，差不多算是初高中一贯制的学校。成功进入这些学校的学生比例，在改元昭和时是20%—30%，其中女性的升学率还要更低一些。

想要进一步出人头地的话，还可以进入专门学校、高等学校或大学预科（三年制）继续学业。如果以考入大学为目标，基本上需要经过高等学校或大学预科的教育。当时能够进入公立或私立大学深造的，100 人中也不过几人而已，所以大学生在当时是真正的精英。这些学校原则上都实行男女分校，而且大部分只招收男生，42
实行男女同校的只有一部分艺术类院校。帝国大学作为最高学府，也只接受一部分女性作为例外入学接受教育。

当时从第一高等学校考入东京帝国大学法学部和医学部的人数较多，而考入第一高等学校的人数又以东京府立第一中学校为多。在这种本已屈指可数的名校里，想要走上这条出人头地的光明大道，也往往是数人甚至十多人竞争一个升学名额。不过，同样是东京帝国大学，法学和医学这两个学部以外的竞争就相对不那么激烈，比如东京帝国大学和京都帝国大学的文学部，不仅报考的人数本就不多，而且还往往招不满名额。想进文学部的话，只要是高等学校的毕业生，基本就能够免试入学。

当时大学的学制是三年，包括设在殖民地的两所大学在内，帝国大学共有 9 所，但不论是帝国大学还是作为进入帝国大学的必经之路的高等学校的学费都很高昂，而且入学名额很少，所以大部分人都不会选择这条道路。若要追求高学历，更多的人会选择私立大学附属的专门部，只要中学校毕业就可以报考，而且学费也相当低廉。说起私立大学，其实在制度上，大部分也是从专门学校发展而来的。

此外，那些寻常小学校毕业便走上社会的人，也有不少会通过进入地方自治体设立的青年学校（夜校）或是购买学校发售的讲义等教材进行自学等方式，继续学习。通过这样的学习，那些从事农、林、牧、渔业的人能够掌握相应的增产、防病知识，而那些从事第二、第三产业的人也能够获得升职或独立经营的机会。

5　军事

直属天皇的军队

在明治初期，日本的军队开始分为陆军和海军，并实施征兵制。1882 年颁布的《军人敕谕》，表明了军队直属天皇的性质，并要求军人在接到天皇的命令之后，不惜生命与敌人奋勇战斗。《军人敕谕》中还有广为人知的军人不得干预政治的规定，这反过来证明了《军人敕谕》在某种程度上是为了防止自由民权运动对军队产生影响而颁布的。总之，日本的军队也是与民意相隔绝的。

日本的海军以当时世界上规模最大的英国海军为榜样，而日本陆军一开始师从法国陆军，在 1870 年的普法战争之后，目睹法军失败的日本陆军转而学习德国陆军。海、陆两军相互独立，各自发展。在改元昭和时，陆军的规模大约是 21 万人，海军则有约 8 万人及 267 艘各类舰艇。当时日军没有独立的空军，陆、海军各自的航空部队总计拥有大约 480 架军用飞机。

作为日军军备计划的基础，《帝国国防方针》最初是在日俄战争之后，由陆、海军在高度保密的情况下制定的。之后根据国际和

44 国内形势的变化，每隔几年更新一次。当然，在进行修正时，天皇的认可也是必不可少的。这一机密文件就连首相也没法查阅全文，更不用说被大众媒体报道了。赞同与西方缓和关系的昭和天皇想必对这些文件也感到过疑惑，但毕竟是明治时代开始的惯例，而且直到 20 世纪 30 年代后期的修改为止，其中的内容都还不算激进。

当时陆、海军发布的《帝国及列强之陆军》与《海军及海事要览》等宣传资料，会列出列强在军事方面的各类数据。虽然其中缺乏苏联与中国的数据，但是从这些资料还是可以大致知道，当时日本的军事力量，不论是军事预算，还是陆、海军的规模，都排在美、英、法、意之后，虽然在亚洲是第一位的，但在世界上恐怕还排不进前五。

征兵制原则上要求每名年满 20 周岁的日本内地籍男性在陆军服役 2 年（海军则是 3 年），但是在战事并不吃紧的年代，就算男性年满 20 周岁，也不一定会被征召入伍。适龄男性会首先接受征兵检查，根据身高、体重等身体条件和是否患病等健康因素，被分为甲、乙、丙、丁四种。军队再根据其所需人数，从被定为甲种的人当中抽签选择入伍士兵。在昭和初年，被征召入伍的人数大概只占征兵检查人数的 15%，也就是说，20 人里只有 3 人会真正入伍。至于海军，对兵源的要求相对陆军更为严格，服役的时间也更长，因此通过征兵进入海军服役的人数远比陆军要少。如今说起征兵，一般都会联想到陆军，所以接下来就主要以陆军为例来进
45 行说明。

一旦被征召入伍，就意味着要放弃原本的工作，整天都在所属部队的兵营里参加训练。陆军部队一般从驻地直接征兵，所以士

兵在周末回一趟老家也是可以的。服役期间，国家会发放薪水，大致相当于低级官员的起薪。军队的训练相当艰苦，新兵（二等兵）还常常受到老兵（一等兵）的欺凌，这种欺凌不只是言语上的，还经常包含暴力行为。在一个满是男人的地方，似乎也难免产生蛮不讲理的气氛。但是，从内部欺凌多发这种情况我们也能够看出，日本军队对普通人来说，确实是不自然、反常识的地方。服役期间如果发生战争，那毫无疑问就需要上前线了。

即便服完兵役，也还没有到松一口气的时候，因为等待着退伍军人的，还有预备役和后备役制度。两年的现役之后，紧接着就是 5 年零 4 个月的预备役，在此期间，如果发生战争，出现兵员不足的情况，就会被召集回到军队服役。在度过了预备役以后，还有大约 10 年的后备役，当战争所需的兵力连预备役也无法满足的时候，就会召集后备役人员重新服役。

处于预备役和后备役期间的人，被称为“在乡军人”，需要参加从前所属部队不定期举行的简单军事训练，这种训练被称为“简阅点呼”。实际上，在 1937 年（昭和 12 年）中日战争全面爆发以后，由于战争规模不断扩大，首先是大量的预备役人员被召集入伍，接着还召集了一部分后备役人员。而到了太平洋战争时，就连那些两年的义务兵役都没有经历过的人，也被征召进了军队。对当时的人来说，有没有在战争中受到召集命令，是关乎今后命运的分歧点。

为了逃避兵役，在征兵检查之前，全国各地都有人在深夜悄 46
悄前往寺庙或是神社，祈求不会被列为甲种，即便自知身体条件极佳，免不了被列为甲种，也会祈求在抽签时不被抽中。另外，虽然也有假装生病、贿赂检查人员或是直接逃亡的，但是真的用这些手段逃避兵役的还是极少数，想来国家至上主义的教育确实发挥了一定的作用。

殖民地出身的人则没有服兵役的义务。大学生虽然在制度上并没有被免除兵役，但是直到毕业，他们都可以免于被征兵，毕业之后接受征兵检查时，也大多会被定为乙种，所以大学生实际上差不多是免服兵役的。

1929 年，日本签署了日内瓦第二公约《关于战俘待遇的公约》，但是在陆、海军的反对下，该公约未能在日本国内获得批准，所以日本最终没有加入。陆、海军的理由是，如果按照条约规定对待战俘，那么战俘的待遇就比日本士兵平时的待遇还要优厚，这样一来会造成不公。按理说在这种情况下，应该考虑的明明是改善本国士兵的待遇，结果日军却做出了完全相反的举动。可见在战前的日本，个人的权利是多么不被重视。

日本军队的阶级制度

军队的指挥官，称为将校或军官。陆军设有陆军士官学校，海军则有海军兵学校，用来培养指挥官。学生从中学校毕业之后，
47 就有资格报考这两所由军方管理运营的学校。在这两所学校学习的 3 年间，学生不需要缴纳学费。相应地，学生入学时，就相当于加入了军队，毕业之后也将成为军官。

为了进一步培养制定作战计划的参谋，还设有陆军大学校（陆大）与海军大学校（海大）。这两所学校的招生对象都是下级军官，在经过上司的推荐并通过考试后，方可入学。在学制方面，陆

大为 3 年，海大则是 2 年。此外，陆军还设有陆军幼年学校，在那里学习 3 年之后，可以升入陆军士官学校。想要在陆军内部出人头地，仅仅念一个陆军士官学校显然是不够的，还需要在陆军幼年学校和陆军大学校也取得优异的成绩。换句话说，那些爬到陆军顶层的精英们，基本是一些一直处在军校环境中，对外面的世界缺乏了解的陆军至上主义者。

军官的军衔有少尉、中尉、大尉、少佐、中佐、大佐、少将、中将等，直到最高级的大将。另外，天皇还会将“元帅”作为荣誉称号颁给那些贡献突出的大将。在军官的世界里，与企业和政府机关一样，职衔越高级，数量就越少。对于士官学校的毕业生来说，能当上大佐就已经很不错了。每级军衔都有相应的在职年限，在某一军衔的在职年限内，如果没有得到晋升的话，就只能退出现役，成为预备役。预备役这一称呼中的“预备”二字清楚地表明，这些是在战时出现军官不足的情况时，才会被征召回到现役的人员。

除此之外，还有针对高学历人才的干部候补生制度。从大正
时期开始，在中学校以上的学校开设了被称为“学校教练”的课 48
程。接受过这一课程训练的学生在毕业后，可以在从事原本工作的同时，经过相应的训练和手续，获得预备士官的资格。在发生战争被征召入伍的时候，与其作为一般士兵入伍而受到老兵的欺凌，不如作为军官入伍，有这种想法的人想必为数不少。军方创立这一制度的初衷是为了应对战时军官不足的情况，在中日战争全面爆发以后，这些候补生开始被征召。与此同时，那些在裁军时期大量被分流到学校主管学校教练的预备役军官，也有一部分在中日战争全面爆发后被召集恢复现役。

士官是介于普通士兵与军官之间的存在，能够担任班之类的最小一级军队组织的领导，普通士兵可以通过考试成为士官。

日本军队的规模

在改元昭和时，陆军拥有 17 个师团，兵力约 21 万人。在第一次世界大战之后的裁军潮流中，共有 4 个师团、约 3 万人被裁减。师团是能够独立执行作战任务的部队单位，在作为主力的步兵部队之外，还设有炮兵、骑兵、工兵、辎重兵以及医疗兵之类的部队。其中的工兵部队，主要负责战场上的铺路架桥、构筑阵地等土木工程。

一部分师团会在一定时间内驻扎到殖民地或是中国的一些地区，在期满后由其他师团接替。这些师团包括负责关东州租借地与
49 南满洲铁道附属地警备的关东军，以及根据《辛丑条约》驻扎在北京附近的中国驻屯军（当时名为支那驻屯军）。

师团的步兵部队通常由 4 个步兵联队组成，师团整体的人数在和平时期是 1.2 万人，战时则会扩充到 2 万人左右。师团长作为师团的指挥官，一般由陆军中将担任。师团长就任时，会直接从天皇手中接受任命状，这显示了师团长与国务大臣相当的高级地位。师团基本是从所在地附近征兵，如第一师团士兵多为关东人，而第二师团则多为东北地区南部的宫城、福岛等县出生的人。

在改元昭和时，共有 51 个步兵联队。这些联队分布在全国各地的驻屯地，从驻屯地附近征召来的士兵会在驻屯地接受训练。一个联队在和平时期有约 2000 人，联队长一般由大佐担任，联队长以下的各级军官每隔几年就会调职更迭。

海军部队由相当于基地的镇守府与舰队构成。在改元昭和时，海军共有 5 支舰队，以及横须贺、吴、佐世保 3 个镇守府[①]，此外在舞鹤还有一个被称作“要港部”的规模较小的基地。联合舰队是在演习与实战时，由数支舰队合编而成的。当时飞机已经成为重要的兵器，陆、海军都拥有各自的航空部队。

另外，陆、海军也拥有制造武器、弹药以及军服的工厂，不过在这些工厂工作的工人并非军人。当然，也有一部分军舰、军用飞机和汽车是委托民营企业制造的。

作为军队的中央机关，陆军省和海军省主要负责军队的运营管理，而参谋本部（陆军）和海军军令部则负责制订军备和作战计划。其最高长官分别为陆军大臣、海军大臣、参谋总长以及军令部 50
部长，这些职位由中将、大将担任，并由天皇直接任命。

陆军大臣与海军大臣又称军部大臣，都是内阁成员。根据改元昭和时的军队内部规定，可以由非现役的中将或大将担任。但是实际上，担任过这些职位的军官仍然全部是现役军人。在原则上，当国务大臣寻求天皇下达某些决定时，首相应当在场，但是军部大臣就不需要遵守这一原则，因为这属于独立的“帷幄上奏权”。

基于日俄战争后确立的统帅权这一观念，参谋本部和海军军令部是直属于天皇的机构。两者的一个不同之处在于，根据军队内部规定，参谋总长直属天皇，与陆军大臣平起平坐，而海军军令部部长则属于天皇与海军大臣的部下。因此，陆军大臣若想要向天皇

---

① 镇守府：日本海军的基地，各镇守府主要负责所辖海军区的战备，指挥所属舰艇，征募并训练兵员。

提出撤换参谋总长，还需要参谋总长的同意。而海军大臣则可以根据自身的意见，申请撤换海军军令部部长。但在“九一八”事变之后，海军军令部部长改称为军令部总长，其地位也变得和陆军的参谋总长一样了。另外，在战时还可能成立所谓“大本营”，作为陆、海军的统一司令部。

6 经济 51

国内总支出与国家预算的用途

在讲经济问题之前，让我们先来了解一下当时的物价水平。一般来说，现在的物价大约是当时的 3000 倍。但是关乎人与物的价值的诸多条件，都已经发生巨大的变化，机械地将当时的物价乘以 3000 是无法反映真实状况的。例如，人力成本和东京周边的房租差不多上涨了 5000 倍，而像食品、电器等当时能够大量生产的一些商品大约上涨了数百倍。另外，在 1926 年，1 美元大约能兑换 2.13 日元，历经波动之后，现在的汇率大致变成了当初的 50 倍。所以 3000 倍只能说是一个简单的算法。

1925 年的国内（除去殖民地）总支出（相当于国民生产总值）大约是 163 亿日元，如果将特别会计费用合计在内，1925 年的国家财政规模大约为 37 亿日元，大约相当于国民生产总值的 44%。
而 2005 年的国民生产总值是 500 万亿日元，国家财政规模是 230 52
万亿日元，占比 45%，与过去相当。

根据国民生产总值这一指标去比较当时各国的经济实力，是比较困难的。之前我们提到过《海军及海事要览》，其中有所谓的国家财政规模一览，前四名依次是美国、英国、法国、德国，日本位列第五，但是其中没有提及的苏联，财政规模恐怕也在日本之上，所以日本实际上大概是第六位。日本的这一数值只有美国的1/7。就总的经济规模来说，排名大概也不会有所变化。从大正时代后期开始，因为第一次世界大战结束后海外订单的减少与裁军带来的造船量缩减，经济增长率最高仅能达到 2%，勉强维持低速增长。

让我们来看看当时是如何使用国家预算的，以 1925 年为例，一般财政收支总额为 15 亿日元，其中 45% 为行政费，用于支付官员的工资等用途；30% 为军事费；另有 20% 用于偿还外国债务，这些债务主要来自日俄战争的借款以及关东大地震后用于灾后重建的借款；社会保障方面的费用占 9%，虽然健康保险制度已经在 1922 年建立，但是当时的参保者还很少，这些费用主要用来支付退休官员和军人的退休金。

相比之下，2005 年的一般财政收支总额为 85 万亿日元，社会保障费用占 24%，国债费用占 22%，地方财政费用占 20%，公共事业费用占 11%，军事方面的费用占比不到 6%。从这些变化我们可知，国家在国民生活中扮演的角色发生了相当大的变化。在改元
53 昭和时，军事费的占比非常大，但是必须指出，这个数字也已经是前后一段时期中最小的了，这也可以说是当时政党内阁的功劳。但即便如此，毫无疑问这一比重在当时的列强中间还是排在第一。那时候的日本军备规模，可以说是与国力并不相衬的“努力成果”。

当时皇室所需费用的大部分，来源于出售其所有的广大山林

的木材所获得的收入，或是所持股票和债券的收益，皇室拥有当时日本最庞大的资产。在国家预算中基本没有什么支出是皇室用掉的，毕竟高于一切的天皇的收支，不可能在使用之前还去征得议会的同意。

以农业为中心的产业人口

1930 年，内地的产业人口中，从事农、林、牧、渔业等第一产业的人口占比超过一半，从事工业等第二产业的占比不到 20%，而在政府机关或商业、服务业等第三产业就职的也不到 30%。纵向对比来看，在明治初期，从事第一产业的人口占 85%。横向对比来看，20 世纪 30 年代美国第一产业人口的比重是 22%，而英国更是只有 6%。到 20 世纪 90 年代，日本的三大产业人口比重发生了变化，第一产业人口占 7%，第二产业人口占 34%，第三产业人口占比接近 60%。我们可以看出，昭和初期的日本虽然随着现代产业的发展，农业人口在不断减少，但依然是一个以农村为中心的社会。

不过，如果从产值来看，1925 年农业在国内生产总值中的比 54
重已经不到 30%，制造业等第二产业则超过 35%，商业与服务业等第三产业也占到了 34%。可见当时的农业生产效率较低，就算投入大量人力，产值也不怎么高，从中赚钱自然无从谈起。这也是农业人口减少、都市人口不断增加的一大原因。

从贸易额来看，20 世纪 20 年代，日本占世界贸易总额的比重是 3%，其中以亚洲国家为对象的贸易和以美国为对象的贸易大约各占一半。日本对亚洲的主要贸易，是从印度、东南亚等地进口低价的棉花、橡胶等原料，加工成棉布与日用杂货，出口到以中国为主的国家。而与美国的贸易，则是出口主要用于生产女性长筒袜的蚕丝制品，进口石油、废钢等原材料。这些原材料被用于建设工厂、高楼以及铁路等设施，或是制造火车头、大型商船和武器。

日本不论是在原料上，还是在市场上，都对亚洲诸国有很高的依存度。对美国出口的商品主要是生活非必需品，但进口的却是产业发展离不开的重要资源，依存度也同样非常高。总体来说，作为资源小国，日本产业结构的独立性非常弱。

在经济界，存在着从明治维新时期就开始经营金融、物流产业，以及进出口贸易和丝织品贩卖等业务而成长起来的三井、三菱、住友等财阀。此外，还有凭借第一次世界大战期间的繁荣景
55 象，投入重工业及化学工业并取得成功的新兴财阀。中央银行自不待言是日本银行，此外还有一些具有政府背景的银行，如主要从事外汇业务的横滨正金银行，以及作为殖民地中央银行设立的“朝鲜银行”和“台湾银行”等。

7　国际关系

作为中心的国际联盟和美国

在改元昭和时，日本的国际关系主要围绕着国际联盟与美国展开。第一次世界大战中加入协约国一方的日本，在并没有被卷入欧洲大陆那些如同绞肉机般的残酷战斗的情况下，成了战胜国之一。1920 年，42 个国家共同成立了国际联盟，这是一个基于《凡尔赛和约》建立的国际组织。日本与英国、法国、意大利三国一道，成了国际联盟的常任理事国，可以说日本的国际地位因此得到了飞跃式的提高。国际联盟否定将战争作为解决国际纷争的手段，而日本在国际联盟中处于领导地位，这从另一个角度说明当时日本外交的基本方针还是重视国际交流与合作的。

另一方面，美国由于国内依然存在不参与美洲大陆以外事务的门罗主义倾向，所以没有加入国际联盟。但是，美国已经以第一次世界大战为契机，成为世界经济的中心，在这种背景下，为了避免一战惨祸重演，美国也积极参与到国际交流与裁军的行动中。美国在 1921 年主持召开了华盛顿会议，这一会议签订了旨在维持太平洋地区现状的《四国条约》、声称尊重中国主权独立与领土完整的《九国公约》，以及削减主力舰的《华盛顿海军条约》。日本也加入了这些条约，顺应了和平与裁军的世界潮流。

华盛顿会议

当时的美日关系很难说得上良好，因为美国对日本移民施加限制的法案刚刚在1924年施行。但是从前一节的说明也可以看出，日本经济对于美国的依存度很高，而且日俄战争的经费与关东大地
57 震的灾后重建费用有很多来自美国金融界的借款，因此日本基本上没法对美国表现出强硬的态度。

至于周边各国，中国与苏联是其中比较重要的。当时的中国国内，除了割据一方的各路军阀，还有中国共产党这一力量的存在。不过，在蒋介石领导的南京国民政府北伐成功之后，包括日本在内的主要国家都承认了这一政权。当时，日本的纺织企业在中国的天津、上海等地多有分布，中国不少的上层精英也拥有留学日本的经历，行伍出身的蒋介石就曾经留学日本。

但是，由于日本趁第一次世界大战后欧美列强无暇顾及亚洲的时机，向中国提出强化自身利权的“二十一条”，并以武力威胁，强迫中国加以承认，造成中国国内反日情绪高涨。而陆军为了维护在中国东北地区的利益，还在援助与国民党政权对立的军阀张作霖。在日本国内，自从甲午战争取得胜利之后，对于中国的蔑视情绪就不断扩散。可以说，当时的中日关系非常复杂。

当时苏联与日本的领土在库页岛直接接壤，又存在鄂霍次克海的渔业问题，因此也相当重要。两国在 1925 年缔结《日苏基本条约》，恢复了外交关系。不过，日本政府还是对共产主义思想的传播十分警惕，1925 年制定的《治安维持法》，除了有防范实行普通选举而出现的无产政党这一目的之外，也有防止与苏联建交之后国内的共产主义运动受到苏联援助而激化的考虑。58

8　交通与通信

以铁路与海运为中心的交通状况

当时的交通状况，无疑是以铁路与海运为中心。我手边正好有一本日本旅行文化协会（今 JTB 的前身）发行的 1924 年 4 月号《列车时刻表》的复刻版。翻阅卷首的铁路图，可以看到沿海的干线铁路已经完成，但是在内陆的山区和四国南部等地，铁路尚在建设之中。在都市区域，东京的山手线也还没有全线贯通，要想搭乘山手线环绕东京市内，还得等到 1925 年。

当时的铁路，所有的干线和大约一半的地方支线由铁道省管理，也就是所谓的“国铁”。电力机车只在大城市及其周边地区使用，一部分地方线路刚开始使用内燃机车，大部分的客车和货车都是由蒸汽机车牵引运行的。至于城市内部的交通，地铁尚未出现，有轨电车还是主流，公共汽车和出租车方兴未艾。大都市里的交通工具大多是公营（市营）的，而在那些规模较小的城市，则多为私营。

从东京到大阪，乘坐特急列车也需要 11 个半小时，若是乘坐

普通列车，则需要大约 18 个小时。想要在一天之内往返，当然是 59
不可能的。不过就算如此，相比江户时期江户与大阪之间徒步加水路，一共需要花费两周时间的旅程，还是要快得多了。

东京与大阪之间的特急列车一天只开行两列，三等座的车费大约是 6 日元，因为是特急列车，还要加收 2 日元的特急费，共计 8 日元。若是乘以 3000，就是 2.4 万日元，差不多是 2015 年新干线“希望号”普通列车指定席票价的两倍。一等座的票价差不多是三等座的 3 倍，也就是 24 日元，相当于现在的 7.2 万日元，而二等座的价格是三等座的 2 倍，即 16 日元。可见就算是三等座，也是相当昂贵的。在东京和大阪之间，除了特急列车，还有夜间运行的 6 列急行列车、7 列普通列车，总共 15 列。相比之下，由 16 节车厢编组而成的新干线“希望号”，在 2015 年时每小时可以开行 5—6 列。可见过去的交通费是很高的，花费的时间也多，而且人流量还很少。

在时刻表上，不仅有冲绳、库页岛、朝鲜和中国台湾地区的铁路信息，甚至还有中国大陆的，从中我们能够在某种程度上认识到生活在大日本帝国的日本人的空间意识。另外，时刻表里也有关于公共汽车的内容，可以看出这种新的交通工具正在全国各地逐渐普及。但是，当时就连国道也尚未基本进行道路硬化，所以公共汽车只能在市内进行短距离运营。

扩大的海运网 60

这本时刻表上还有航船信息，当时不仅有前往内地、朝鲜、中国台湾地区和库页岛的轮船，还有开往中国上海、天津、大连等地的，可见当时的海运网络在不断扩展。

时刻表的封底是当时日本最有代表性的船运企业“日本邮船”的一整版广告，从广告就能得知，其航线已经扩展到中国各地、南洋诸岛、欧美、澳洲、东南亚以及南美等地。从神户到中国上海的三等舱船费是 23 日元，换算成现在的价格是 6.9 万日元，大概相当于航空公司不打折的机票价格，也不能说便宜。即使如此，从神户和横滨出发前往上海的轮船，平均 2 天就会有 1 班，这已经算是相当密集的班次了。在前往中国上海的途中，轮船还会停靠门司或是长崎，可见中日之间的交通需求还是不小的。

从这些交通方面的状况，我们可以再一次体会到当时日本人的帝国意识，以及中国对于日本经济的重大意义。

当时的通信手段有邮政、电报以及电话，这些都是递信省管理的国营业务。因为政府认为，与其普及电话，不如优先建设铁路，所以当时有电话的地方非常有限，基本集中于政府机构、企业、商店和工厂的办公室，就连公共电话也只存在于大都市的某些区域，只有很少一部分富裕的家庭能够拥有私人电话。不仅如此，
61 当时电话线可承载的容量也十分有限，在需要拨打长途电话的时候，还要向电话局提出申请，然后得等上几十分钟甚至几个小时。而且因为通话都是需要接线员进行连接的，所以私密性也不好。可以说，当时还是邮政的全盛时代。

9 人们的生活

当时人的平均寿命

从明治中期到昭和初年，虽然人口增长了一倍，但是国民的平均寿命仍停留在 40 岁出头的低水平。医疗与营养水平的提升，虽然让人口得以增长，但是还没有延长当时人们的平均寿命。

造成平均寿命不高的最大原因，是婴幼儿的死亡率较高。在这个时期，日本的家庭会生育许多子女，其中有不少会夭折。就算长到了青少年时期，也可能会患上当时还是不治之症的结核病等可怕的传染病。而老年人也很少有能活到 80 岁以上的。

当时婴幼儿奶粉尚不普及，作为断奶食品的加工保存食物也尚未问世。长大成人后，大部分的平民百姓只能靠一菜一汤这样的简单食物度日。一个月只能吃到几次鱼和肉，蛋也是稀罕的食物。虽然当时普通人的日常饮食中没有现在那么多的化学合成添加剂，但是就算基本满足了每天的卡路里需要，也很难说得上是营养均衡的。另外，接种疫苗还不普遍，无药可治或治疗方法尚未被发现的疾病还有不少。

平民与社会高层的巨大差距

当时社会的一大特征，就是平民与处在社会高层的人群之间存在着难以逾越的鸿沟。当时大概有 2/3 的普通民众会在寻常小学校或是高等小学校毕业之后直接进入社会。从社会的整体状况来看，大学毕业生毫无疑问是极为幸运的超高级人才。

近 30% 的农民都是从地主手中租借土地进行耕种的佃农，另外还有超过 40% 的农民虽然拥有土地，但是无法依靠自有土地生活，同样需要租种地主的土地。至于地主，虽然也有直接参与耕种的，但更多的是依靠地租生活。甚至出现了将广大土地出租后，转而把地租投入股市等资本市场进行投资的所谓“不在地主”。山形县的本间家，就是控制了大片土地的著名大地主，正是这类“不在地主”的代表。

在工厂工作的劳动者，除一部分熟练工外，基本都是临时雇用的。工人和管理人员上班时的服装也完全不同，管理人员就和现在的上班族差不多，穿西装，打领带，而工人们则普遍穿工服上
63 班。不同于管理人员领月薪，临时工的薪水往往是一天一结的。就算在所有人员都一样做事务性工作的政府机构和企业里，那些大学毕业的精英与其他中学、专门学校或是大学专门部毕业的“非精英”，所使用的食堂和厕所也往往是不一样的。

让我们再来对比一下薪酬，从寻常小学校毕业的最低级的官员，大概能拿到 500 日元的年薪。如果是东京帝国大学毕业，并通过文官高等试验的话，刚一入职就能拿到 1100 日元的年薪。若是当上省厅的局长，年薪就会达到 5200 日元，这是底层官员年薪的

10倍以上。至于工人的薪酬，就更低了，平均每天的薪水还不到1日元，按每个月拿到25日元计算，年薪只有300日元左右。而管理人员的平均月收入是114日元，考虑到当时的企业已经开始给管理人员发奖金，所以年收入不能简单地将月收入乘以12。再加上预扣所得税制度还没有施行，所以企业管理人员的年薪大约能达到2000日元。

说到税金，当时民众要缴纳的主要是财产税和所得税，经过甲午战争、日俄战争、第一次世界大战等战争之后，又增加了类似消费税的税种，税收体系变得相当复杂。不过，当时的税收还是以财产税为中心的，消费税也主要针对奢侈品，对于没有土地和房屋的城市下层民众来说，纳税的负担倒也不重。日本的税收体系变成与现在类似的以所得税为中心，是1940年春天的事情。

男尊女卑的风气根深蒂固 64

虽然男尊女卑的风气相比江户时代已经有所改善，但是依然很盛行。例如，在发生婚外情的时候，民法并不追究男性的责任。虽然明治初期出现了要求废止公娼制的“废娼运动”，但是到了昭和初期，公娼制度依然合法存在。自由恋爱本身并非犯罪，当时也有许多恋爱题材的小说、戏剧与电影，但是大部分的父母恐怕依然不会认同自己的孩子追求自由恋爱。在许多人的观念里，男女在公共场合牵手就已经是极不道德的行为了。就算是夫妇结伴外出，一般也是丈夫走在前，妻子跟在后。

女性一直以来就在农业生产中与男性承担着相同的劳动，除此之外还要打理家务，可以说很多时候比男性更加辛苦。到了近代，低学历的女性大量进入工厂进行简单的重复劳动，但是当时的社会依然没有为高学历女性提供足够的舞台。

除了当小学教员，女性在政府机构和企业中基本处于辅助位置。就算同在工厂工作，女性工人的工资也比男性工人要低。女性进入上一级学校的升学率也比男性低，而且针对女性开设的高等女学校、女子专门学校等，也不是为了让女性能够在社会上立足，而是旨在为那些社会上层的男性培养专心经营家庭、养育儿女的“贤妻良母”。

65 希望提高女性地位的社会运动，除了刚刚提到的“废娼运动”，在第一次世界大战后还出现了争取妇女参政权的运动。但是，由于当时的社会对于“废娼运动”多有反对，实际上并没有太大进展。到了昭和初期，仅仅是内地登记在册的娼妓就有约 5 万人，得到政府许可的红灯区在内地多达 11154 处。

严酷的劳动环境与持续的城市化

占到人口数量一半的农民，不论是佃农还是自耕农，生活都很不容易。相比肥料与农具的开销，农产品的价格相对较低，这使得农民的生活水平总是得不到提高，农民自然也没什么闲钱去享受娱乐活动。为了应对这种情况，农业合作社开始发展起来，农民不仅可以从这里得到低息的农业贷款，还能以相对低廉的价格批量购入肥料、农具，然而农民问题依旧没有得到根本改善，还常常发生佃农要求地主减免地租或是反对收回土地的纠纷。另外，当时还存在“农会”这一全国性组织，旨在提高农业技术、振兴农业，并在政治舞台上发出农村的声音。

但是，人们就算到了城市，也不一定能过上宽裕的生活。住在漂亮的西洋式独栋小楼里，拥有齐全的昂贵电器，家务活则全部
交给被称作“女中”的年轻女佣，这种富裕的生活只有小部分在大 66
企业或是中央政府机关担任管理层的人才能享受。不过，也有不少中产阶级由于自身的高学历，碍于面子，在家庭经济条件并没有多少余力的情况下，依然雇上一个女佣人，或是买一些高价的衣服，结果搞得生活拮据，不得不抠抠搜搜地过日子。

在东京或是大阪这样的大城市里，还有大量靠打零工生活的人，他们只能寄身于被称作“长屋”的狭窄杂院之中。虽然如此，只要身在城市，就有诸如电影或是游乐场之类的廉价娱乐可供消费，所以人们对于城市的向往从未停止，城市人口得以不断增加。

虽然佃农自发组织起来与地主进行斗争的事情常常发生，但是工人们组织工会，发动罢工来反对降低工资、解雇工人，或是要求提高工资的事例还不多，只在很少一部分大型工厂或公营交通等非私有企业出现。

服装、住房、社会保障和信仰

当时的服装界还是和服的天下，在农村，人们基本都穿着传统服装劳动生活，就算在城市里，西式的服装也仅限于学校、军队、警察、交通部门的制服，还有上层管理人员上班的穿着，大部分生活在城市里的人同样习惯穿着和服。此外，城市里的上层女性也会准备一些较为高级的和服作为外出时的服装。而且当时人们的日常服装，一般都是买来布料之后，由家里的女性制作的。洋装同
样是买了布匹之后，请裁缝制作成衣。除了军服和一些制服，基本 67

上是没有成衣的。

在农村地区，人们大多居住在工作区域与生活区域毫无区分的传统住房里。在城市里，除了刚刚提到的满是狭窄长屋的贫民区，也有耸立于高地之上的高级洋房。而面向中层人群的，主要是一些木结构的平房，或是两层楼的出租公寓。在东京和大阪的市中心，越来越多的噪音和难闻的气味等让人头疼的问题，使得居住环境恶化得相当厉害。因此，一些私营铁路公司开始在郊外买下整片土地，建造独栋住宅，人们可以通过贷款将土地与房屋一起购入。不过，这种形式的住宅还是少数。自来水和燃气都还只能在一部分大城市用到，在普通家庭能见到的电器也就是电灯而已。

这个时候，钢筋混凝土大楼的建设开始在东京和大阪的市中心兴起。说是大楼，其实最高也不过六七层。当时城市的天际线还不高，从位于东京银座的大楼顶层远眺，还能直接看到东京湾。除了大都市的繁华街道，大部分的道路还没有硬化，一下雨就会变得泥泞。在这些泥泞的背街小巷两侧，都是木结构的住房和商店。

前面已经提到，日本在 1922 年设立了国民健康保险制度，通过使用国家的经费与个人的积蓄来减轻医疗负担。但是国民健康保险以及其他一些扶贫或是优待阵亡军人家属的制度，在当时看来都是不好好自食其力，只想着依靠国家的人才会申请的，社会上对于
68 使用这些制度的人多有蔑视，所以真正加入的人还不多。社会对于贫弱者的救助，主要通过一些地域共同体来实行。此外，还有一些在当时被称作侠客的组织，也会进行救助弱小的工作，但是这些组织并不简单，基本处在违法的边缘，也多与今天的暴力团有直接的继承关系。

10 娱乐

随着环境改变的娱乐

人们的娱乐方式与其学历还有所处环境有着直接的关系。当时的农村居民、城市中的老年人，喜欢歌舞伎等传统戏剧以及三味线乐曲等传统音乐，寺庙神社的祭典和盂兰盆会舞等传统活动也是他们重要的娱乐活动。在大都市里，有常设的场所上演落语、讲谈、浪曲等传统曲艺供人们娱乐。

虽然浪曲是在明治时代之后出现的，但因为是用三味线伴奏，加上故事情节大多以江户时代为背景，所以也能视作传统曲艺。虽然并没有准确的统计，但是综合各种史料可以确定，三味线在二战前的日本是最为普及的乐器。

当时的国民识字率已经基本达到 100%，有不少人喜爱阅读报纸和杂志上的连载小说。从各种调查也可以得知，读书已经是最为普及的娱乐方式之一。但是按今天的物价计算，当时新出版的杂志价格都在 1000 日元以上，书籍则基本在 3000 日元以上。所以熟人之间互相借阅，或是购买二手书籍和杂志是比较普遍的。小说多为历史题材，在年轻人中间，恋爱题材也颇有人气。

电台从 1925 年开始广播，因为当时不允许民营电台进行广播，所以只有公共电台（NHK）。NHK 是准国营广播电台，播送的主要是西洋古典音乐以及专家学者的讲话这类比较严肃的内容，除了转播相扑与学生棒球的节目，基本对平民百姓没什么吸引力。加上收听广播需要缴纳被称作“受信料”的费用，收音机本身也颇为昂贵，所以签约收听广播的人在全国大约只占个位数。

市面上已有不少种类的唱片，不过仍然以传统音乐为主。当
70 时的唱片两面合计大约只能收录 10 分钟的音乐，但是按现在的物价计算，一张唱片也要卖到 3000 日元以上，而且就算只是手摇式的简单留声机，也得数万日元。所以听唱片也是中产以上的人群才能负担得起的娱乐方式。由于录音技术还不成熟，当时的唱片音质其实都不好。

凸显存在感的电影

当时的大众娱乐中，最有存在感的无疑是电影，准确地说，是不同于新闻纪录片的剧情电影。电影最早在 19 世纪末的欧洲被发明，然后大约在同一时期传到日本，彼时的电影也被称作“活动写真”。从明治末期开始，电影就在日本颇有人气。当时日本国内有超过 1000 家电影院，一年间的观众达到 1600 万人次。但是电影院全都集中在城市，而且观众基本上是十几岁到二十几岁的青少年。一部电影被电影公司拍摄完成，准备在电影院上映时，电影公司和电影院都会在报纸和杂志上大张旗鼓地进行宣传，而且电影演员们也已经活跃在广告舞台上，电影在社会上的存在感已经非常强

烈。根据当时的调查，青少年群体中最有人气的娱乐方式就是电影。

当时最有人气的电影无疑是历史剧，其次是从美国引进的喜剧片和爱情片。尾上松之助、岚宽寿郎等人是有名的历史剧明星，美国的卓别林和巴斯特·基顿等演员也很受欢迎。日本国内每年会拍摄 500 部以上电影，从外国引进的电影也在 100 部以上。各类 71
电影一般会在电影院放映一周时间，如果受到好评，就会延长放映时间。电影都会在大都市中心的电影院首映，等这些电影院上映结束之后，再将胶片送到市中心以外或是中小城市的电影院。

这些电影中还有一些是互相关联的，且每一部的拍摄时间都比较短。日本拍摄的剧情电影有不少是以歌舞伎或报纸杂志上的连载小说为原型改编的，除了一部分超级大作，实际上和现在的电视剧差不多。

很多电影院都是木结构建筑，地面没有铺地板，直接就是土地，座位也没有靠背，只有简单的长凳，估计还能闻到厕所飘来的令人不快的气味。但即便如此，电影院还是客流不断，可见对于当时的年轻人来说，电影的魅力是多么强大。

但是有不少上了年纪的人认为，犯罪或是恋爱题材的电影会对青少年造成不好的影响，还有人觉得放映中的昏暗空间是男女不正当行为的温床，所以几乎所有的中学校和高等女学校都会在校规中明令禁止学生去电影院。因此，带着小孩的年轻夫妇、刚刚走上社会的年轻人和大学生，构成了当时电影院的主要观众。

正是因为上面所说的原因，内务省会对电影实施审查，裸体和接吻的场景自然是万万不可的，如果哪部外国电影里出现了接吻的镜头，那就需要先剪掉这一部分才能上映。

电影的画面还是黑白的，而且没有声音，全凭字幕来提示台
72 词或是说明状况，如果是外国电影，那字幕也全是外语。因此，在放映中，会有乐队进行演奏，或是播放唱片来给电影配乐，同时还会有被称作“活动辩士”的解说员根据字幕来对电影情节进行解说。通过他们活灵活现的讲解，观众的情绪更加高涨了。

戏剧中最有人气的当属歌舞伎。虽然在大都市里，电影夺走了众多的观众，但是在地方上，有很多的剧团会四处巡回演出，人们对《忠臣藏》《劝进帐》[1]等著名剧目的经典台词和经典片段可谓耳熟能详，甚至在日常会话与报纸杂志的文章里也常常会加以引用。

另一方面，高学历者也在产出并消费文化产物。刊登艺术性较高的小说，以及大学教授和评论家们所写的较有分量的评论文章的杂志开始增多，其中以《中央公论》和《改造》为代表，《文艺春秋》以及在昭和时代以后改名为《经济评论》的《日本评论》也已经诞生。讲谈社出版的《KING》是面向大众的代表性杂志，这个时候它刚刚创刊，内容主要包括连载小说、著名政治家和企业家的成功学等，算是面向中产阶层的读物。改造社出版的《日本文学全集》在市场上大受欢迎，这类面向中产阶层的 1 日元一本的文学全集，以及其他各种全集类的书籍由此开始不断出版。

总体来说，在改元昭和时，日本作为实现了近代化的国家，

---

① 两者皆为日本著名的歌舞伎剧目，分别表现了江户时代中期元禄年间，赤穗藩家臣 47 人为主君报仇的赤穗事件，以及平安时代末期，源平合战之后，源义经为躲避兄长源赖朝的追捕，在武藏坊弁庆的帮助下，通过加贺国安宅关的故事。

拥有亚洲地区最强的军事和经济实力，在统治区域的面积上，除去处在内战中的中国，也是亚洲最大的。当时的日本社会总体上是充满活力的。这是明治时期为了实现富国强兵的目标，追求经济发展 73
并活用人才的结果。但是，这在另一方面也造成整个社会对弱者非常冷漠。

政治上，颁布宪法时的敕语将国民定位成为国家尽忠的存在，而且宪法还规定帝国议会无权干涉天皇的大权，不能不说这是一个不重视民意，依靠天皇的权威来运作的政治制度。在设计了这一制度的明治时代的领导人看来，为了让日本能尽早与列强抗衡，实干比议论更为必要。然而，随着时代的发展，他们的想法和实践都渐渐变得不合时宜了。

第二章

混沌的时代：1926—1937年

时　间	大事记
1927 年（昭和 2 年）	3 月，金融恐慌开始;4 月，田中义一内阁成立;5 月，第一次山东出兵；6 月，立宪民政党成立
1928 年（昭和 3 年）	2 月，举行总选举;3 月，“三一五”事件;4 月，第二次山东出兵；5 月，济南惨案；6 月，皇姑屯事件，修改《治安维持法》；8 月，签署《非战公约》
1929 年（昭和 4 年）	7 月，滨口雄幸内阁成立；10 月，大萧条开始
1931 年（昭和 6 年）	3 月，三月事件；4 月，第二次若槻礼次郎内阁成立；9 月，“九一八”事变发生；10 月，十月事件；12 月，犬养毅内阁成立
1932 年（昭和 7 年）	1 月，“一・二八”事变;3 月，“满洲国”成立;5 月，“五一五”事件，斋藤实内阁成立
1933 年（昭和 8 年）	3 月，退出国际联盟；5 月，《塘沽停战协定》签订
1934 年（昭和 9 年）	7 月，冈田启介内阁成立；10 月，宣传册《国防之本义与其强化之提倡》问世；11 月，满铁特急列车“亚细亚号”投入运营；12 月，丹那隧道贯通
1935 年（昭和 10 年）	2 月，天皇机关说事件；8 月，永田铁山被刺事件
1936 年（昭和 11 年）	2 月，“二二六”事件；3 月，广田弘毅内阁成立；11 月，签订《反共产国际协定》
1937 年（昭和 12 年）	1 月，宇垣一成组阁失败；2 月，林铣十郎内阁成立；5 月，《国体的本义》出版；6 月，第一次近卫文麿内阁成立

本章将着眼于1926年12月改元到1937年7月中日战争全面爆发这段时期。在此期间的1931年9月，发生了“九一八”事变，第二年的5月又发生了“五一五”事件，在这不到一年的时间里，日本在许多方面都迎来了转折点。

在这个时期，国家制度设计上的缺陷，导致无法有效地通过政治手段来应对突发的危机，国家政权进而开始强制要求人们无条件为国献身。

1　昭和恐慌

陷于混乱的政党内阁

日本历史上最初基于选举结果而成立的政党内阁，应该是1924年6月组建的加藤高明领导的护宪三派内阁。也是在这一内阁的推动下，男子普通选举制度得以建立。这些推进民主化的行动，让舆论一时之间对于政党内阁颇有期待。但是不久之后，人们对于政党内阁的评价就开始变差，加之经济状况不佳，使得政党内阁治下的政治深陷混乱之中。

在改元昭和时，执政的是由宪政会领导的第一次若槻礼次郎内阁。宪政会在1924年1月开始的第二次护宪运动中，与政友会、革新俱乐部一起主张马上实行普选。同年5月，在众议院任期结束之后的总选举中，护宪三派取得胜利。元老西园寺公望决定向天皇推荐获得最多议席的宪政会党首加藤高明就任首相。6月，三党联合的加藤高明内阁（护宪三派内阁）成立，政党内阁的时代由此开启。

加藤高明内阁在1925年春天的议会上，通过修改众议院议员选举法的方式，制定了男子普通选举制度，同时也制定了监控共产主义运动的《治安维持法》。犬养毅率领的革新俱乐部与政友会合并。此时的政友会以在下一次总选举中成为议会第一大党独掌政权为目标，选择了曾任陆军大臣的田中义一为党首。到了 7 月，政友会结束了与宪政会的联合，成为议会中的在野党。此时的宪政会虽为执政党，但是在议会中的席位已经不足一半，在政友本党的支持下，总算是支撑到了 1926 年初，但是这时候加藤高明却突然因为肺炎去世了。

元老西园寺公望认为，不应该因为首相病逝这样的非政治因素就更迭政权。因此加藤内阁的内务大臣、加藤死后继任宪政会党
首的若槻礼次郎在 1926 年 1 月被任命为首相，并在任上迎来了 79
改元。

从某种程度上说，普通选举制度的制定使得舆论对政党内阁充满了期待，但是事与愿违，特别是第一次若槻礼次郎内阁上台之后，执政党与在野党都牵扯其中的贪腐事件被揭露出来，作为执政党的宪政会则执着于追究在野的政友会党首田中义一在担任陆军大臣时侵吞机密费的嫌疑，报纸和杂志

若槻礼次郎

上满是强烈批评政党内阁的报道和文章。尽管如此，这些言论基本上都不是针对政党政治本身，在这个时候，大家都希望政党政治能够变得更好。

第一次若槻内阁的执政党并没有在众议院占过半议席，而作为第一大在野党的政友会同样没有过半数议席。至于第三大党政友本党，为了保存自身，正在支持现内阁以待时机成立联合政府和促进政权更迭来谋求好处这两个选择之间摇摆不定。

为了让政局安定下来，本应该在1927年初解散众议院进行总选举。但是，若槻礼次郎并没有赢得选举的自信，他以大正天皇刚刚去世，应当避免政治纷争为由，说服政友会和政友本党，在不举行总选举的情况下，让第52届帝国议会从1926年12月持续到了1927年3月。

就在这届议会的会期行将结束的时候，发生了被称作“昭和金融恐慌”的经济危机。在第一次世界大战之后，战时生产的过度
80 扩张造成了战后的经济危机，加之关东大地震的打击，银行出现了大量的不良债权。当时的金融界存在很多与个人经营没多少差别的中小银行，大量的不良债权对这些中小银行打击极大，成了金融界的重负。政府虽然也在不断出台相关政策加以应对，但在1927年3月14日众议院预算委员会的会议上，大藏大臣片冈直温误将还未破产的银行说成已经破产，他的失言一下子造成了全国性的信用危机，使得不少中小银行被迫停业。

那次信用危机还波及台湾银行。台湾银行是设立在殖民地中国台湾地区的中央银行，负责发行当地货币。台湾银行为大型贸易公司铃木商店提供了大量贷款，铃木商店趁第一次世界大战期间日

金融恐慌中涌向银行的人群

本经济繁荣，快速扩张，但是在随之而来的经济危机中陷入了困境，在昭和金融恐慌中，终于因为资金链断裂，在议会闭会 4 天之后破产了。而台湾银行也因为难以收回贷款，陷入了破产的危机之中。

第一次若槻内阁鉴于台湾银行的重要性，考虑让日本银行提供紧急融资来拯救台湾银行。这一行动需要制定相应的法令，但是议会刚刚闭会，只能用紧急敕令的方式来施行。紧急敕令需要经过枢密院的审查才能公布施行，拯救台湾银行的紧急敕令却被枢密院以缺乏紧急性为由否决了。不仅如此，作为审查委员会会长的伊东巳代治还批评第一次若槻内阁实施的对华外交工作过于软弱。

作为在野党的政友会也有同样的主张。当时的外交政策被称
作“协调外交”，是从日本最初的政党内阁，政友会的原敬出任首 81
相组阁之后开始的，并被之后护宪三派内阁的外务大臣币原喜重郎

继承。然而，政友会在取消与宪政会的联合之后，开始要求对中国实行强硬的外交政策，以此来显示自身与宪政会的不同。

枢密院会如此反对政府的政策，是非常罕见的。可以说这是政友会在利用伊东巳代治这样身为枢密顾问官又与自身较为接近的人，进行反对宪政会的倒阁活动。不过，第一次若槻内阁应对经济危机的政策确实并不得力，舆论对此也多有批评，这也是促使政友会采取这种行动的背景。

金融危机扩大

紧急敕令案被否决，在日本全国范围内引发了金融危机。老百姓纷纷涌向银行，希望提取自己的存款。疲于应对的银行则纷纷停业，就此破产再也没有重新开业的银行也不在少数。

在制度上，枢密院不过是天皇关于法令问题的咨询机关，天皇与内阁并没有义务听从枢密院的意见。当出现意见对立时，内阁并不是没有对抗手段，但是若槻还是简单地决定内阁集体辞职。至于继任的首相人选，元老西园寺向天皇推荐了在野党政友会的党首田中义一。田中义一内阁由此走马上任。

当时不论是若槻还是西园寺，都认为宪政会内阁已经失去了
82 舆论的支持。但是他们的判断，对于尚未站稳脚跟的政党内阁是不利的。这一次本可以通过选举来实现政权交替，并进一步使这种做法成为惯例，然而现实却是枢密院这样一个在制度上并不能反映民意的政府机关，促成了内阁的更替。

在明治宪法下，官僚和军人只管依照政治家们的指示行事，不必顾及民意。但是久而久之就演变成了表面上宣称一切都是天

皇大权，而实际上则完全自行其是的状态，其中也隐含着相比民意精英们的决定更为合理的想法。枢密院正是体现了这种想法的机构。

虽然第一次若槻内阁确实饱受舆论攻击，放弃解散议会进行总选举也是这一内阁自己的决定，但是政友会出于对政权的渴望，在政党内阁好不容易建立起来之后，却选择用选举之外的手段来夺取政权，到头来是政党本身破坏了政党政治。

作为政友会党首就任首相的田中义一，本身也并非政党政治家。在护宪三派内阁刚刚成立时，政友会的党首是高桥是清，高桥在 1921 年原敬首相被暗杀之后，继任党首与首相，但是在他任上，政友会在第二次护宪运动中发生了分裂，高桥失去了继续担任党首的意愿。在高桥退任之后，政友会内部一时之间没有合适的人选接任党首。根据当时的惯例，如果没有数次担任国务大臣的经验，就
不会被推荐担任党首，然而除了高桥，政友会内部已经没有人拥有 83
这样的资历了。

政友会的高层们便产生了从外界寻找一个符合条件的人物来担任党首的想法，于是他们看中了田中义一。田中是陆军的高级军官，在大正时代曾经担任原敬内阁的陆军大臣，支持过原敬的国际协调和裁军等方针。另外，因为田中在陆军大臣任上一手创建了“帝国在乡军人会”这个统括全国退伍军人的组织，政友会认为，只要田中振臂一呼，那些退伍军人就会成为政友会的支持者。因此，1925 年 4 月，田中成了政友会党首，同时也被选为贵族院敕选议员。

2 陷入困境的田中义一内阁

初次男子普通选举的举行

田中内阁在 1927 年 4 月成立，之后立刻动用紧急敕令，命令银行暂停现金支付。然后在 5 月初召开的临时议会上，追认了这一紧急敕令，还通过了援助台湾银行的法案。通过这些举措，金融危机得到了控制。虽然各党派都认可了这些紧急措施，但是因为政友会在众议院依然没有得到过半议席，政权还处于不稳定的状态。田中内阁为了在解散众议院之后的总选举中获得有利地位，就利用即将进行选举需要进行监察的机会，对各府县的知事和警察的领导层人事进行了大调整。这是为了在监察选举时，能够对执政党睁一只眼闭一只眼，而对在野党严加管制。

《文官任用令》规定了官员的任免条件，其中有条款规定政府机构可以因为自身原因命令官员暂时停职，田中内阁就是以此为根据进行的人事调整。这倒也并非田中首创，在明治时期，任内务大臣的原敬就已经用过类似的手段，大众媒体将这种做法称为“党色人事”加以批判。在宪政会内阁时代被提拔起来的人纷纷停职，换

上其他内务官员。此外，田中内阁还祭出了政友会的招牌政策，即 85
增加政府财政支出来振兴地方产业的积极财政政策，以及将一部分国税转为地方税来推动地方分权。

另一方面，成为在野党的宪政会则在 1927 年 6 月 1 日与政友本党合并，成立了民政党，并针锋相对地提出了实施紧缩财政的减税计划。新的民政党由滨口雄幸担任首任党首。滨口最初在大藏省任职，大正初期才成为一名政党政治家，并分别在加藤高明内阁和第一次若槻礼次郎内阁担任大藏大臣和内务大臣。

经过这些准备，田中内阁终于在 1928 年 1 月解散了众议院，举行总选举，这也是最初的男子普通选举。除了政友会和民政党，还有不少来自合法的偏向社会主义的政党候选人参选。由于是首次普选，因此政党间展开了空前的论战。2 月 20 日的投票之后，在

第一次普通选举的海报

众议院的 466 个席位中（因为普选法增加了 2 个议席），政友会虽然得到了最多的 217 席，但是仍未达到半数。民政党得到 216 席，而以社会民众党为代表的无产政党也获得了 11 个议席。这一次的投票率达到了 78%，虽然之前存在资格限制的选举投票率基本都在 80% 以上，相比之下本次投票率似乎降低了，但是之后直到中日战争全面爆发为止的选举，也只有 1930 年的总选举投票率超过这一次。

执政党政友会不仅没能取得过半议席，还因为选举监察的负责人、内务大臣铃木喜三郎的言论而受到批判。铃木明白政友会在选举中不占优势，因此在投票日的前一天，他攻击民政党宣扬的议会中心主义与天皇主权相矛盾，是违宪的，结果被在野党和媒体斥
86 为违背立宪主义，本来意在攻击民政党的言论反而让政友会备受指责。宪法规定在选举后的两个月内召开特别议会，这一次在选举过后马上就召开了。田中首相担心在这种情况下，议会上恐怕什么法案都通不过，就撤换了铃木内务大臣，并顺便对内阁也进行了更迭。

但是围绕这次人事变动，内阁内部发生了对立。人们怀疑田中首相准备借助天皇的力量来收拾这一乱局，于是又展开了更大规模的批判。不论是内务大臣铃木的失言，还是田中义一在人事问题上采取的行动，田中内阁都是在利用天皇制度来维持政权的稳定，这成了相当恶劣的先例。

但是，田中内阁决定继续干下去，他们开始收买在野党议员，让这些议员加入政友会，或是鼓动民政党内部原属政友本党的党员
87 脱离民政党，成立所谓新党俱乐部，加入执政党。通过这些手段，执政党终于在众议院获得了 251 席，超过了半数席位。

“三一五”事件与随之而来的大肆抓捕

在选举结束之后的 1928 年 3 月 15 日，警察抓捕了大批与共产党有关的人，这就是“三一五”事件。警察以在选举竞争中出现了共产主义者的活动为由，抓捕了大约 1600 人，其中 488 人以违反《治安维持法》的罪名被起诉。在次年 2 月的帝国议会上，无产政党系的议员山本宣治揭露了特高警察在调查中实施刑讯的行为。

政府感到目前的《治安维持法》只针对加入了意图改变国体的组织的人，还不够严密，因此在 1928 年 6 月 29 日又以紧急敕令的形式修改了《治安维持法》，将惩罚的对象扩大到参与意图改变国体行动的人，并将最高刑罚定为死刑。

这一关乎国民权利的重大修正却没有通过议会的讨论，不仅是在野党和媒体，就连执政党政友会内部，以及枢密院内部也出现了反对的声音。虽然当时并没有公开，但是昭和天皇其实也反对这一做法。不过即便如此，修正案还是通过了。就算只是对反对当前体制的运动产生了某种共鸣，但并不存在付诸实施的意图，也有可能遭到警察的怀疑而被捕。当时意识到这一点的人还不多，可是这 88
种担心真的变成了事实。因为某种思想就遭到逮捕，这种情况使得日本几乎脱离了法治国家的轨道。就这样，《治安维持法》和战争一样，成了战前日本黑暗面的代名词。

完成法律的修正之后，被怀疑违反《治安维持法》而被捕的人数开始激增，1931—1933 年，每年都有超过 1 万人被捕。秘密成立的日本共产党自不待言，那些对共产主义产生共鸣的学生、学校教员以及艺术家组成的团体都被摧毁了。1933 年，被正式起诉者达到了 1200 人的顶峰，之后的每年也有数百人。一些人就像在 1933 年 2 月被拷打致死的小林多喜二那样，因为警察的拷问而丧命。这很明显是国家的犯罪，但是只有很少一部分事实被公之于众。另外，如果被捕者声明“转向”，也就是转而否定共产主义，就能被酌情减刑，这样的例子从 1933 年开始增多。

共产主义思想本身不为当时的日本国家体制所容，这是没有办法的。而当共产主义思想本身成为体制的时候，也发生过抑制社会活力、压抑社会发展的例子。但是我们同样应当记住，在当时是共产主义者们无所畏惧地发出了帮助弱者、反对战争的声音。

皇姑屯事件

89 对于政友会我行我素地维持政权的做法，以及对《治安维持法》的强行修正，舆论的批判在 1929 年达到了最高潮。1929 年 2 月 21 日，贵族院表决通过了事实上的对田中首相的不信任案。贵族院之前从未有过类似的决议，媒体方面也对这一行动表示了欢迎。议会的审议也陷入了混乱，虽然 1929 年度的预算案还是通过了，但是政府提出的法案有 1/3 遭到了否决。刚刚提到的揭露了特高警察残酷行径的山本宣治，在这届议会会期中的 3 月，被右翼团体的成员暗杀了。压垮时运不济的田中内阁的最后一根稻草，是 1928 年 6 月发生的皇姑屯事件。

1927 年 5 月，蒋介石率领的北伐军以统一全中国为目标，逼近了山东省。因为在山东省境内有不少日本人，作为执政党的政友会有意向山东派兵，保护日本的利权。因此，田中内阁决定以保护当地日本人的名义向山东派遣陆军部队，这就是所谓的“第一次山东出兵”。第一次出兵的部队在当年夏天撤退。1928 年 2 月，因为北伐军接近济南，内阁又进行了“第二次山东出兵”。在此过程中，中日两军发生了冲突，造成了相当数量的伤亡，并使得中国国内对日本的感情大为恶化。

北伐军在 1928 年 5 月底逼近北京，当时控制北京的是原本盘踞于东北、受到日本支援的军阀张作霖。日本担心随着北伐的推进，其在中国东北部的利权也会受到威胁，便要求张作霖放弃华
北。张作霖虽不情愿，但还是乘坐列车离开了北京，返回奉天（今 90
沈阳）。

皇姑屯事件

但关东军参谋河本大作认为，张作霖今后已经不会再老实地与日本合作，因此就计划除掉张作霖来制造混乱，然后趁机占领东北地区。1928 年 6 月 4 日，张作霖的专列路过奉天郊外的皇姑屯时，被预设的炸药炸毁，张作霖身受重伤，不久就去世了，这就是皇姑屯事件。也有人认为是共产党策划了这一事件，说这种话的人完全不了解铁路运行的情况，他们的说法纯属无稽之谈。还有人认为这是河本大作个人的责任，但是因为有众多陆军军人牵扯其中，所以陆军作为组织的责任也是不能否认的。

在中国东北地区，关东军策划了这一事件已经不是秘密，但

91 是日本政府却禁止对该事件进行报道，在暗地里商讨相关对策。另一方面，张作霖之子张学良继承了父亲的位置，并在1928年末宣布“易帜”，与南京国民政府合流。关东军的计划最终起了反作用。

田中内阁在1928年8月加入了由法、美两国发起的《非战公约》，并致力于与欧美国家维持稳定的关系。出于维持国际协调的考虑，田中起初准备公正地处理这一问题：处罚主谋，并将这一计划报告昭和天皇。但有一部分阁僚认为这会让日本蒙羞，并有可能失去在中国东北的利权。最终田中决定隐瞒事件，对于参与事件的人也仅仅给予了轻微的处分。

田中首相为了在选举中得到更有利的地位，对警察等部门的人事进行调整，以及利用紧急敕令修改《治安维持法》的做法，已经使得昭和天皇对他颇为不满。除此之外，以内大臣牧野伸显为首的天皇身边的官员们也提醒天皇，若继续放任田中义一，可能会动摇天皇的权威。因此在1929年6月27日，昭和天皇面对再次前来报告皇姑屯事件相关事宜的田中，表达了不信任之意。田中义一很快就在7月2日进行了内阁总辞职，他也成了日本历史上唯一因为天皇的不信任而辞职的首相。

田中义一自在总选举中未能获得过半议席以来，接连失败，他的不少行为有可能会损害天皇的权威，因此受到了来自在野党、大众媒体、贵族院、舆论界以及学界的广泛批评，最终落得一个被天皇抛弃的不光彩的结果。各大报纸都对他的辞职表示欢迎，连股价都出现了上涨。成为第一位因为天皇的不信任而退任的首相，这种失败大概给田中造成了极大的心理负担，在辞职两个月后的9月，田中义一就因心脏病发作去世了。

3　大萧条与裁军

黄金解禁的实施

元老西园寺向天皇推荐了民政党党首滨口雄幸作为下一任首相，1929 年 7 月 2 日，滨口雄幸内阁成立。外交官出身的币原喜重郎担任外务大臣，币原在加藤高明内阁和第一次若槻内阁时也曾任外务大臣，因推行协调外交而知名。

币原喜重郎

但是在滨口内阁成立之后不久，围绕着地方私营铁路公司的收购和新建线路等问题，大规模的贪污事件被揭露出来。事件中，为了以尽可能高的价格将企业出售给国家，或是得到新线路的铺设权，一些私营铁路公司对执政党的部分议员进行了贿赂。田中内阁的铁道大臣小川平吉因此遭到逮捕，舆论对政党政治的批判也更强烈了。

93 滨口内阁上任之后，一方面，决定参加美国与英国发起的旨在限制海军军备的伦敦海军军备会议；另一方面，又以强化日本经济的国际竞争力为由，在 1930 年 1 月实施黄金解禁。

所谓黄金解禁，就是回归金本位制度。在第一次世界大战之前，各国通货的信用来源于其与黄金自由兑换的保证。当时认为，因为世界上黄金的总量是一定的，所以与黄金自由兑换的通货的流通量也可以保持在一定范围内，经济的动向也同样能够受到控制，不会出现不可挽回的糟糕状况。第一次世界大战之后，黄金在世界范围内的流动变得困难，而欧洲国家为了筹措战争经费，扩大通货发行量，导致金本位制度难以维持下去。不过在一战结束之后，各国又开始回归金本位，日本也开始考虑实行黄金解禁。

既然要回归金本位，那么兑换比率是回到一战之前的水平，还是根据现状来设定，就成了一个问题。滨口内阁的选择是回到一
94 战之前的水平，这样一来，就造成了日元相对美元升值，对于企业来说，就会造成出口收入减少。但是滨口内阁认为，在这种情况下仍然能够幸存下来的企业自然是优质的，只要保留这些企业就可以了。如此一来，反而能够增强日本的国际竞争力。

1929 年 10 月，从美国华尔街开始的股灾造成了世界范围的大萧条。滨口雄幸和大藏大臣井上准之助认为这场危机的影响不会太大，决定按照原计划在 1930 年 1 月实施黄金解禁。在黄金解禁之后，滨口内阁为了在众议院获得过半席位，解散了众议院，实施总

选举。民政党继承了宪政会的基本政策，采取紧缩性财政政策，利用包括裁军在内的措施来削减政府支出，并通过减税来增强民营资本的活力。这些政策获得了国民的支持，民政党因此获得了过半席位。

但是，已经成为世界经济一部分的日本经济同样受到了大萧条的影响，占日本出口额一半的对美出口骤减，为丝绸提供原料的养蚕农户遭受了极大的打击。棉布的出口同样大幅下降，失业人数激增，劳资纠纷也变多了。然而民政党坚持紧缩性财政政策，应对经济危机的手段原则上就是自力更生，这样的对策可以说非常不充分。

围绕统帅权的大争论

在伦敦海军军备会议上，日本的辅助舰保有量能否保持在美
国的七成，成了争论的焦点。所谓辅助舰，就是除主力舰之外的巡
洋舰、驱逐舰、潜水艇等舰艇。海军坚称，如果不能保有美国海军
的七成兵力，一旦开战就会无法加以应对。执政党和在野党也都同 95
意这一观点。但是在会议上，美国等国坚持日本只能将这一数字维
持在七成以下，因为日本还欠有美、英的借款，所以日本也只能接
受这一结果。

以海军军令部部长加藤宽治和军令部次长末次信正为代表，在海军内部被称为“舰队派”的一些人认为，政府在伦敦海军军备会议上的表现侵犯了天皇的统帅权，对此进行了强烈的批评，并由此与以海军大臣财部彪和前海军大臣冈田启介为代表的赞成政府决定的所谓“条约派”发生了对立。意图推翻现任内阁的在野党政友会抓住机会，与舰队派站到了一起。那些信奉天皇至上、反对与美、英保持稳定关系的传统右翼分子也加入论战，使得这一问题扩

大化。这一争论被称为“统帅权干犯事件”，几乎将国家分裂成了两个阵营。

实际上，要决定军力规模，就必然牵扯到财政问题，所以一直以来这个问题都是军部与政府协商决定的。实际上，滨口首相这一次也已经取得了加藤宽治的同意，但是由于滨口没能做好相关工作，使得军令部产生了一种首相不顾其意见强行决定的感觉，最终导致了反对活动的发生。到了 1930 年 6 月，加藤宽治更是通过辞职以示抗议。

昭和天皇原本就支持与美、英维持良好的关系，也没有就对美不足七成的比重有什么不满。但是，海军和右翼团体以及垂涎政权的政友会，将所谓的“统帅权独立”进行扩大解释，利用这一问题来追求自身的利益。滨口内阁获得了昭和天皇的支持，因此以强硬的姿态推动条约的批准，在 1930 年 10 月成功获得了枢密院对批准条约的承认。与此同时，海军大臣财部彪也承担了这次风波的责任，主动辞职了。

96 滨口雄幸遭枪击

对于那些传统的右翼分子来说，应对经济危机不上心，又执着于与美、英搞好关系的滨口雄幸，简直就是伤害日本团结与威信的卖国贼。1930 年 11 月 14 日，滨口在东京站遭到枪击，身负重伤，凶手是一名参加右翼团体的青年。外务大臣币原喜重郎担任临时代理首相。1931 年 2 月 3 日，在众议院的预算委员会上，关于伦敦海军条约的问题，币原回答说因为天皇已经认可，所以没有问题。政友会认为这是政府将政治责任转嫁给天皇，于是进行了猛烈的抨

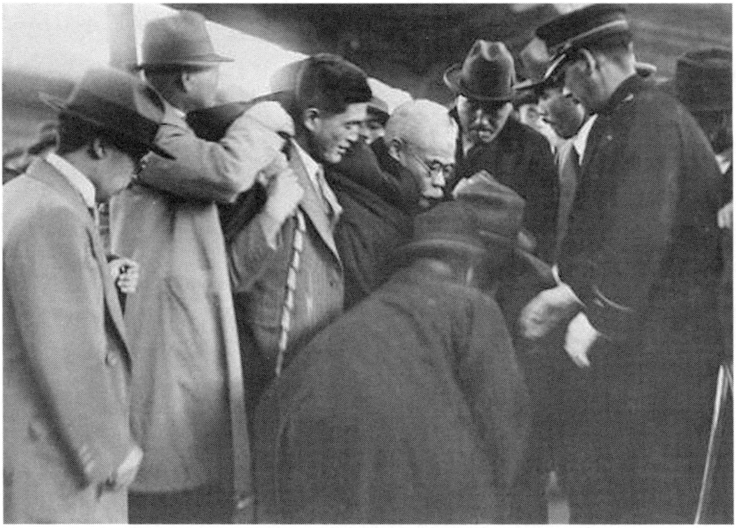

滨口雄幸遇刺

击，甚至在议会会场发生了打斗，使得几天内都无法正常开会。天皇制度再一次在政治斗争中被滥用。

大众媒体将这一状况斥为议会政治的堕落，并进行了猛烈批判，人们对于政党政治的信任一落千丈。作为政府委员、在议会会场目睹了斗殴的陆军精英军官们认为，国防事务已经不能交给政党内阁处理，萌生了发动政变，拥立陆军大臣宇垣一成为首相，建立军事政权的想法。但是，这场被称为“三月事件”的阴谋最终因为宇垣本人不同意而流产。之后该事件被作为高度机密，就连昭和天皇知晓相关情况也是近半年以后了，而普通大众要从媒体知道这一事件，更是要等到 1945 年日本战败以后。

进入昭和时代之后，作为陆军骨干的一部分年轻的精英军官组织了二叶会、木曜会、一夕会等组织，他们定期举行集会，讨论 97

日本在军事方面应该如何吸取第一次世界大战的经验教训，来为下一次战争做准备。参加者中，有永田铁山、东条英机、板垣征四郎、石原莞尔，以及前面已经登场的河本大作等历史上的有名人物。他们为了让日本在下一次世界大战中获得胜利，企图将资源丰富的中国东北地区纳入日本的控制，让日本获得独立进行战争的能力。说实话，在这种氛围下，陆军内部出现政变计划也不奇怪。

石原莞尔

滨口受重伤后一直未能恢复，在 1931 年 4 月 13 日请辞，元老西园寺便推荐已经就任民政党总裁的若槻礼次郎继任首相。在滨口内阁的大部分阁僚继续留任的情况下，第二次若槻内阁在 4 月 14 日走马上任。
98 滨口雄幸则在 8 月去世。

在滨口内阁时期，共开设两届议会，在两届议会的众议院上，都通过了承认女性在地方议会的选举权的法案。虽然这一法案被贵族院否决，但是如果战争没有发生，而且政党内阁能够继续，那么在众议院不断通过相同法案的情况下，贵族院最终也会予以通过。如此一来，女性在众议院的参政权无疑也会被提上议事日程，女性很有可能在 1945 年之前就能获得参政权了。

4 “九一八”事变与“满洲国”

实行占领中国东北的计划

刚刚提到陆军的一部分精英军官有占领中国东北的计划，在板垣征四郎和石原莞尔就任关东军参谋之后，这一计划被迅速具体化。1931 年 9 月 18 日，板垣与石原自导自演，制造了柳条湖事件。他们对奉天郊外柳条湖的一段南满铁路线实行爆破，并谎称是中国士兵所为。爆炸的规模不大，甚至不影响列车通行，但是板垣等人却说服上司，以保护日本利权为由进行所谓“自卫行动”，出动关东军，“九一八”事变由此爆发。

日本电报通信社（今电通公司）最先报道了中国士兵实施爆破的消息。其他的日本通讯社，比如新闻联合社的驻地记者发回的消息则称犯人不明，但是这一电报被陆军扣下，于是假新闻倒成了所谓“事实”。

若槻礼次郎和币原喜重郎虽然声明不扩大事变，但是陆军无视他们的意见，占领了中国东北全境，若槻最终也只能追认这一既成事实。陆军想必也是抱着这样一种天真的想法：只要不断制造既

日军占领锦州城

成事实，其他的主要国家也会加以追认。

在 1931 年 9 月 21 日，当时的中国政府向国际联盟申诉这次事变是日本的侵略行为。国际联盟理事会因此在 10 月 24 日劝告日本撤军，但是陆军一意孤行，将战事扩大，并在 11 月中旬将张学良的军队逐出东北，基本占领了东北全境。接着，日军的兵锋又指向靠近华北地区的锦州。

面对这种形势，美国国务卿史汀生以日本违反《九国公约》为由，提出抗议。1932 年 1 月，史汀生进一步声明，因为日本违
100 反《非战公约》，所以“九一八”事变以及因之而起的一切变化，美国都不予承认。这就是所谓“史汀生主义”，对侵略行为产生的结果不予承认的这一原则，也定下了之后美国对东亚外交政策的基调。

石原等人原本计划由日本直接统治占领地，但是面对国际联盟的反应，决定建立一个表面上是根据当地人的意志建立的“独立国家”，由关东军在背后掌握实权。军方因此在 1931 年 11 月把清朝的末代皇帝溥仪从天津带往东北。清朝从东北兴起，因此对于怀抱着复辟梦想的溥仪来说，在东北就任新国家的元首，也是他达成复辟心愿的唯一途径。也许就是这种心理，驱使他同意随日军前往东北。

外务大臣币原宣称，这次军事行动是为了维护日本利权的自卫行动，国际联盟并没有理由介入，希望就这样把危机应付过去。 101
东京帝国大学教授立作太郎也在公开场合声称，日本的军事行动是在行使自卫权，试图将“九一八”事变正当化。实际上，他在私下面对元老西园寺的秘书原田熊雄时坦诚地说，这一行动已经超出了自卫的范畴。

被默认的侵略行为

为了呼应“九一八”事变，陆军的一部分精英军官准备再次发动政变，但是因为计划泄漏而失败，这一风波被称作“十月事件”。虽然政变未遂，然而已经在“九一八”事变之后被军队的一系列过激行动折腾得够呛的若槻还是深受打击，导致睡眠不足、精神极度疲劳。得知这一情况的内务大臣安达谦藏建议，通过与政友会成立联合政权来渡过难关。坚持紧缩性财政政策的大藏大臣井上准之助则极力反对这一计划。内务大臣和大藏大臣的不和，导致了第二次若槻内阁在 1931 年 12 月 11 日集体辞职。

在这段时间里，因为日本有被开除出国际联盟的风险，所以支持国际协调方针的昭和天皇为此深感苦恼，但是他并没有什么有效的应对手段。在“九一八”事变爆发之后，陆军就积极展开宣传活动，派出军官在全国各地展开演讲，宣称在日俄战争中牺牲了大量士兵和资金才得来的利权，绝对不能放弃。这种行动使得大众媒体对于事变的报道变得极为偏向陆军，大部分国民也因此狂热地支
102 持陆军，就连昭和天皇身边的官员们，乃至昭和天皇本人，都开始觉得不能全面否定陆军的所作所为。

在片面的军事观点下，占有中国东北成了所谓的日本“国家利益”，为了维护这一“利益”，日本最终选择了错误的侵略行为，这就是“九一八”事变的实质。但是，当时知晓这一点的大部分人，都怯于民众因为陆军的煽动而激起的狂热，做出一副为了国家利益而视而不见的样子，默认了侵略行为。

只有少数人敢于公开指出军方所宣传的“九一八”事变的欺骗性，比如直言无论多么口渴，都应该做到“不饮盗泉之水”的政治学者吉野作造，以及声明“九一八”事变违反国际法的国际法学者横田喜三郎。但是，他们的言论并没有大规模地出现在大众媒体上。与皇姑屯事件不同，石原莞尔等策划了这起事变的人没有受到任何惩处。日本之所以在这以后会走上错误的道路，不能不说正是源于 1931 年发生的“九一八”事变。

诚然，大萧条以及对此应对不力的政党内阁的软弱，都是诱发“九一八”事变的客观原因，但是这并不意味着侵略这种错误的行径就能被允许。事实上，日本不久就受到了来自国际联盟的强烈谴责。

错误的行为能够毫不遮掩、招摇过市，这种非正常情况出现

的背后，是难以制止军部失控的国家制度，以及只求国民服从的威权主义国家的教育方针。明治时代的国家领导人一手缔造的忽视民意的国家制度，是日本这个国家和生活在其中的人们失去改正错误的机会的一大原因。103

第二次若槻内阁因为内部对立而全体辞职之后，元老西园寺推荐政友会的党首犬养毅出任首相。在经过昭和天皇的首肯后，犬养毅内阁在 1931 年 12 月 13 日成立。犬养毅成为继原敬、滨口雄幸之后，第三位出任首相的众议院议员。

犬养毅

自从 1890 年开设国会以来，犬养毅就一直当选为议员，可以说是当时政党政治家当中最资深的一人。他向来坚持反对政友会的立场，但是在 1925 年担任革新俱乐部的党首时，却率领革新俱乐部与政友会合并，并在 1929 年田中义一去世之后，凭借个人声望及其在护宪三派内阁等三届内阁担任阁僚的经验，出任政友会党首。

犬养毅起用高桥是清担任大藏大臣，高桥在上任之后停止了黄金解禁，再度禁止黄金的出口，显示出政府为了克服经济危机准备采取积极的财政政策的决心。在 1932 年 2 月进行的总选举中，政友会获得了超过 300 个议席，取得大胜。这在某种程度上反映出民众对于犬养内阁积极应对经济危机的姿态有着相当正面的评价。但是投票率大约只有 73%，相较前一次选举的 81%，降低了近一成，可见国民对于议会政治的热情正在减退。

104 犬养毅与不少中国人私交颇深，也对“九一八”事变感到痛心。他将恢复大众对于政党政治的信任，以及妥善解决“九一八”事变视为自身的使命。但在现实中却因为党内派系对立，在殖民地的高级官员和警察机构的人事问题上，出现了按照党派进行安排的问题。这使得昭和天皇及其左右的官员也对政党内阁感到失望。我们可以从当时在天皇身边担任内大臣秘书官长的木户幸一的日记中了解到这些情况。

关东军主持下的“满洲国”建国

1932 年 1 月 28 日，在欧美国家的利权集中的上海，中日两军爆发了武装冲突。被称为“一・二八”事变（日本称第一次上海事变）的这次冲突，是陆军为了将欧美诸国的注意力从东北引开，以便关东军在东北建立“独立国家”的计谋顺利进行而策划挑起的。

结果在 1932 年 3 月 1 日，关东军通过威胁当地要人等方法，成功地在东北建立起所谓“满洲国”。溥仪出任国家元首，称“执政”，长春则成了“首都”，并改名为“新京”。日本治下的关东州租借地和满铁附属地都原封未动。溥仪暂时没能当上皇帝，只得到“执政”这么一个并不常见的头衔，“满洲国”名义上也是共和国。关东军通过这些伎俩，营造出一种“满洲国”是基于当地民众自身意愿建立的假象，并希望借此来逃避国际社会对于日本侵略行为的指责。溥仪要重新当上他念念不忘的皇帝，还得等到 1934 年 3 月。

表面上，溥仪是“满洲国”的统治者，但是实际上他只能按照关东军的指示行事。虽然溥仪的亲信和东北当地的重要人物担任了总理和各部总长，不过真正行使权力的都是从日本的各部门派遣而来的高级官员，而且就算是这些日本官员，也需要听从关东军的指示。在战后成为首相的岸信介，就是在商工省任上前往“满洲国”，并在那里展现了自己能力的。所以说“满洲国”真正的统治者，其实是兼任关东局长官和“驻满日本大使”的关东军司令官。

溥　仪

事实上，“满洲国”并不是一个独立国家，当地的实权掌握在不过是日本陆军的一部分的关东军手中，实质上是日本的殖民地。所以在写到“满洲国”时，都应该像这样加上引号。

在中国东北地区，当时主要生活着汉族、朝鲜族、蒙古族、满族等民族，加上日本人以后，就有了 5 个主要的民族。“五族协和”“王道乐土”也由此成了“满洲国”的宣传口号。然而遗憾的是，这些口号最终都只是政治宣传而已，其中的美好愿景全部成了画饼。“满洲国”的各种政策都基于关东军或是陆军的需要，这种

106 状况甚至在日本国内也引起了不满。1934 年 12 月，内阁设立了对满事务局，希望日本政府可以通过这一机构来直接参与“满洲国”的相关事务。但是对满事务局的总裁由陆军大臣兼任，日本政府实际上依然无法干涉“满洲国”的事务，关东军司令官仍旧在实质上支配着包括“满洲国”、关东州租借地以及满铁附属地在内的广大地区。

关东军和在“满洲国”任职的日本官员无视当地的情况和习惯，将日本的行政模式硬套在东北，同时为了满足财政需要，默认鸦片贸易。一方面，以低价强制收购当地农民辛辛苦苦开垦的土地，转交给移民到东北的日本农民；另一方面，在缺乏足够调查的情况下，就肆意处决被怀疑参与反日活动的当地人。

由于日本方面的行为过于残酷，从 1935 年开始，担任“满洲国”“外交大臣”的张燕卿以及新京市市长韩云阶等当地的重要人物，都对关东军和日本高官的暴行进行了抗议。担任监察部部长的品川主计和总务厅厅长的大达茂雄等日本高官同样对关东军不满，特别是对板垣征四郎参谋长的专横残暴感到气愤，但是他们的抗议最终也无疾而终。在当时的人们看来，关东军的态度之傲慢，完全超乎想象，不仅无视人们的不同意见，甚至不允许相关的报道。当然，对于批评自己的日本官员，关东军虽然会采取调离现职之类的手段，但是并不会加以处罚，大概是因为多少也有些亏心的感觉。

对于日本来说，“满洲国”其实是保护苏联威胁下的殖民地朝
107 鲜和日本本土的堡垒，以及为下一次世界大战中的日本提供所需资源的土地，自然完全不会考虑当地人的生活。但是在之后进行的调查中，日本并没有找到期待中的资源。

5 “五一五”事件与退出国际联盟

“五一五”事件的发生

接下来让我们把目光转回日本国内，承认“满洲国”为独立国家，并支持其发展主张，这在当时的日本社会是绝对的主流。可见陆军的宣传活动起了很好的效果。然而，希望恢复与中国的友好关系的首相犬养毅，并不愿意承认“满洲国”。1932 年 5 月 15 日，一伙海军的青年军官在首相官邸将犬养毅暗杀，这就是“五一五”事件。当暴徒们闯进首相官邸时，犬养毅并没有试图逃避，而是选择与他们对话，尝试说服对方。这种态度真是很有勇气。

从 1932 年开始，受到陆军行动的刺激，以极右翼分子井上日召为首的组织“血盟团”诞生了。这是一个以年轻军人和大学生为主体的极右翼恐怖组织，他们策划暗杀了前大藏大臣井上准之助和三井财阀的最高干部之一团琢磨。这些事件也可以被看作“五一五”事件的延续。

犬养毅死后，首相的继任人选成了难题，考虑了诸多因素之后，元老西园寺决定放弃政友会内阁，推荐海军出身的前朝鲜总督斋藤实继任首相。随着斋藤实内阁在 1932 年 5 月 26 日成立，延续了不到 6 年的政党内阁画上了句号。

造成这种情况的原因，固然有不择手段争夺政权的政党自身的责任，但同时也要考虑当时政治的整体组织方式本就是忽视民意的，加上元老的存在和统帅权的独立，综观整个政党内阁时期，6 名首相当中只有两人是众议院议员，可以说政党也有自己的苦衷。

斋藤实在担任朝鲜总督时，改变了一直以来依靠武力实施专制统治的所谓“武断统治”，改善了日本在朝鲜的统治方式，同时对海军的裁军也持肯定态度。因此他被西园寺和昭和天皇视为温和派人物，并期待他能够在政党内阁重新出现之前稳定局面。斋藤实内阁的阁僚，有一半是政友会、民政党的党员，另一半则主要来自政府行政官员和工商业界人士，可以说是集合了国内各大势力的联合内阁。

继续担任大藏大臣的高桥是清延续积极的财政政策，通过大量发行国债，使 1933 年的矿业与工业总产值恢复到了经济危机之前的水平，这一经济复苏的速度在当时的世界各主要国家中是最快的。重工业与化学工业的振兴，公共事业的增加，以及通过停止黄金解禁使日元贬值来促进出口，是经济得以复苏的主要原因。

“九一八”事变也对经济产生了影响。事变发生后，日本开始扩充军备，国家预算中军费的占比增加，再次超过了三成。但是，
109 与此同时，农村并没有得到救济，农民依旧只能自力更生，经济状况十分严峻。因为高桥是清的积极财政政策，1933 年度的财政支出规模膨胀到了 1931 年度的 1.5 倍，高桥因此反对扩张充军备。这也成了 1936 年“二二六”事件发生的原因之一。

虽然经济的总体状况有所好转，但是亚洲地区作为与美国并列的重要出口市场，情况却并不乐观。在中国，受到强烈的反日情绪和 1935 年币制改革的影响，日本商品的进口量出现了下降。在印度和东南亚，除泰国之外，当时其他地区都是英国、法国、荷兰以及美国的殖民地，这些殖民地无一例外都提高了针对日本产品的关税，而优先进口宗主国的产品。就像即将登场的近卫文麿一样，日本国内的一部分人开始利用西方殖民地对待日本商品的态度来为占领中国东北辩护。但在实际上，日本产品在印度和东南亚市场依然卖得不错。

承认“满洲国”与退出联盟论

斋藤实内阁在 1932 年 9 月签订了《日满议定书》，完成了承认“满洲国”这一犬养毅一直不愿进行的工作。国际联盟因为中国的控诉和日本不听从撤兵劝告的举动，在 1932 年 2 月派遣李顿调查团前往东北当地进行调查。日本赶在调查结果公布之前，抢先承认了“满洲国”。

1932 年 10 月，李顿调查团公布了报告书。报告书虽然承认了 110
日本一直以来在中国东北地区的利权，但同时指出，基于《国际联盟盟约》《九国公约》以及《非战公约》，“九一八”事变不是日本的自卫行动，中日两国之间的对立应该在国际联盟的框架内解决，“满洲国”的建立也缺乏正当性，应该将自治权交给当地民众。国际联盟将报告书交给包括美国在内的 19 个国家的代表组成的十九国委员会，该委员会在 12 月 15 日正式劝告日本接受报告书的建议。

如果接受国际联盟的意见，那就意味着承认“九一八”事变不具备正当性，还不得不取消对“满洲国”的承认，以陆军为中心的退出联盟论因此开始甚嚣尘上。虽然还是有政友会议员芦田均这样富有勇气的政治家在 1933 年 1 月的众议院会议上公开反对退出联盟，昭和天皇内心也不赞成退出联盟，但是在 1 月末，贵族院副议长近卫文麿在杂志《KING》的 2 月号上，发表了题为《改造世界现状》的文章，将“九一八”事变提升到保障日本生存权的高度，这样一来，那些持反对意见的人就被推到了日本的敌人的位置，退出国际联盟的意见逐渐成了主流。2 月 20 日，内阁决定一旦国际联盟通过不利于日本的决议，日本即行退出联盟。

1933 年 2 月 24 日，国际联盟大会开始讨论一项议案，内容包括承认中国拥有东北地区的主权，关东军从关东州租借地与满铁附属地撤出，以及在日本保持自身利权的情况下由当地民众成立自治
111 政府等，劝告中日两国在国联的主导下，接受以上内容。日本的临时全权代表松冈洋右对国际联盟的主张进行了全面的反驳，他坚称“九一八”事变是为了应对中国一再的违法行为而采取的自卫行动，而中国还称不上是完全的独立国家，没有能力作为当事国处理这一事件。

最终这一议案以 42 票赞成、1 票弃权（暹罗）、1 票反对（日本）的结果获得通过。日本的意见在国际上被全面否定，“九一八”事变被认定为事实上的侵略战争，日本是侵略国。因为美国也参与了十九国委员会，所以日本不仅是在国际联盟内部，而是几乎在全世界范围内都被认定为侵略他国的国家。日本在有关这一问题的国际论战中完败，主要是因为“九一八”事变本身就是陆军的阴谋，毫无办法。

松冈洋右在决议之后立即表示退出联盟，1933 年 3 月末，日本正式退出了国际联盟。日本虽然还管理着国际联盟的委任统治地，并在一些非政治领域保持着合作关系，但是从此以后，可以说日本已经基本放弃了国际协调的路线。对于国际联盟来说，常任理事国的退出也成了一大问题，旨在通过对话解决国际争端的国际联盟，最终未能有效应对亚洲的危机。自此以后，国际联盟更显无力，德国走上扩张路线，裁军条约的延长也因为日本自行其是的要求而陷于失败，国际局势变得越来越不安定。

与此同时，日本国内开始出现主张在日本的主导下，在亚洲
建立不受欧美干涉的国际秩序的观点。政治学者蜡山政道在 112
“九一八”事变之后不久便开始发表这类言论。1934 年 4 月，外务省情报部部长天羽英二指责欧美诸国对中国的援助，妨碍了亚洲局势的安定，引起了社会议论。

当然，在当时的日本，还是有人发出了不同的声音。例如，外交评论家清泽洌主张，日本要寻求自身的生存权，只有在国际联盟这样的场合才能实现，呼吁日本重回国际联盟。而在币原喜重郎担任外务大臣时担任外务省条约局局长的松田道一，在每周为昭和天皇讲课说明外交问题时，也不

清泽洌

断强调国际联盟对维护世界和平的重要作用。但是这样的人只是少数，在大众媒体上也鲜有他们的声音。

退出联盟之后，在日本政府要求中国承认“满洲国”并停止抗日活动的同时，陆军又开始了新的行动。为了将拥有丰富战略资源的华北地区也纳入自己的控制，陆军以保护“满洲国”的安全为由，通过加强了兵力的中国驻屯军，实施了华北分离工作。

结果国民党军在 1935 年 6 月从华北撤出，到 12 月，具有较大自主性的冀察政务委员会成立，在日本控制下的傀儡政权“冀东防
113 共自治政府”也建立起来。中国接受了停止抗日活动的要求，也恢复了与“满洲国”之间的交通、邮政和电报往来，但是始终拒绝承认“满洲国”。事实上，即使政府禁止了抗日活动，全国的反日情绪也不会因此缓和。1935 年 11 月，中国政府在英国的支援下开始币制改革，其中也有防止日本经济侵略的考虑。12 月，北京发生了大规模的学生运动，要求抗日，这就是“一二·九”运动。这一连串事件使得中日关系持续恶化。

在日本国内，因为爆出政府高官有贪腐嫌疑，斋藤实内阁在 1934 年 7 月集体辞职。因为政友会的内部斗争等，舆论对于政党政治的评价依然很低。西园寺公望在与重臣，即曾担任首相者进行商讨之后，推荐冈田启介为下一任首相的人选。冈田启介曾经担任海军大臣，在伦敦海军军备会议上站在条约派一边。他与斋藤实类似，显然也是因为温和派身份而被起用，进行过渡的首相。除了政友会因为内部原因没有参加之外，冈田内阁与前一届内阁一样，也是各派势力的联合体。

6　天皇机关说事件与陆军的对抗 114

天皇机关说事件

1935 年 2 月，在贵族院发生了所谓天皇机关说事件。那些信奉国体论的议员对宪法学者美浓部达吉的学说展开了攻击。美浓部达吉的学说将天皇视作国家的一个机关，故而被称为“天皇机关说”。天皇只是在行使国家主权的主体中排在首位，这可以说是近代宪法解释的常识，在当时的文官高等试验中也被作为正确答案出现在试题中。

但是，国体论者对这个问题有不同的认识。所谓国体论，其基本思想就是将天皇视为超越一切的至高无上的存在，而长久以来处在天皇统治之下的日本自然也是无与伦比的国家，生活在这种完美国家之中的日本人必须服从天皇。有人将这种思想视为制定宪法的基础，因为类似的思想从日本的中世时期就诞生了，所以信奉这种思想的人就被称为传统右翼。

国体论在大正初期已经不再流行，但是 1917 年俄国十月革命之后，随着共产主义思想在大正中期传入日本，国体论被一部分人 115

重新拾起，作为对抗共产主义思想的工具，并进一步从对天皇的崇拜发展到排外主义。右翼分子今泉定助在1935年出版的《国体原理》就典型地体现了这种思想。他们认为，只要尊崇天皇就可以实现和谐，所以全世界人民都应该这样做，如果谁不愿尊崇天皇，就需要洗心革面，那些坚决不从、死不悔改的人就是在破坏和谐，需要加以惩罚。

排外主义发展的结果之一，就是基于欧美标准对宪法的解释成了被批判的对象。当被问及天皇在国家当中所处的地位时，如果把国家置于天皇之上，就犯了不敬之罪。如果不采用天皇机关说，那么就无法将国家视为法人，这么一来国家也就无法缔结国际条约了。因此当时的宪法学者几乎都采纳天皇机关说，只是为了避免被人攻击对天皇不敬，大多含糊其词。而美浓部正是因为简单明了地对这个问题进行了说明，结果就成了传统右翼的攻击对象。

美浓部在国会反驳对天皇机关说的批判

除了传统右翼，陆军和政友会也加入了攻击政府的行列。他们的言论大多要求明确认定
116 国体论的正统性，因此被称为“国体明征运动”。陆军标榜自身是直

属天皇的组织，迅速对运动做出了反应，而政友会依然把这一运动视作倒阁的机会加以利用。美浓部在1935年4月被传统右翼举报犯了刑法中的“不敬罪”，内务省警保局也禁止了美浓部著作的出版发行。10月，政府发表声明，指出天皇机关说与国体相悖，天皇机关说由此成了违法的学说。美浓部则辞去贵族院议员的职位，幸而没有被正式起诉。

昭和天皇认为天皇机关说并无错误，还和侧近表达了对于国体明征运动的不满。但是，在昭和天皇身边担任侍从武官的军人们提醒他，天皇至高无上的地位不应受到质疑，不然就有可能失去对军队的控制。这样一来，使得天皇也对这一问题缄口不语了。

天皇机关说事件在历史学、政治学、法学等诸多领域引发了排外主义的滋长，使得学术、思想、教育的自由都受到了极大限制。1936年，文部省要求在教育中教授国体论，并着手编纂相关教材。1937年5月，正式推出面向中高等教育的读本《国体的本义》，并分发给全国的学校和其他教育机构。

这本书一方面指责源自西方的个人主义没有把人类视为集体与历史的一部分；另一方面，认为日本民众只要摒弃私利私欲，尊 117
崇至高无上且永远存在的天皇，国家社会就能保持和谐，发展进步。而议会也不过是天皇赐给人民的，作用只是让国民有机会在政治上齐心合力、协助天皇。既然国体论要求人民无条件服从天皇，那么当某些势力作为天皇意志的代表出现时，人民就得服从这些势力。

在实际的政治与行政问题上，军部和其他一些在名义上直属于天皇的机构的权力因此得到了极大的加强。政治方面的言论空间变得极为狭窄，军人、官僚变得越来越我行我素。与此同时，政党政治被视为西方产物，变得更加不受欢迎。

不过，在另一方面，因为宪法规定帝国议会是天皇赐给国民的，所以就算是军人和官僚也没法完全无视这个来自天皇的机构。虽然面对军人和官僚的失控，帝国议会也显得无力，但帝国议会却是此时唯一能够对这种情况进行批评和警告的政治机构。

众议院在 1936 年 2 月 20 日届满，举行了新的总选举。投票率有小幅上升，约达 77%，政友会大败，仅获得 174 席，差不多减少了一半，民政党获得 205 席，但仍未过半。无产政党方面，1932 年，全国劳农大众党和社会民众党联合成立了社会大众党。社会大众党与其他无产政党系的候选人一起拿下 22 席，取得不小的进步。
118 因为没有一个政党获得能够控制政权的过半席位，因此议会的政治影响力依然不大。

陆军内部派系斗争的激化

这一时期，陆军内部的派系斗争也在激化。刚刚提到过的木曜会和一夕会等由青年精英军官组成的团体，为了实现自身主张，成功推举立场偏向己方的荒木贞夫出任犬养毅内阁的陆军大臣。到斋藤实内阁时，荒木贞夫继续担任陆军大臣，并成功地扭转了削减军备的趋势。但是在前面我们也说到，大藏大臣高桥是清因为财政支出膨胀，开始倾向于节约军备开支。荒木贞夫工作不顺的同时，陆军的精英军官们也开始内讧。

以永田铁山和东条英机为中心，将苏联视为主要的假想敌，试图通过合法途径扩充军备的一伙人被称作统制派。为了向大众宣传扩充军备的必要性，陆军在 1934 年 10 月向政界和媒体提供了大量题为《国防之本义与其强化之提倡》的宣传册，其中的内容就是基于统制派的思想。

这本宣传册首先强调因为大萧条，国际关系日趋紧张，所以国家需要整体蜕变为军事组织，通过扩充军备来实现国家的发展。还指出自由经济不利于扩充军备，也不利于消除贫富差距、促进国民团结，因此国家应该对经济进行统制。这些言论在日本国内激起 119
了相当大的讨论，那些隶属无产政党的议员和倾向社会主义的学者、评论家纷纷表示赞同，他们希望以此为契机，使国家向社会主义方向发展。

陆军内部的另一派，则是以荒木贞夫和真崎甚三郎为中心的皇道派。他们认为依靠日本当时的国力，已经很难继续扩充军备，所以应当利用国体论，加强国民团结，用这种方法创造出更强的军队。皇道派强调精神至上，那些没有进入陆军大学，负责一般士兵的起居训练，难以出人头地的下层军官对皇道派思想颇有共鸣。这些下层军官经常接触农村出身的士兵，对尚未摆脱经济危机影响的农村情况有所了解。出于对农民士兵的同情，他们对源自欧美的经济制度本身就相当反感，自由经济或是统制经济都不让他们满意。因此，那些与经济有密切联系的保守政党、金融界人士以及陆军的统制派，自然也是他们厌恶的对象。

皇道派的青年军官把保守政党、金融界还有统制派都视为破坏国体和谐的恶人，并渐渐产生了不待命令就将这些恶人除去就是自己使命的想法。在这些青年军官中，还有一部分人对右翼分子北一辉的观点产生共鸣，准备铲除以天皇为中心的特权阶级，一些人因为在陆军内部散播批评统制派的匿名文章而被开除。

当时，统制派的核心人物永田铁山担任陆军省军务局局长，
120 这是仅次于陆军省陆军次长的要职。他认为皇道派的活动不利于扩充军备，于是在 1935 年 7 月鼓动陆军大臣林铣十郎，罢免了真崎甚三郎的教育总监一职。陆军的教育总监负责监督管理陆军的各个学校，是与参谋总长并重的职务。陆军皇道派的相泽三郎中佐因此大怒，他在 8 月 12 日前往陆军省，将正在办公的永田杀害，这一事件使得统制派与皇道派的对立公开化。

东京的第一师团有许多下层军官都属于皇道派，在第一师团即将被派往中国东北之际，皇道派军官决心发动政变。他们计划除掉天皇的侧近和统制派将领，占领中央政府机构集中的街区，直接向天皇陈述皇道派的信念，从而促成政治变革。

7 “二二六”事件

日本近现代史上规模最大的兵变

1936 年 2 月 26 日，日本近现代史上规模最大的兵变发生了。起事的军官驱使手下的士兵，兵分几路袭击了诸多高官。内大臣斋藤实、教育总监渡边锭太郎和大藏大臣高桥是清都在家中遇害，天皇的侍从长铃木贯太郎则身受重伤。正在神奈川县汤河原的旅馆的前内大臣牧野伸显依靠护卫警官的舍身掩护，逃得性命。袭击首相官邸的叛乱部队在杀害首相冈田启介的秘书松尾传藏以后，误将松尾认作首相本人，使得冈田启介得以躲藏起来，并在第二天混在前来吊唁的人群中逃出官邸。

叛乱部队还袭击了朝日新闻社并大闹印刷厂，占据了政府中央机构集中的霞关地区。叛乱发生的第二天，日本政府宣布东京地区实施戒严，禁止人们在夜间外出，或是前往叛乱发生地。

陆军内部最初也存在呼应兵变的声音，但是因为昭和天皇始终决心要加以镇压，统制派也在试图扭转局面，最终在 2 月 28 日下达了要求叛乱部队撤离现在位置，返回所属部队的命令。2 月 29

日，叛乱军官陆续投降或自裁，兵变失败。特设军事法庭审判了叛乱军官和真崎甚三郎、北一辉等人，到 1937 年 8 月为止，包括北一辉在内的 19 人被判死刑。真崎甚三郎虽然被判无罪，但是他与荒木贞夫等皇道派高级将领都被编入预备役，从此之后陆军就成了统制派的天下。冈田内阁在该事件之后集体辞职，西园寺为了平息事态，推荐已经被多方风传要当首相的贵族院议长近
122 卫文麿接任首相。但是，同情皇道派的近卫文麿拒绝了提名，西园寺只好重新推荐冈田内阁的外交大臣广田弘毅，他希望广田能够与陆军展开协商，走温和路线。陆军以防止发生类似事件为由，对组阁时各大臣的人选多有干涉，在这种情况下，广田弘毅内阁于 1936 年 3 月 9 日宣告成立。来自政党的阁僚进一步减少，政友会与民政党各有 2 人入阁，官僚、军队、金融界出身的阁僚占到了总数的 2/3。

广田弘毅

军备竞赛重新开始

就在同一时期，限制海军军备的条约到期，不少人认为世界范围内的军备竞赛即将重新开始。面对双双要求政府增加军事预算的陆、海军，之前是银行家的大藏大臣马场锳一将军费称为一种保

险费，认可了军事预算的大幅提高，这使得国家财政支出中军费所占比重超过了 47%。这些增加的费用全部用国债的方式加以填补，纸币大量增发，造成通货膨胀，居民消费价格指数（CPI）在一年内上涨了 10%。

在德国，希特勒领导的纳粹党（德国国家社会主义工人党）赢得选举，逐渐在德国建立起独裁统治。日本和德国分别希望压制英国在亚洲和欧洲的势力，因此两国在 1936 年 11 月签订了《反共产
国际协定》。第二年 11 月，控制着意大利的独裁者墨索里尼也加 123
入进来。但讽刺的是，德国此时正在援助与日本对立的中国，指导中国在上海周边建设坚固要塞，并培训装备着新式德国装备的中国部队。

此时的日本陆军以防止已经转入预备役的皇道派将军当上陆军大臣为由，重新规定军部大臣必须由现役武官担任。同时，受到关东军在“满洲国”设立“协和会”来对当地人加以控制的启发，起了大幅缩小帝国议会权限的念头。政友会的资深议员滨田国松在 1937 年 1 月的众议院会议上，痛陈陆军正在强化独裁统治，并在其后的问答中诘问陆军大臣寺内寿一，使其狼狈不堪。恼羞成怒的陆军因此要求解散议会重新进行总选举，而海军方面希望尽快在议会通过军事预算，不想解散议会。陆、海军在内阁的对立，使得广田内阁不得不在 1 月 23 日宣布集体辞职。

西园寺只能再一次开始物色首相人选，这一次他把收拾局面的希望放在了宇垣一成的身上。宇垣作为陆军的高级军官，曾在滨口内阁时期担任陆军大臣，之后又出任朝鲜总督，还曾经受到担任民政党党首的邀请，所以被认为是既能控制陆军，又能与议会搞好

关系的人。但是实际上，当时各政党与宇垣的关系已经说不上融洽，更不妙的是，陆军统制派觉得在宇垣内阁下无法实现自身的诉求，因此公然反对宇垣出任首相。本已答应出任首相的宇垣，最终因为陆军无人出面担任陆军大臣，只好在 1 月 29 日放弃出任首相。

124 陆军在天皇机关说事件中，给他人扣上对天皇不敬的帽子加以攻击，到了需要维护自身利益时，又肆无忌惮地阻止天皇行使任命首相的权力，不得不说这些军人实在是过于自以为是了。但是在大众媒体上却看不到对陆军的批评，陆军的政治影响力几乎已经到了一手遮天的程度。

无奈之下，西园寺推荐前陆军大臣林铣十郎继任首相。得到陆军支持的林铣十郎在 1937 年 2 月 2 日上台。林铣十郎内阁的阁僚居然没有一人来自政友会、民政党这些大党，这使得议会与内阁的关系恶化，在议会接近闭会的 1937 年 3 月 31 日，林铣十郎突然解散了众议院。

在随后举行的总选举中，民政党获得 180 席，政友会获得 174 席，基本没有变动。而社会大众党则一跃获得 37 席，达到前一次选举所获议席的 1.5 倍。原属民政党的中野正刚效仿纳粹党，组织了一个名为“东方会”的党派，也获得了 11 个议席。这次总选举的投票率跌到了 70% 以下，成为二战前投票率最低的一次选举。从这些数据我们可以看出，当时的民众对于议会政治的期望在下降，并逐渐失去了对既存保守政党的信赖，不过对于新出现的政党仍抱有希望。总体来说，主要政党在议会的势力分布并没有改变，这也可以从另一个角度看出，林铣十郎内阁并不受欢迎。

社会大众党和东方会都认可天皇乃是国家的中心，也都主张消除贫富差距，加强国家团结，与陆军统制派以及一部分被称为革新官僚的年轻高级官僚的观点相似。为了与传统右翼进行区分，一般将这些群体称作“革新右翼”。 125

近卫文麿

1937 年 5 月 31 日，林铣十郎也表达了辞任之意，他的短命内阁最终只持续了不到 4 个月。唯一令人感到惋惜的是，3 月 3 日出任外务大臣的佐藤尚武要求重新审视日本渗透中国华北的战略，并受到中国方面的欢迎，中日两国间的关系出现了改善的迹象。如果佐藤尚武能在外务大臣的位置上干得更久一些，说不定可以避免中日战争的全面爆发。

现在西园寺公望认为，唯有近卫文麿出任首相才能收拾国内的乱局。这一次近卫没有再推辞，1937 年 6 月 4 日第一次近卫内阁成立。近卫家与皇室颇有渊源，明治维新后被封为华族中最高等级的公爵，近卫文麿本人当时正担任贵族院的议长。

自“九一八”事变发生以来，陆军、传统右翼和保守政党都将近卫文麿视为未来的首相，与其保持着良好的关系。西园寺公望也正是看到了这一点，才推荐近卫出任首相。虽然西园寺对于近卫公然表示支持陆军，并与传统右翼走得很近这一点相当不满，但

是，如果没有陆军的支持，内阁甚至都无法成立，而当时除了军
126 人，也只有近卫能够接下首相的担子。西园寺做出以上判断以后，
在无奈之下推荐了近卫。

近卫在组阁时，也希望网罗各界的代表。但其中一些人因为讨厌近卫，拒绝出马，因此最后有不少原本只是副部级的官员成了阁僚。在组阁之后的首次记者见面会上，近卫用平实的语言阐述了其消解国内对立、消除贫富差距、改善日本的国际形象等施政方针。

与之前首相严肃的形象不同，贵族出身的近卫风度翩翩，很有教养，平易近人的讲话方式又让人感到其为人谦虚，给人以开朗明快的感觉，这使得人们将脱离困境的期望寄托在他的身上。近卫一上任，就赢得了极高的人气。从政党内阁中断，直到日本战败为止，在担任过首相的人物中，可以说只有近卫一直受到百姓的欢迎。

但是，近卫赞同日本入侵中国华北、确保生存权的论调，外务大臣也令人无奈地换成了与其意见相同的广田弘毅。就这样，日本迎来了决定命运的 1937 年 7 月 7 日。

8 社会与文化

贫富差距的扩大

说到这一时期的社会和文化状况，一个显著的特征就是城市 127
和农村，以及城市内部中产以上人群和底层民众的贫富差距非常大。前面也曾提到，大萧条对于工人和农民的打击极大，让他们的生活十分困苦。本州岛东北地区的不少农民甚至被迫将女儿卖到风月场所。因为企业招聘减少，无法就业的大学生也在增加，以至于成了社会问题。就连东京帝国大学一些专业的学生，毕业后也找不到工作。

但是，那些生活在关东、关西以及中部大城市里的高级官员和高级白领，反而因为物价相对下降而生活得更滋润。综观这一时期的社会话题，会发现不少关于游乐园开业，大城市到旅游景点的新路线通车，或是联结大城市郊区的新建住宅区与市区的私营铁路开始运营的话题，相当醒目。东京和大阪分别在 1927 年 12 月和 1933 年 5 月开通了地铁。1931 年还建立了国家公园制度。

从 1929 年 9 月开始，国铁开始给运行在东海道线和山阳线上的特急列车起昵称，三等特急列车被称作“樱号”，而一等和二等则称为“富士号”。这一时期，国铁在主要干线上开行的急行列车也大幅增加了。1930 年 10 月，运行在东京与大阪之间的特急列车“燕号”，创下了当时最快的 8 小时 20 分钟的纪录。

从 30 年代中期开始，在高桥是清财政政策的影响下，城市的经济状况得以好转，不久以后工人也开始受益。

128 与前一章一样，我们可以通过日本旅行文化协会发行的《列车时刻表》来了解当时的交通状况。我有一本 1934 年 12 月发行的《列车时刻表》的复刻版。那个时候，丹那隧道刚刚投入使用，乘坐“燕号”从东京到大阪的时间缩短到 8 小时，“樱号”和“富士号”也只要 8 个半小时。与前一章提到的《列车时刻表》一样，这一本《列车时刻表》也包含了殖民地和中国的线路。

时刻表的开头就是从日本本土开始，经由朝鲜半岛、中国东北和西伯利亚直到伦敦的宏大路线图。三等席的票价是 90 日元，大概相当于今天的 27 万日元，所需时间是 15 天。当然，在穿越对马海峡和加莱海峡时，还需要使用渡轮。相比之下，如果选择经由印度洋的航船前往伦敦，就需要一个半月的时间。

1934 年 11 月开始运行的满铁“亚细亚号”特急列车，只需要 8 小时就能跑完大连到新京的 700 千米路程，12 月出版的时刻表已经收录了这趟列车的信息。“亚细亚号”具有流线型的车身并配备了最新的空调设备，最高时速达 130 千米 / 小时，算上中途停靠各站的时间，全程的平均时速也有 82.3 千米 / 小时。相比之下，日本国内的“燕号”列车时速只有 69.5 千米 / 小时，“亚细亚号”的速度已经不逊于当时欧美的特快列车。不过，也要考虑到当时日本国内使用的是 1067 毫米宽的窄轨，而满铁使用的是 1435 毫米宽的标准轨。

1936 年，日后成为日本大型货运蒸汽机车代名词的 D51 型蒸
汽机车正式开始生产。这款蒸汽机车因为优异的表现，被铁路职工
和铁道迷亲切地称为 Degoichi（デゴイチ）。这个名字源于 D51 的
日语发音。在中日战争全面爆发之前的 1937 年 7 月 1 日，东海道
线新增了一趟特急列车，昵称“鸥号”，还增开了一列夜间运行的 129
急行列车。交通运输的繁忙，反映出这一时期的经济情况发生了明
显好转。

航空客运始于 1922 年，在 1934 年，东京每天有两班飞往名古屋的航班，飞行时间是 1 小时 50 分钟，如果不误点的话，可以实现在一天之内往返。机票价格是 20 日元，相比之下，最快的特急列车“燕号”的三等座票价是 6 日元，飞机虽快，但着实昂贵。继续乘坐这班飞机，在经停大阪之后，可以到达福冈，这要花上 6 个半小时。休息一夜以后，继续飞行，在第二天下午 4 点可以到达终点站大连。在当时，夜间飞行还是一件非常危险的事。除此之外，在日本国内还有东京到静冈县清水市（今静冈县静冈市清水区）、大阪到松山的航线。在“满洲国”也存在几条航线。当时日本使用的客机都是进口或是许可生产的。

在日本前往海外的海运航线中，到上海的航线尤其众多。日本的船运公司每天都有从横滨、神户、长崎等地到上海，以及前往北美、印度洋方向的轮船，相较刚刚改元昭和的时候，航运量估计增加了一倍。

日本邮船株式会社在旧金山航线（航行于洛杉矶、旧金山、

火奴鲁鲁、横滨、神户及中国的上海和香港之间）上，投入了总吨位达 1.7 万吨的豪华客轮“浅间丸”。与“浅间丸”同级的“龙田
130 丸”和“秩父丸”也一同服务于这条航线，每个月航行两次。它们是当时日本最大、最新型的国产客船，不过引擎还是需要进口。

“浅间丸”的定员为三等舱 500 人，二等舱 100 人，一等舱 240 人。从横滨到旧金山需要大约两周时间，三等舱的票价是用美元表示的，换算成现在的物价，大约需要 49.5 万日元。如果想要享受一次豪华的海上旅行，一等舱的票价大约相当于现在的 279 万日元。

因为高额的票价，乘坐一等舱的不是那些出门旅行的富豪，就是来自美国这个当时最富庶国家的游客，三等舱的乘客也大多是出差等工作原因出行的人。另外，前往西雅图的客船每个月也有两班。加上英、美等国的公司也投入了客船在这些航线上，所以来往于日美两国之间的客船每周都至少有两班。前往美国的客船数量不如前往上海的多，这也可以看出当时日本与中、美两国之间关系的不同。

在东京和大阪这些大城市的中心，更多的高楼拔地而起，让市容变得更为现代化。配备了空调的电影院和宾馆已经出现。郊外的住宅区里，也开始新建现代主义样式的洋房，这些房屋采光良好，并去除了不必要的装饰。在城市里，年轻人穿着洋装已经不再稀奇。通过谷崎润一郎在太平洋战争期间写下的小说《细雪》，我们可以生动地感受到 20 世纪 30 年代的日本都市文化。

131 但在另一方面，农村地区依然没有完全摆脱大萧条的影响。距离改元昭和已经过去 10 年，很多农村地区的面貌和村民的服装

还是没有什么改变。正如我们前面提到的那样，这种巨大的贫富差距也是出现恐怖活动和兵变的一大原因。

有声电影的出现

20 世纪 20 年代，商业化的有声电影开始出现，电影这一当时的娱乐之王由此拥有了自己的声音。到了 30 年代中期，有声电影已经基本普及。因为制作有声电影需要相应的设备和更多的资金，所以各种资源越来越集中于几大电影公司。30 年代后期，日活、松竹和东宝成了日本的三大电影公司。

因为有了声音，电影的内容也发生了变化，歌舞和谈话的技巧现在都可以运用到电影当中。善于歌舞的喜剧明星榎本健一和表演漫才的组合 Entatsu Achako 能够走红，都是拜有声电影所赐。特别是榎本健一，在 30 年代后期的日本，可谓无人不知。除此以外，出演喜剧的古川绿波，出演爱情电影的上原谦和田中绢代，出演历史剧的岚宽寿郎、片冈千惠藏、阪东妻三郎、林长二郎等明星都风靡一时。原属松竹映画的林长二郎后来被东宝公司挖走，以本名长谷川一夫继续在影坛活跃。

随着有声电影的普及，美国的音乐片开始在日本流行，迪士 132
尼的动画也很受孩子们喜爱。比较当时美、日两国的电影，就能发现日本电影在诸多方面受到了美国电影的强烈影响。当时在美国出现了一些彩色电影，但是拍摄彩色电影在日本还是实验性质的。1937 年，日本全国大约有 1600 家电影院，一年间的观众超过 2.4 亿人次，相比 10 年前增长了 1.5 倍。都市娱乐业的繁荣，在某种程度上也反映了这一地区经济的复苏。

唱片与大众音乐的出现

进入昭和时代以后，随着使用麦克风进行的电子录音技术开始成熟，国外的大型唱片公司开始出售多种多样音质较好的唱片。在这种情况下，昭和初期出现了流行歌曲这种大众音乐。这些音乐受到美国爵士乐的极大影响，最早的时候还直接被称作“爵士小曲”。

流行歌曲开始被用作有声电影的主题曲。在 NHK 的广播中，因为不需要特意安排太长的时间就能放上一曲，所以也常常出现流
133 行歌曲。还有不少咖啡馆以能听唱片为卖点来招揽顾客。虽然唱片本身还是相当昂贵，但是已经被广大的人群所接受。

佐藤千夜子在 1929 年演唱的《东京进行曲》，是最早的流行歌曲之一。之后，藤山一郎、淡谷典子、小呗胜太郎、Dick Mine 等众多流行歌手从西洋古典音乐、爵士乐、日本传统音乐当中汲取养分，创造出自身的流行音乐，吸引了众多听众。其中还有人成了演员，出演电影。最初的流行歌曲有不少是单纯给美国的歌曲配上日语歌词，但是也已经有古贺政男、服部良一等优秀的作曲家出现，他们的不少歌曲在当时被广为传唱。

如果我们听一听当时歌曲的复刻版 CD，就能发现为歌手伴奏的乐队已经有了相当的水准，即使与同时期的美国歌曲相比，也毫不逊色。

总体而言，与电影一样，流行歌曲的主要创作者和受众都是年轻人，这应该归功于明治末期以后，小学终于开始设置音乐课程，使得西式的歌唱方法、音符、音阶等音乐知识在人群当中得到了普及。

棒球的人气以及技术的发展

体育方面，棒球变得更受欢迎。从大正初期开始的中等学校棒球大会（中等学校野球大会）已经开始通过广播直播。这一赛事一直发展至今，成为高中棒球大会（高校野球大会），又称甲子园。1934 年 11 月，美国职业棒球大联盟的本垒打王贝比・鲁斯等 134
人受邀组成明星队访日，并与日本球队比赛，引起轰动。从 1936 年起，日本的职业棒球联赛正式开始。

1936 年，为了纪念将于 1940 年到来的“皇纪 2600 年”①，东京成功申办了 1940 年奥运会，同年还要举办世界博览会。如果如期开幕，这将是奥运会和世博会首次在亚洲举办，人们期待着盛会带来的经济效应，各地都开始兴建面向外国游客的旅店等设施。

《少女俱乐部》（1932 年 4 月号）

艺术方面，除了传统

① 皇纪：日本在第二次世界大战前使用的一种纪年方式，以神话中的第一代天皇神武天皇即位的年份作为元年，皇纪 2600 年即公元 1940 年。

的绘画和文学，得益于摄影器材和印刷技术的发展，摄影和平面设计也繁荣起来。这一时期，更多的杂志诞生了，面向少年儿童的《少年俱乐部》和《少女俱乐部》这样的杂志得以流行，这不仅是因为经济的发展，还与当时涌现出大量的小说家和画家，以及摄影、印刷技术的进步息息相关。

135 工业技术也得到了提升。当时的日本已经能够制造性能相当不错的蒸汽机车、军舰和军用飞机，1926 年 12 月还成功制造出电视机。民用汽车方面，在国家的技术援助下，舒适、耐用且廉价的国产车型已经出现。

这可以说是明治以来推行的现代教育所结出的成果。但是在战前的日本，并没有足够的经济实力来将这些技术应用到人们的日常生活中。说实话，如果能把投入军备的一半资源转向民用产业，那么日本战后的经济奇迹提早 20 年到来也是有可能的。

在明治时期形成的思想和制度，已经无法适应此时的状况，这使得日本在昭和时代的最初 10 年里逐渐从安定走向了动荡。虽然日本的城市很早就摆脱了大萧条的影响，在吸收美国文化之后产生了富足的都市文化，工业技术也得以显著提高。但是，这一切都没能惠及广大的农村地区。在政治、外交都越来越不安定的情况下，日本还将面临更严峻的局面。

第三章

战争的年代：1937—1945年

时　间	大事记
1937 年（昭和 12 年）	7 月，卢沟桥事变；8 月，“八一三”事变；9 月，国民精神总动员运动开始；10 月，设立企画院；12 月，南京大屠杀
1938 年（昭和 13 年）	1 月，发表不以国民政府为对手宣言；4 月，《国家总动员法》公布；7—8 月，张鼓峰事件；11 月，东亚新秩序声明
1939 年（昭和 14 年）	1 月，平沼骐一郎内阁成立；5—9 月，诺门罕事件；7 月，日本封锁天津，美国通告废弃《日美通商航海条约》；8 月，《苏德互不侵犯条约》，阿部信行内阁成立；9 月，第二次世界大战爆发
1940 年（昭和 15 年）	1 月，米内光政内阁成立；2 月，斋藤隆夫发表反军演说；6 月，新体制运动开始；7 月，第二次近卫内阁成立，制定《基本国策纲要》；9 月，《德意日三国同盟条约》签订，日军进驻法属印度支那北部；10 月，大政翼赞会成立
1941 年（昭和 16 年）	4 月，《日苏中立条约》签订，日美两国开始外交交涉；7 月，第三次近卫内阁成立，日军进驻法属印度支那南部；8 月，美英首脑发表《大西洋宪章》；10 月，东条英机内阁成立；12 月，太平洋战争开始
1942 年（昭和 17 年）	4 月，翼赞选举；6 月，中途岛战役，关门隧道贯通
1943 年（昭和 18 年）	2 月，日军开始从瓜达尔卡纳尔岛撤退；9 月，意大利无条件投降；11 月，大东亚会议召开
1944 年（昭和 19 年）	7 月，塞班岛被占领，小矶国昭内阁成立；10 月，莱特岛战役，日军出动特攻队进行自杀性攻击
1945 年（昭和 20 年）	3 月，东京大轰炸；4 月，美军登陆冲绳，铃木贯太郎内阁成立；5 月，德国无条件投降；6 月，冲绳战役结束；7 月，《波茨坦公告》发表；8 月，美军在广岛投下原子弹，苏联对日开战，美军在长崎投下原子弹，日本无条件投降

1937 年 7 月 7 日发生的卢沟桥事变，导致了中日战争全面爆发。这场战争还成了 1941 年 12 月 8 日（美国时间 12 月 7 日）爆发的太平洋战争的导火索。直到 1945 年 9 月 2 日日本正式签署投降书，战争持续了 8 年零 2 个月。日本有至少 310 万人失去生命，而在涉及这场战争的其他国家，死者估计远超 1000 万人。在战争造成了这样巨大的伤亡之后，日本战败了。

如果要用一句话来概括这一时代的特征，大概就是“国民要为国家尽忠”。这也是 1938 年 3 月近卫文麿作为首相在帝国议会上的发言。国家制度设计的不完善导致了政治机能的丧失，日本民众一方面被许以一个更加美好的未来，另一方面则需要将一切献给国家，然而等待他们的，却是空前的巨大失败。

1 中日战争全面爆发

卢沟桥事变

1937 年 7 月 7 日深夜，正在北京郊外的卢沟桥进行演习的日本中国驻屯军报告，受到了一次枪击。当时中国国内的反日情绪高涨，宋哲元的部队就驻扎在日军演习区域的河对岸，子弹有可能就是自此打出。然而实际情况如何，尚无定论。日军在此时也没有遭受任何损失。

蒋介石

但是，日军却对宋哲元的部队展开了攻击，双方爆发武力冲突。在两军进行交涉之后，达成了暂时停火。近卫内阁却在接到停火消息之前，就已经高调宣称中国

卢沟桥事变（《支那事变摄影集》）

侵害了日本的正当权益，要严肃对待，展现出一副强硬姿态。另一方面，中国的领导人蒋介石也发表庐山谈话，表示中华民族已经到了危亡关头。两国间的紧张局势进一步升级，小规模的武装冲突基本没有间断。1937 年 7 月底，战争扩大到整个华北地区。

当时担任参谋本部第一部长即作战部部长的石原莞尔，在 7 月中旬曾经建议近卫文麿尽早停止冲突。1936 年 12 月发生了西安事变，张学良兵谏蒋介石，要求停止内战，一致对外。以此为契机，第二次国共合作得以实现。石原莞尔认为团结一致的中国将是不可小觑的敌人，而且为了应对可能发生的对苏战争，也需要保存实力，所以希望尽早停战。近卫文麿也曾一度准备与蒋介石举行首脑 141
会谈，但是终究不愿向中国让步，失去了停战的时机。

受到华北战局的影响，以保护日本侨民为由驻扎上海的日本海军陆战队，也开始与中国军队对峙。1937 年 8 月 13 日，两军开始交战。近卫内阁随即在 15 日发表声明，表示日军行动的目的是要教训无视日本权益的中国。9 月 2 日，正式将 7 月以来的冲突总称为“支那事变”，局部的冲突现在成了中国与日本的全面战争。

之所以用“事变”一词，是因为虽然中日已经开战，但是两国政府并没有正式宣战。如果正式宣战，进入国际法意义上的战争状态，那么美国就会根据《中立法》，停止向日本出口废钢、石油
142 以及机床等重要物资，使得日本难以继续战争。虽然两国没有进入国际法上的战争状态，日本也因此没有拘捕国内的中国人，但是陆军已经宣称将会按照战时国际法对待战俘。不论从哪一方面来说，中日两国间的战争都已经开始，现在日本的学校教科书也不用“事变”，而用“战争”来表述这段历史，所以我们在这里也直接使用“战争”一词。

蒋介石因为已经考虑到在上海再一次与日军开战的情况，于是在德国的支援下，事先在上海周边构筑了坚固的阵地，并配置了装备良好的精锐部队，使得日本海军陆战队陷入了苦战。日本一边急忙派遣陆军部队前往支援，另一边在 1937 年 9 月开始了国民精神总动员运动，呼吁国民支持政府和相关民间团体为战争出力。具体来说，就是节约消费、增加税收、努力工作、购买战争国债以及到邮局存钱。因为当时的邮政是国营的，所以邮政储蓄也是政府可以支配的资金。

被神圣化的战争

1937 年 9 月 11 日，为了纪念国民精神总动员运动的展开，在

日比谷公会堂举行了演讲会。近卫文麿发表了演说，他称这场战争是日本为了真正的国际主义，通过调和东西方的道德来为世界历史做出贡献的机会。

大众媒体纷纷赞扬这一演说从哲学层面说明了中日战争的正
当性，之后便开始用“圣战”来称呼这场战争。近卫为了向民众表 143
达坚定不移的决心，把战争神圣化。8 月，东京帝国大学的教授矢内原忠雄在《中央公论》杂志上发表文章，指出对中国发动的战争是不正义的。近卫的演说在某种程度上也是为了回应这些批判战争的声音。矢内原忠雄教授因为不断发出类似的声音，终于在 11 月被迫辞去东大的职务。第二年还被扣上了违反《出版法》和《报纸法》的罪名。总之，在近卫的演说为中日战争定性之后，日本国内就再也容不下反对战争的声音了。

为战争披上神圣的外衣以后，不仅反对战争的声音消失了，就连冷静客观地加以探讨也变成了不可能。结果导致日本难以对中国做出任何让步，与中国的战争因此完全看不到尽头，日本深陷其中，难以脱身。正如清泽洌在年初指出的那样，若因政治信条之类暧昧的原因进行战争，就很容易陷入泥沼，难以收拾。

9 月，陆军将由 3 个师团和 1 个联队组成的援军派往上海，其中两个师团的兵员是用仓库里的旧装备武装起来的预备役人员。很明显，陆军还是没有把中国军队放在眼里。

其中一个特设师团是召集了关东地区的预备役人员组成的第
101 师团。这个师团编成的时候，在东京到处都能看到欢送士兵出
征的场面，在东京站也不时能听到高呼万岁的声音。当时日产汽车 144
的总部就在东京站附近，在那里上班的朝仓每人在日记里记录着这

些景象。由于上海的中国部队作战顽强，日军增兵之后还是无法迅速取胜，战局陷于胶着。

启动国家总动员计划

在这期间，近卫内阁准备启动《军需工业动员法》，制定了《临时资金调整法》和《进出口物资等临时措施法》等法律，开始将经济转入战时统制模式。同时还设立了临时军事费特别会计，这笔费用要等到战争结束才会结算，而且内容都被列为军事机密。仅以眼下的战争需要为借口，就能让议会不得不同意军队使用数额比平时的国家预算还要高的巨款，而且无法过问用途，这一制度对军队来说真是十分方便。

现在我们知道，到太平洋战争爆发为止，陆军都偷偷地把这笔费用中的相当一部分拿去购置对苏作战使用的装备和物资了。这种做法可以说是独断专行、挪用公款了。

在政府内部，为战争时期准备的国家总动员计划也在此时启
动了。这一计划不仅规定了战时军需生产所需的物资管理，还包括
145 国家对劳动力、资金、物流等多方面的统制。启动国家总动员计划
后，政府立刻针对工业原料实施了配给制。

为了制订接下来的总动员计划，内阁在1937年10月下旬设立了名为“企画院”的新机构，还将内阁情报委员会改组为内阁情报部，负责宣传工作。内阁情报部不仅会指导媒体报道，给出允许报道的范围，传达政府的意见，还会直接出版主打文章的《周报》和主打照片的《写真周报》，放在书店销售来进行宣传。

内阁情报部为了进一步宣扬爱国情感，还在12月通过公开征

集词曲的方式制作了一首名为《爱国进行曲》的歌曲。这首歌曲用稍显古风的歌词和轻快的进行曲旋律歌唱日本的优秀之处。政府以不收取版权费的方式，将《爱国进行曲》送给各大唱片公司发行。在电影院中场休息或是政府和学校举行仪式的时候，也会播放这首歌曲。这些举措使得《爱国进行曲》几乎成了一代人的标志。

在“九一八”事变之后，为了向世界宣传自身立场，政府和多家媒体联合在 1936 年成立了同盟通讯社。中日战争全面爆发以后，这家通讯社就负责报道。但是在欧美国家看来，同盟通讯社的 146
报道过于偏向日本，所以并没有得到重视。到了 1937 年 11 月，在战时作为陆海军统一总部的“大本营”也宣告成立。这些举措毫无疑问是在向国内外展示日本赢得战争的决心。

中国本来还准备向国际联盟控诉日本的侵略行为，但是在英国的授意下，打消了这个念头。当时的英国正为纳粹德国在欧洲大陆上的扩张行为而大伤脑筋，无暇顾及亚洲。不过，国际联盟的远东问题咨询委员会还是在 1937 年 10 月指出日本的行为违反了《九国公约》和《非战公约》，并呼吁签署《九国公约》的国家召开会议商讨对策。11 月，会议在布鲁塞尔举行，但日本宣称战争是中日两国之间的问题，拒绝参加。可以说日本此时已经在事实上退出了《九国公约》。

2　陷入困境的日本

上海战场的战况激化

之前已经提到，陆军派往上海的特设师团是临时召集预备役人员组建的。结果在上海战场上，居然出现了特设师团的指挥官带头冲锋而士兵不愿跟随的情况。在日俄战争过去30多年之后，日本具有实战经验的军人已很少，而且和当时的大部分日本人一样，被派往上海的士兵也瞧不起中国人，认为中国军队很快就会投降，甚至有一部分人抱着只是走一走，就当是观光旅行的心情来到上海的。但是上海战况之激烈，完全超出了他们的想象。

很多预备役人员都已经娶妻生子，面对中国军队的顽强抵抗，他们对于随随便便冲出掩体去拼命这种事，自然是十万个不愿意。因此特设师团的军官阵亡率就相对较高，战局也一直没有突破。

1937年11月5日，陆军派遣部队在杭州湾登陆，上海守军陷入腹背受敌的不利状况，日军终于由此取得优势，并于11月12日占领上海。上海一战，日军虽然取胜，却付出了重大代价，阵亡者在1万人左右，伤者达3.1万人。投入上海作战的日军兵力共有

9 万人，阵亡率超过 10%，比日军在日俄战争中的阵亡率还要高。中国守军方面也付出了 10 万人伤亡的代价。

从军慰安妇问题

日军占领上海后，开设了数个慰安所，类似的设施在日后将
会随着日军的进军在各占领区出现。按照当时的说法，慰安妇大多
是本就从事色情行业的女性。虽然在当时的日本卖淫还是合法的，
但是废娼运动已经展开，因此就算在那时，慰安妇也绝不是人道 148
的、令人喜欢的工作，无疑是应当加以批判的。更不要说在中国、
朝鲜和其他占领地，还存在很多普通女性受骗或是受到胁迫而成为
慰安妇的事例。

从军慰安妇问题的核心在于当时日军士兵的待遇问题。美军士兵一般每隔几个月就能得到一次休假，回到后方，因此性犯罪也相对较少。但是日军士兵一旦被征召，就往往要在战区停留一年以上的时间。如果被派到太平洋战场，没有特别的理由和好的运气，不少士兵就得一直等到战败才得以回国。因为上层的短视，士兵们被迫持续在战场上作战，最终引发了慰安妇这样严重的问题。

混乱的军纪

在上海战事结束之后，华中方面军兼上海派遣军司令官松井石根说服陆军中央，驱使部队继续前进，进攻当时中国的首都南京。这是意在抓住中国军队败退的时机，趁势攻占南京，迫使中国投降，从而弥补未能迅速赢得上海之战的过失。经过上海苦战已经疲惫不堪的部队，突然失去了本已期待已久的回国机会，还被迫受

命继续作战。部队的纪律开始随着士兵们的情绪一起失控。

149 不少士兵开始抓捕中国平民，强迫他们为自己搬运行李，在行军途中抢劫财物，烧毁房屋，强奸妇女。因为继续进攻南京的作战计划是临时决定的，所以补给物资也跟不上，成建制部队掠夺农作物和家畜的事情也时有发生。当时还有穿着平民服装的游击队会搞突然袭击，日军将这些人称为“便衣兵”。因为害怕便衣兵的袭击，日军经常不经仔细调查就杀害平民百姓。

虽然战时国际法并不保护穿着平民服装的武装人员，但是仅仅因为怀疑就杀死平民是无可辩解的罪行。更何况从遭受侵略的中国的角度来看，用任何手段抵抗侵略都是理所应当的。加上日军本身也禁止士兵抢劫、放火、强奸，所以这些行为完全是战争犯罪。这些暴行造成中国民众至今还对日本抱有很深的成见，实在令人遗憾。在进攻南京的路上，很多军官肯定也知道部队的这些罪行，但是基本上都采取了默许的态度。他们明白士兵们的精神压力极大，但是又不能不执行上级的进攻命令。

1937 年 12 月 13 日日军占领南京以后，情况非但没有好转，反而还变本加厉了。日本没有加入 1929 年的《日内瓦公约》，普通士兵完全没有按照国际法对待俘虏的意识，再加上补给难以跟上，食物也不够，结果发生了大量屠杀战俘的暴行。

南京大屠杀

150 最终，仅仅是下笔书写就会令人感到难过的惨剧发生了，占领南京的日军至少屠杀了数万名中国军人和平民，如果算上在进攻南京的过程中发生的事件，那么被日军杀害的中国人总数可能达到

30 万人，这就是南京事件，也被叫作南京大屠杀。

因为当时的南京是中国的首都，那里还有许多外国人，所以这一事件在全球范围内被广泛报道，致使欧美各国的反日情绪高涨。在日本国内，军队和政府的高层知晓事态之后也十分为难，但是由于日本国内关于此事的报道被禁止，一般民众甚至并不知情。1938 年 3 月号的《中央公论》刊载了石川达三根据实地采访写成的小说《活着的士兵》(生きてゐる兵隊)，虽然小说的主要目的是描写士兵们的辛劳，但是文中还是涉及了日军的残暴行为。虽然杂志正式刊登的是经过编辑删减的版本，但是那一期刊物依然被内务省查禁，石川达三和主编等人还被判处有期徒刑，缓期执行。

高级军官为了自身利益，全然不顾部队和士兵的实际状况，这种无视全局只顾眼前利益的做法，最终招致了南京大屠杀这样的惨剧。但是，蒋介石并没有因为首都被占领就投降，他将首都迁到中国西部群山之中的重庆，一边与中国共产党进行合作，一边接受
英、美、苏等国的支援，开始了长期的抗战。蒋介石认为，日本作 151
为发动侵略战争的一方，最终会在持久战中败下阵来。松井石根的如意算盘完全落空，加上他对南京大屠杀负有责任，所以在 1938 年 2 月卸任华中方面军司令官回国。不过，当他回到日本的时候，政府表面上还是以接待凯旋将军的方式欢迎了他。

外交方面的和平交涉虽然已经在 1937 年 9 月下旬开始，但是日本政府面对中国非但毫不让步，甚至一味要求中方妥协，中国当然不可能答应。1938 年 1 月，近卫内阁发表声明，表示今后不以国民政府为对手，关上了谈判的大门。

在当时的议会上，赋予政府战时动员的各种权力的国家总动

员法案引起了争议。政府一方面向议会做出些许让步，另一方面威胁要直接解散议会重新选举，最终使得法案不经修正就得到通过。同年秋天，《国家总动员法》正式生效，开始在保障军需工厂有足够的工人和技术人员、统筹企业经营等方面发挥作用。接下来，战争还将持续很长时间。

张鼓峰事件

日军占领了华东地区广阔平原上的主要城市，并试图建立傀儡政权进行统治，但是当地人并不合作，游击队也在四处活动。中国人无疑都站在蒋介石的国民政府一边。因为国共两军的奋力抵
152 抗，战况日趋胶着，此时已经有 66 万名日本陆军士兵被投入中国大陆战场。

在这种情况下，发生了张鼓峰事件。1938 年 7 月，在“满洲国”与苏联交界处的张鼓峰，日军与苏军发生了武装冲突。陆军为了调动军队，不惜向天皇撒谎，说已经得到外务大臣的许可。昭和天皇发现这是谎言以后，训斥了陆军大臣板垣征四郎。不过板垣并没有因此辞职，媒体也完全没有相关报道。陆军大臣如果辞职的话，会导致内阁集体辞职，可能会让人觉得这是在向中国示弱。

此时，昭和天皇已经向侧近吐露了对于陆军的无可奈何之感，他感到陆军可能只有到了输掉一切的地步才会罢手，国民对于军队的所作所为也毫无异议。面对这种情况，西园寺公望不禁对身边的人感叹道，明治时代以来的教育出了问题。当然，富有勇气的批评者仍然存在，因为批判“九一八”事变、嗤笑陆军而失去报社工作的记者桐生悠悠，他在这一时期继续在个人杂志《他山之石》上发

表反对军方的言论。

1938 年 9 月，中国终于向国际联盟控诉了日本的侵略行径，国际联盟根据盟约，立刻许可各加盟国对日本实施经济制裁。虽然日本已经在事实上被国际联盟认定为侵略国，但因为英国和美国此时仍然不愿意被卷入亚洲问题，因此实际的经济制裁并未实施。

在日本国内，军需引发的经济增长让娱乐产业呈现繁荣景象，国内的旅游景点满是游客，商场的销售额也快速上升，对土地的投 153
机交易也很普遍。军用食品和服装需求的增加，使得一部分农村地区也成为受益者。大学生就业也变得容易，大萧条以来的大学生就业难问题就此解决。人们没有对战争提出异议，某种程度上也是因为很多人从军需创造的景气中获得了好处，或是正期待着从中获利。

陷于国际孤立境况的日本不得不依靠自己筹措军费，日本政府的做法是大量发行公债和增税。因为钢铁需要优先供应军需生产，大规模的建筑工程基本被终止，还放弃了举办 1940 年奥运会，世界博览会也宣告延期。在当时的国际环境下，除非日本承认错误并从中国撤军，不然就算奥运会如期举行，想必也会遭到诸多国家的抵制。

“东亚新秩序声明”

陆军的一部分人明白，战况若继续胶着下去，仅凭日本的国力将会难以为继，于是他们准备通过战争以外的手段来整垮蒋介石政权。他们计划利用蒋介石政权的二号人物、亲日派汪精卫来建立一个新的政府。为了促使汪精卫脱离蒋介石，近卫文磨在 1938 年 154

11 月 3 日发表声明，表示日本战争的目的在于在亚洲建立新的国际秩序，这是符合世界历史潮流的行动，如果中国政府改变立场协助日本建立亚洲新秩序，日本保证两国可以平等协作。这一声明因此被称为“东亚新秩序声明”。东亚新秩序声明把近卫在 1937 年 9 月的演说中的理论进一步明确化，同时也再次印证了清泽洌关于政治信条战争的预言，日本的战争政策将变得更加僵硬，难以变通，战争依旧难以结束。

1938 年 12 月中旬汪精卫逃出重庆以后，近卫于当月 23 日再次发表声明，表示中国的新政权只要满足承认“满洲国”、同意日军在部分地区驻扎、共同防共等条件，日方可以不要求割地赔款，并保证在平等的基础上与中国展开经济合作。不过，在 11 月的御前会议上，停战以后相关事宜的处理方针早已被秘密决定。表面平等的经济合作，实际上需要采用日本顾问，并向日本资本提供优待，日本政府虽然不要赔偿，但是受到战争影响的日本人是需要得到补偿的，总之近卫的声明实质上是要使中国从属于日本。逃出重庆的汪精卫起初并不知道这些，等他知晓以后，虽然他也感到为难，但是已经无路可退了。

结果中国方面没有一个重要人物跟着汪精卫前往南京，蒋介石政权并未受到削弱，可以说日本在这一回合又失败了。1940 年 3 月，汪精卫的政府在南京成立。这个以汪精卫为首脑、南京为首都、国号仍旧是中华民国的政权，名义上统治着中国被日本占领的
155 部分地区。然而，这实质上只是日本一手扶植起来的傀儡政权，没有什么统治能力。

从此以后，在中国大陆上，那些反对日军的民众以及受到这

些民众帮助的武装人员发起的游击战，一直让日军头疼不已。另一方面，日军在对抗游击战的过程中又常常伤及中国平民，使得中国人更加反感日军。这种恶性循环几乎从未间断，一直持续到日本战败。

不但没有让日本受益，反而让战局变得难以收拾的近卫内阁，最终在 1939 年 1 月集体辞职。根据近卫的意向，枢密院议长平沼骐一郎接下了首相之位。对首相平沼来说，一边是主张接受德国强化防共协定的提议，进而向美、英、中施压的陆军，另一边是反对加剧与美、英对立的昭和天皇和海军。被陆、海军夹在中间的平沼在得知 1939 年 8 月德国突然与苏联签署《苏德互不侵犯条约》之后，不知所措，宣布辞职。7 月，在平沼内阁继续担任陆军大臣的板垣征四郎又对昭和天皇撒谎，称强化防共协定已经得到了外务大臣的同意。昭和天皇再次大怒，批评那些从陆军幼年学校开始的陆军精英教育培养出来的人，独断专行、眼界狭窄，但是板垣还是没有辞职。

1939 年 5 月，“满洲国”和蒙古人民共和国发生了边境冲突，日本和苏联的军队爆发了大规模的战斗，这就是诺门罕事件。当时正闲着找不到事做的关东军参谋们趁着“满洲国”与蒙古发生边境纠纷的时机，准备建功立业，于是主动出击，挑战苏军。关东军不顾参谋本部的停战命令，将这场仗打了数月之久，但是并没有打出什么了不起的成果，倒是阵亡了 8000 多人。

之后，日苏双方围绕边境问题多次展开谈判，直到 1941 年 6 156
月德国进攻苏联之后，才告一段落。日军对国内隐瞒了这一事件中的失败。为了自身的功名，那些精英军官毫不在意手下士兵的生命，这实在令人愤慨。当时，西园寺公望的秘书原田熊雄注意到，在那些阵亡军人的家属中间，已经出现了怨恨天皇的声音。

废除《日美通商航海条约》

1939 年 7 月，还发生了美国废除《日美通商航海条约》一事。被废除的条约将在半年以后正式失效，之后美国就可以对日本实施经济制裁了。

当时在中国华北的天津市，抗日人士常常以英租界为掩护，躲避日军追捕。在美国废除条约前的一个月，日本以英国包庇抗日分子为由，封锁了天津英租界。日本国内还有右翼分子发动反英活动，警察对这些活动也采取了默许的态度。一直以来顾及日美关系而没有对日本的暴行进行反制的美国，此时因为与英国的关系，宣布废除《日美通商航海条约》。这对于依赖从美国进口废钢和石油等战略物资的日本来说，是非常严重的问题。于是日本将目光转向东南亚，希望从那里确保这些物资的供应。但是，日本与荷属东印度（今印度尼西亚）当局的交涉也没有成功，荷兰方面一再拒绝日方的要求，这也成为后来爆发太平洋战争的原因之一。

157 平沼骐一郎辞任之后，前首相近卫文麿与内大臣汤浅仓平经过商讨，决定让得到陆军内部支持的阿部信行继任首相。阿部信行曾任陆军次官，除代理过陆军大臣之外，并没有担任阁僚的经验，因此对他的任命可以说是相当异常的。天皇对阿部也不客气，先是批判了一番陆军对政治的干涉，然后亲自指定了陆军大臣的人选，还准备在重大政治事务上自己拿主意，让阿部辅佐就行。可以看出天皇对陆军已经相当不信任。

更糟糕的是，阿部内阁的经济政策完全失败了。在军需扩大而出现的经济景气影响下，物价上涨势头很猛。政府筹措物资的价格上升造成了政府支出增加，而政府支出的增加又进一步促进了物价上涨。这就造成那些与军需产业没有关系的人生活出现困难，甚至到了影响国内局势稳定的地步。1939 年夏天的干旱又使得农作物减产，导致物价的上涨更加严重。

政府为了抑制物价，在 1939 年 10 月 18 日根据《国家总动员法》出台了“价格等统制令”，将包括房屋租金与工资在内的一切物价冻结在当年 9 月 18 日的水平，规定今后都要以政府定价进行交易。但是，这种无视经济规律和实际情况的措施，只是给人们的日常生活带来混乱，造成黑市交易蔓延。

在商店里，商人们表面上声称某种商品已经卖光，但如果买家愿意拿出比政府定价高得多的黑市价格，店主就能从柜台后面拿出买家需要的商品。在当时，警察一下子就能查到上万起这样的黑市交易，简直和违反交通规则一样普遍。结果还是只有那些有钱人得到了好处，社会风气也变坏了。在这种情况下，超过一半的众议 158
院议员开始要求阿部下台。1940 年 1 月，阿部内阁宣告结束。

3　三国同盟与大正翼赞会

“反军演说”事件

在内大臣汤浅仓平的提议下，曾任海军大臣的米内光政继任首相，1940 年 1 月 16 日，米内内阁成立。米内光政在平沼担任首相时，曾经和昭和天皇一起反对强化防共协定，正是这一点让他得到了首相提名。在 2 月 2 日的众议院会议上，民政党的斋藤隆夫对政府一直以来宣扬的东亚新秩序方针进行了批判。他指出，国民为了这场战争已经付出包括众多生命在内的许多牺牲，但是政府高唱的漂亮言论却不能弥补这些，那么到底为什么要打这场战争？

陆军和那些与其沆瀣一气的议员们攻击斋藤的演说是在否定“圣战”，并在 1940 年 3 月 7 日发起投票，将斋藤从众议院除名。这就是斋藤隆夫的“反军演说”事件。斋藤虽然被除名，但是也有相当数量的议员认为，宪法规定了在议会的言论自由，这一权利不应被限制，因此他们在进行除名投票时没有出席。另有 7 位议员投下了反对票。1933 年 1 月，在众议院发表演说，反对日本退出国际联盟的芦田均就是其中一员。除了芦田均，政友会的鸠山一郎、众议院最资深的议员尾崎行雄等一些对斋藤被除名一事不满的议员，渐渐形成了议会内部反对主流的少数派。

斋藤敢于在战争时期批评政府，这种勇气值得称道。但需要指出的是，他发言的时机并不好，在好不容易出现了一个稳健派内阁的情况下，受到斋藤演说的刺激，那些与陆军保持统一步调的议员们变得更加活跃了，1940 年 3 月下旬，他们成立了一个名为“圣战贯彻议员联盟”的组织。

1940 年 5 月初，德国利用机械化部队对法国展开闪电战，到 6 月 14 日，已经占领巴黎，法国在 22 日正式投降。德国在短时间内就征服了西欧，匈牙利等东欧国家也大多成为法西斯国家，服从于德国。欧洲大陆呈现出德国和苏联两大势力对峙的状态，只剩英国和爱尔兰悬于欧陆之外，保持独立。

美国对日本的经济制裁

日本受到德国胜利的刺激，准备截断通过英属缅甸与法属印度支那北部（今越南北部）的援蒋路线，断绝美、英输送到中国的 160
援助物资，从而压垮中国政府。陆军在 1940 年 6 月向法属印度支那北部派遣了所谓监视团，7 月迫使英属缅甸同意封锁援蒋路线。美国因此正式发动了对日经济制裁，从 7 月下旬开始限制向日本出口废钢和石油，航空汽油的出口则被彻底禁止。

在这种情况下，日本国内继续推进针对企业的统制，然而不仅效果不佳，还出现了诸多问题。在分配军需物资时，陆海军争执不断，甚至出现新的年度开始之后，这一年的分配计划还没有制定的情况。企业为了尽可能多地弄到一些物资，也常常涉足黑市交易。主管经济的官僚为了防止自由竞争造成的浪费，实施了统制经济，反而让经济运行失去了效率。国家总动员计划并没有发挥出人们当初预期的效果。

另一方面，希望以纳粹德国为样板，对政治进行变革的陆军和革新右翼在德国连战连胜之后大受鼓舞，1940 年 6 月 24 日，近卫文麿在革新右翼的鼓动下，发起新体制运动，表示要将各政党、政治团体、军部、官僚、经济界以及社会舆论全都统一起来。近卫希望通过向中国和西方各国展示日本的强硬态度，将中日战争引向对日本有利的方向。

161 各政党相继在 1940 年 8 月之前解散，加入新体制运动。陆军为了促进新体制运动的发展，准备让近卫第二次当上首相，开始了针对米内光政内阁的倒阁活动。正好在同一时期，汤浅仓平因病辞任内大臣，由木户幸一接任。木户幸一是明治维新的元勋木户孝允的孙子，长期担任内大臣秘书官长，也是近卫一直以来的盟友。木户提出，因为西园寺已经在事实上隐退，所以推荐首相人选的方式可以改由内大臣召集有担任首相经验的人集体讨论之后向天皇推荐，这得到了昭和天皇的许可。那些曾任首相者被称作重臣，他们的会议就被称为重臣会议。

1940 年 7 月 16 日，米内内阁集体辞职，在重臣会议以后，木户幸一推荐近卫为下一任首相。近卫接受任命后，与准备担任陆军大臣的东条英机、海军大臣吉田善吾、外务大臣松冈洋右等人交换了意见，在 7 月 22 日走马上任。

面对第二次世界大战爆发后的世界，第二次近卫内阁把体面地解决中日战争，然后作为亚洲领袖为世界和平做出贡献视为其目标。为此需要确立国防国家体制，并制定《基本国策纲要》，计划推进政治改革，强化经济统制，深化与德国、意大利的关系。在1940 年 7 月 27 日的大本营政府联络会议上，军队首脑和首相、外务大臣、大藏大臣等一同讨论了今后的政策走向，并制定了《随着世界情势推移的时局处理纲要》（世界情勢の推移に伴う時局処理要綱）。这一文件完全以英国即将向德国投降为前提，提出了日本应当采取的政策。为了迫使美国让步，需要强化与德国、意大利以及苏联的关系，为了完全切断援蒋路线，需要在法属印度支那北部 162
派驻军队，而面对美国的经济制裁，则要向南方进军来获得所需的资源。

根据以上方针，陆军在 1940 年 9 月 23 日进驻法属印度支那北部。美国闻讯加强了对日经济制裁，从 10 月 16 日起，面向日本的废钢出口也被禁止，日本就此失去了生产武器所需钢铁的最大来源。

德、意、日三国同盟

1940 年 9 月 27 日，德、意、日三国政府签署了《德意日三国同盟条约》，规定缔约国一方若受到除苏联以外的国家攻击，其余两国将提供包括军事在内的所有援助。日本希望以此迫使美国让步，孤立中国，从而让中日战况朝着有利于日本的方向发展，进而结束战争。

但是，昭和天皇对这一条约忧心忡忡，9 月 16 日，他曾对近卫文磨表达了对于政府推进该条约的担心。9 月 19 日，在决定缔结条约的御前会议上，昭和天皇又询问枢密院议长原嘉道：该条约能否阻止美国参战。外务大臣松冈洋右对此的回答是，“一半一半”。即便如此，御前会议还是同意了条约的缔结。日本此时已经想不到其他对策了。

就像往常一样，昭和天皇对近卫说的话和在御前会议上的问
163 答都没有让公众知道。如此重要的决策，就在国民毫不知情的情况下，仅凭一半的成功率被决定下来。但是，因为《大日本帝国宪法》规定缔结条约是天皇的大权，所以这一切都是合法的。

从1940年夏天开始，对报道的统制和对言论的管制都被强化了。1940年12月，内阁情报部得到强化，被改组为内阁情报局，对言论的控制变得更加严厉，几乎看不到批评政府做法或是决策过程的言论。一直以来尖锐批评政府的清泽洌，从此以后也被迫停止了活动。与此同时，第三次当选美国总统的富兰克林·罗斯福在年末发表广播讲话，再一次表明了与德、意、日三国针锋相对的决心。松冈对于三国同盟抱有的那“一半一半”的希望，还是落空了。

建立大政翼赞会

在日本国内，新体制运动还在继续进行。近卫文麿召集各界重要人士，于1940年8月底召开新体制准备委员会。会议讨论决定，在10月12日近卫生日当天，成立大政翼赞会，并由近卫担任首任总裁。大政翼赞会为了广泛发动民众参与新体制运动，在中央本部以外，还设有地方支部。因为大政翼赞会的宗旨在于团结全体国民为国家做贡献，因此并没有实际的会员制度。此外，大政翼赞会的“翼赞”，乃是协助之意，其协助的对象是天皇，所以大政翼
164 赞会也没有自身的政策方针。

不过，近卫在新体制准备委员会的初次会议上发言攻击了政党政治和议会，大政翼赞会创建时政府发行的宣传杂志《周刊》，也在增刊《新体制简要说明》中发表了类似言论。大政翼赞会的中央本部还设有政策局。

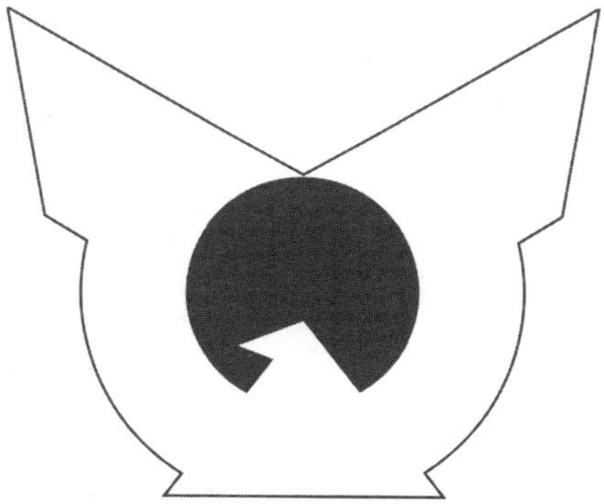

大政翼赞会的标志

而且，除大政翼赞会之外，已经不存在其他政治团体，因此根据天皇所定的宪法来参政的国务大臣和帝国议会，实际上并没有办法绕过大政翼赞会来决定自身的行动，就连天皇的裁量权也因为只有大政翼赞会这一个选择而在事实上失效。所以一部分宪法学者和传统右翼认为，大政翼赞会是一个违宪的组织。

政府公认的国体论，现在成了翼赞会违宪论的理论基础，加上主管言论控制的内务省担心大政翼赞会将本属自己的地方行政权夺走，因此也对翼赞会违宪论不加过问，这使得翼赞会违宪论得到默认。

在这种情况下，那些没能在大政翼赞会得到一个满意位置的
帝国议会保守派议员跳了出来。1941 年 1—3 月，围绕大政翼赞会 165
补助金预算案，议员们祭出翼赞会违宪论，对翼赞会大加攻击。政府无法回击这些指责，只能保证会改组大政翼赞会，并大幅削减补助金，这才让预算案得以通过。到了 4 月，大政翼赞会被改组，政策局被废止，地方的支部长也由府县的知事兼任，还有大量的内务

省官僚进入中央本部任职。大政翼赞会最初确实有可能成为纳粹党那样的极权主义独裁政党，但最后成了内务省的外围组织，只有在呼吁国民为战争出力的时候才能显示一下存在感。

在开展新体制运动以后，内务省命令全国各地建立了町内会和邻组。从政府发出的消息通过传阅板报传达给个人这种方式，就是在这个时候普及的。町内会和邻组还在防空演习和分发配给品时发挥了作用。

议会以国际形势紧迫为由，通过了众议院任期届满之后，延期一年再进行总选举的法案。对《国家总动员法》也进行了修改，规定一个行业可以整体组成一个统制团体。《治安维持法》也被修改，对于可能进行违法犯罪的人物，可以在真正犯下罪行之前就实施逮捕。另外，还制定了严厉打击间谍行为的《国防保安法》。

4 太平洋战争爆发 166

《日美谅解案》

在日本和美国的民间，都存在对两国之间的对立局面感到忧心的人。在其中能够接近近卫文麿和罗斯福的一部分人的努力下，《日美谅解案》被制定出来。以《日美谅解案》为基础，两国在1941年4月开始了外交交涉。《日美谅解案》的主要内容是，除非美国主动进攻德国，否则日本不会加入战争。这在事实上架空了德、意、日三国同盟，只要中国承认“满洲国”，日本就从中国东北以外的地区撤军；作为交换，美国恢复与日本的贸易往来。不仅是近卫文麿和昭和天皇，就连陆海军首脑也因为害怕与美国发生全面战争而对外交交涉的开始表示欢迎。

但是，在制定《日美谅解案》期间访问德国、意大利、苏联，并与苏联签订《日苏中立条约》的外务大臣松冈洋右极力反对谅解案。根据最新的研究，松冈当时已经察觉德国与苏联即将开战，如果美国与日本达成协议，就能毫无顾忌地援助英国和苏联，这对于日本反而不利，所以松冈才摆出一副强硬的姿态。1941年6月22

日，德国果然对苏联发起了进攻。

167 因为苏德开战，首相近卫文麿重新开始考虑对苏作战的可能性，并因此倾向于向美国妥协。与此同时，美国表示不愿与松冈洋右进行谈判，近卫由此决定撤换外务大臣。但是根据宪法规定，首相无权自行撤换国务大臣，近卫只能先率领内阁集体辞职，在经过重臣会议讨论并得到天皇首肯后，重新组阁。除了外务大臣，近卫还一并撤换了其他几名内阁成员。1941 年 7 月 18 日，第三次近卫内阁成立，外务大臣是海军出身的丰田贞次郎，他被认为是稳健派。

新内阁成立不到一周，7 月 23 日，日本派军进驻法属印度支那南部。这一方面是为了向中国施压，另一方面也意在威胁一直以来拒绝向日本出口资源的荷属东印度。作为回应，美国在 7 月 25 日冻结了日本在美国的资产，日本企业因此无法在美国展开活动，日美两国在经济上断交。日本未能预见美国会做出如此强硬的反应，犯了大错。

近卫文麿为了打开局面，于 8 月下旬征得陆海军的同意，向美方提议在阿拉斯加举行两国首脑会议，直接与罗斯福进行谈判。美国方面表示，在首脑会议之前，需要进行具体的磋商。美国已经
168 预见日本的态度会因为政府和军部的对立而摇摆不定，断定就算举行首脑会议也无济于事。自“九一八”事变以来，日本确实不断发生因为内部对立而无法明确自身政策的问题，也难怪美国不信任日本。

另一方面，陆海军考虑到气候条件等因素，在 9 月 6 日的御前会议上，把决定开战的最终期限定在了 10 月下旬。昭和天皇在会议上引用明治天皇的和歌，指示要优先进行外交交涉。近卫和外务

大臣丰田试图说服陆军，以从中国全面撤军为条件来与美国展开对话。但是，陆军大臣东条英机认为，从中国撤军就意味着放弃在战争中获得的一切，这样一来恐怕会造成陆军士气低下，出现难以控制的局面，他坚持必须在 10 月下旬做出最终决定。

东条英机内阁成立

近卫在自己任上开启的战端，到如今已经无法控制，走投无路的他在 1941 年 10 月 16 日宣布内阁集体辞职。内大臣木户幸一向天皇提议，应该让造成近卫内阁下台的陆军来收拾局面。得到天皇同意之后，木户召开重臣会议，提出由陆军出面组阁。10 月 18 日，东条英机出任首相，进行组阁。昭和天皇在任命东条英机为首相时，特意提醒他要重新考虑国策。

东条英机也确实遵守天皇的要求，下令企画院和陆海军重新探讨国策问题，但结论没有任何改变，相比对美国妥协，不如开战进而占领东南亚，然后等待事态发展更为有利。根据 169
这一结论，在 11 月 15 日的御前会议上，政府和军部决定，如果到 11 月下旬外交努力仍然没

东条英机

有结果，就在 12 月上旬对美开战。但是根据第二次近卫内阁时期设立的总力战研究所的推测结果，日美开战的结果将是日本最终战败。东条内阁坚持开战，完全是建立在从结果出发的所谓“预测”的基础上的，他的“预测”需要设置种种对自身有利的条件，完全靠不住。

1941 年 11 月 26 日，美国国务卿赫尔向日方提交《赫尔备忘录》，其中包括否认“满洲国”等内容，长久以来这被认为是日本开战的直接原因。但是，在《赫尔备忘录》被传达到日本之前，11 月 27 日的大本营・政府联络会议已经达成共识，决定在 12 月 8 日开战，因此《赫尔备忘录》造成了日本开战这种说法并不正确。倒是作为最终决策者的昭和天皇，尽管东条英机不乐意，他也执意要在 11 月 29 日再次召集重臣听取意见，一听说海军内部有反对的声音，就把海军大臣和军令部总长叫来确认，一直到最后都在犹豫。

170
太平洋战争的开始

1941 年 12 月 8 日（夏威夷当地时间 12 月 7 日），日本最终开始了太平洋战争。当时的政府把这场战争称为“大东亚战争”，到了现代，常常以战争的发生区域为名，称其为“亚洲・太平洋战争”（アジア・太平洋戦争），这里为简洁起见，仍然称之为太平洋战争。在宣布开战的诏书中，日本宣称美、英等国试图通过援助中国进而觊觎亚洲霸权，日本为了自卫而不得已开战。非常遗憾的是，对照事实就能发现，这些说辞完全是不成立的。

1941 年 12 月 8 日凌晨，夏威夷当地正是周日早晨，日本海军的航空部队偷袭了位于火奴鲁鲁的美国海军基地，取得击沉击伤大量军舰的战果。从 8 日清晨的广播中知道这一消息的大多数日本人非常高兴。

但是，偷袭激起了美国人的愤慨，使得他们斗志昂扬。日本原本计划在发起对珍珠港的攻击前半小时通知美国开战，但是日本驻华盛顿大使馆多花了一些时间准备通告，使得日本的攻击成了不宣而战的行为。美国人对珍珠港事件的愤怒转化为参军与生产的热情，美军的实力在一段时间后就压倒了日军。

为了让攻击珍珠港的行动顺利进行，日本的最后通告其实并 171
不是宣战，而只是通知美国停止外交交涉而已，美国此时也只是预计日本会进攻东南亚地区，所以美国人的愤慨并不是源于一份迟到的通告，就算通告及时送出，也不会有任何改变。根据最近的研究，日本也确实有意拖延了通告的时间。

珍珠港事件（《大东亚战争报道写真录》,《读卖新闻》，1942 年）

日本之所以进行偷袭，是因为仅凭其国力要让美国失去作战意志，就只有突然袭击这一种方法。就算两国实力相当，大概也只能打个平手，而没法轻易取胜，更何况日本根本没有国力建立起一
172 支实力超越美军的军队。想要用手头的这点兵力取胜，就只能寄希望于“出奇制胜”了。

在东南亚方面，为了使战斗更有利于己方，日本同样违反国际法，采取了不宣而战的方式。也难怪与此前的甲午战争和日俄战争不同，在这一次的开战诏书里，一点都没有提到要维护国际法。换句话说，日本就是这样逞强蛮干，开始了一场在堂堂正正的情况下根本赢不了的战争。

侵略战争进一步升级

令人感到悲哀的是，在“九一八”事变发生以后，直到太平洋战争爆发为止，除了林铣十郎内阁的佐藤尚武担任外务大臣的不到三个月的时间，日本的外交可以说是一无是处。对于太平洋战争爆发的原因，有人认为是美国逼迫日本所致，这种说法是完全错误的。美国本意并不想深入干涉东亚局势，对美国来说，日本在经济上也比中国更重要。倒是日本，既是国际联盟的常任理事国，也加入了《九国公约》和《非战公约》，承诺不进行侵略战争，却以确保所谓的生存权为由，不惜动用阴谋诡计侵略中国，犯下了种种不光彩的罪行。对于毫无反省之意，还把侵略战争进一步升级的日本，可以说美国是迫不得已才出手干涉的。

还有一部分人认为，“九一八”事变之后日本的一系列行动不
173 能被称作侵略，这也是一派胡言。在国际联盟的会场上，几乎所

有国家都不认可“九一八”事变是日本的自卫行动，1938 年 9 月，日本也在事实上被国际联盟判定为侵略国，这些都是不容否认的事实。

当时的国际社会都承认以蒋介石为首的政权是中国的合法政权，直到近卫文麿发表不以国民政府为对手的声明之前，日本也是如此。《国际联盟盟约》《九国公约》《非战公约》等国际条约都禁止以战争作为解决国际争端的手段，将战争视为非法的侵略行为，那么日本通过武力占领另一个国家合法政权统治下的地区，这种行为除了侵略还能是什么呢？虽然德、意、日三国在 1938 年都退出了国际联盟，但是世界上的其他大部分国家还是国联的成员国，美国也在许多问题上与国联进行合作，因此国联的声音在当时还是能够代表世界舆论的。

从 1935 年的天皇机关说事件开始，国体论就成了主流思想，政府和军队都鼓吹只要国民尊崇至高无上的天皇，就万事大吉。军部和官僚掌握了政治话语权，恢复政党政治基本没有了希望。中日战争在全面爆发之后，迅速在哲学层面上将其神化为“圣战”，以至于无人能够加以批评。当时的日本已经失去了以开阔的视野审视问题，然后制定出合理政策的可能性。

然而，无论是各大媒体，还是绝大部分的普通民众，都没有发出质疑或是反对的声音。一直以来人们都被教导一定要服从政府，这无疑是造成这种情况的原因之一。在张鼓峰事件发生时，明 174
治时期曾担任文部大臣的西园寺公望发现，虽然发生了一连串无法无天的事件，但是民众并没有什么反应，他不禁对身边的人感慨从明治时期开始的教育出了问题。不屈从于权力的记者桐生悠悠也提倡要改革教育。这一切都从侧面证明了当时的教育确实存在问题。另一方面，被教导陆军即国家的陆军军官们抱着刚愎自用的观念，却能够随心所欲地滥用国家和社会的资源。

除了刚刚提到的西园寺和桐生，当时还有立作太郎、横田喜三郎、矢内原忠雄、清泽洌以及昭和天皇等各界人士，他们都意识到日本已经误入歧途。尽管如此，昭和天皇身边已经没有人能够提供支持，帮助他纠正日本的错误。像西园寺公望和立作太郎一样，有些人虽然注意到了问题，却没有公开声明。或是像清泽洌、横田喜三郎、矢内原忠雄一样，在右翼势力、政府和军部的威胁下渐渐失去了发声的渠道。西园寺公望此时已经是风烛残年，在对日本未来的深深忧虑中于 1940 年 11 月去世了。正如昭和天皇在张鼓峰事件发生时所言，日本只有到了输掉一切的地步，才会停下来。

此外，在 1941 年 10 月，还发生了佐尔格事件。苏联谍报人员理查 · 佐尔格和为他提供帮助的记者尾崎秀实等人以违反《国防保安法》等法律的罪名被逮捕。佐尔格以德国新闻记者的身份出入驻日德国大使馆，而尾崎秀实则与近卫文麿身边的人物关系密切，
175 他们从这些渠道获得的情报都被送往了苏联。对于当时的日本来说，这自然是非常严重的罪行，但是对于佐尔格和尾崎等人来说，他们对抗的是日本的侵略战争，他们的所作所为是舍生忘死的英勇之举。苏联等共产主义国家在政治和经济方面都曾出现诸多问题，但是对于当时的日本来说，共产主义思想至少能够暴露国家存在的问题，正如尾崎等人所看到的那样。

佐尔格事件到 1942 年 5 月才公之于众，佐尔格和尾崎则在 1943 年 9 月被判死刑，在 1944 年 11 月被害。

5 中日战争时期的社会和文化

军需景气带来的娱乐业繁荣

我们在本章第二节已经提到，从中日战争全面爆发之后的1938年开始，由于军需物资生产的扩大，经济出现了快速增长，被称为“军需景气”。电影作为大众最容易触及的娱乐活动，也呈现一派繁荣景象。1937—1942年，前往电影院的观众人次从2.4亿人增长到了5.1亿人，电影院的数量也从约1700家增加到了约2400家。因为政府新设了所谓“入场税”，所以电影院的票价上涨了一成左右，但这完全没有影响到观众们的热情。

在军需景气之下，优先进口的自然也是军需物资，外国电影的引进变得几乎不可能，这使得日本本土电影得到了很好的发展机会。1938—1939年，由松竹拍摄、上原谦和田中绢代主演的爱情电影《爱染桂》（愛染かつら）三部曲获得好评。1940年夏天，由东宝拍摄、长谷川一夫和李香兰（山口淑子）主演的悬疑爱情电影《苏州夜曲》（支那の夜）更是获得了空前的成功。

李香兰当时活跃于“满洲国”，被认为是会说日语的中国人，

《爱染桂》的海报

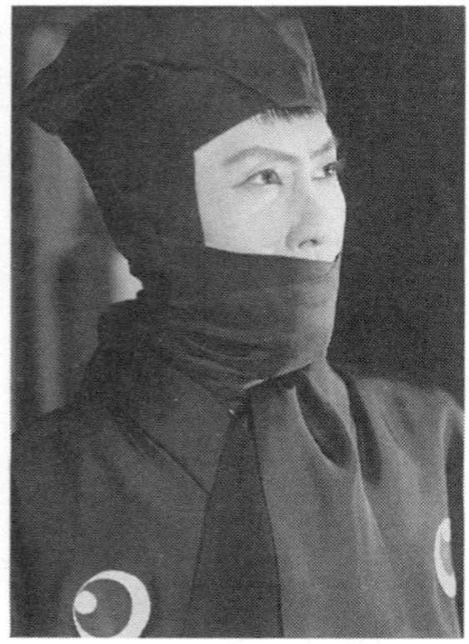

饰演鞍马天狗的岚宽寿郎

事实上她本名山口淑子，是个中文极佳的日本人。另外，榎本健一主演的音乐喜剧电影、岚宽寿郎主演的以幕末时代为背景的历史剧《鞍马天狗》系列每年都能推出几部，每一部都颇受欢迎。

政府也注意到了电影的人气，开始利用电影向民众宣传国策，并为此在 1939 年制定了《电影法》。一方面，法律规定电影公司需要在电影投拍之前审查剧本，禁止未成年人观看娱乐性质过强的电影，对电影产业进行了种种限制；另一方面，将拍摄宣传政府方针政策的所谓“国策映画”作为义务强加给电影公司。

日本的各大电影公司都在 1939 年以后开始拍摄国策映画，但
178 在战争期间上映的国策映画大多乏善可陈。就算日本人再怎么对国家百依百顺，专门花钱去看一本正经的无聊电影的人终究还是少数。在日益紧张的时局下，电影院里的观众们注视着银幕上的主角，或是焦灼到握紧手心，或是开心到捧腹大笑，电影院成了人们暂时沉醉于梦幻、缓解压力的地方。

前面提到的电影《苏州夜曲》，讲述了日本占领上海以后，抗

《苏州夜曲》的海报

日运动频发，一名日本船员在这种情况下偶遇一位中国女性，两人最终坠入爱河的故事。从今天的角度来看，这似乎也是一部国策映画，但在当时的审查人员看来，在“神圣”的战场上讲述爱情是不可接受的。因此在这部电影之后，恋爱题材的电影在事实上就被禁止了。从各种方面来说，这都是一部充满争议的作品。

在流行歌曲方面，这一时期出现了很多直到战后仍为人传唱的名曲。正是因为渡边滨子演唱的《支那之夜》一炮走红，才催生了之后的同名电影（即《苏州夜曲》）。电影《爱染桂》的主题曲《旅之夜风》（旅の夜風），也成了当时日本无人不晓的流行歌曲。

出版界也颇为繁荣，1938 年至 1940 年夏天，《KING》《妇人 179
俱乐部》《少年俱乐部》《少女俱乐部》等讲谈社出版的娱乐杂志，不论是页数还是内容质量都达到了顶峰。《爱染桂》就是改编自《妇人俱乐部》连载的同名小说。报纸方面，除了老牌的《朝日新闻》和《每日新闻》，《读卖新闻》也以关东地区为中心，发展成为当时的主流报纸。NHK 的广播也因为廉价国产收音机的普及、收费的降低，以及中日战争全面爆发以后政府对广播作为信息传播手段的重视等因素，得以迅速普及。1937 年，有超过三成的家庭收听广播，到了 1944 年，这一比例已经超过 50%。

这一时期文化的一大特征是，对中国的兴趣高涨。刚刚提到的《苏州夜曲》自不待言，《爱染桂》也把三部曲最后的舞台放在了中国战场。还出现了《支那之夜》、Dick Mine 的《上海布鲁斯》（上海ブルース）、服部富子的《满洲姑娘》（満洲娘）等有关中国的流行歌曲。在文学方面，火野苇平根据其在中国战场的见闻，创作了小说《麦与兵队》（麦と兵隊），按现在的说法，这应该算是纪实文学。火野苇平的小说大受欢迎，甚至还衍生出流行歌曲和电影。后来他还写了续篇《土与兵队》。

统制体制被强化

在军需景气下，形势似乎一片大好。然而，在《苏州夜曲》
180 上映的 1940 年夏天，情况发生了变化。因为美国的经济制裁，统制经济开始强化，个人消费用的布料和烟、酒等嗜好品开始凭票供应。华丽的振袖和服、留声机成了奢侈品，被禁止贩卖。在这一规定实施之前，各大商场都挤满了争相购买的人群。到 1941 年 1 月，在 6 个主要城市，大米也开始配给供应。

当时的电影产业一年能够拍摄 500 部以上的电影，但是因为民用胶片急剧减少，电影公司被整合，电影的拍摄数量随之减少。从 1941 年 4 月开始，拍摄电影的公司被整合成松竹、东宝、大映（大日本映画制作）三家，新设立的电影发行公司专门负责向电影院提供电影拷贝。全国的主要电影院被分为红、白两类，每周固定上映两部新电影。1941 年仅拍摄了 250 部电影，只有上年的一半。

出版业同样受到了冲击，因为纸张全靠配给获得，所以从 1940 年秋天到 1941 年春天，报纸、杂志也进行了大整合。每个府县只保留一份报纸，杂志也按照所涉领域分类，每个领域保留一两份。那些所在单位经过整合而失去工作的人或进入军需产业，或前往被日军占领的地方，从事宣传之类的工作。

代用品也是战争时期的独特产物。因为棉织品都被用于制造军服或是出口，一般人只能穿合成纤维制成的衣服。当时主要使用人造丝，即嫘萦，这种纤维不耐用，因此不受欢迎。汽油当然是军 181
需物资，所以出现了经过改造，以木炭作为燃料的公共汽车和出租车。这些汽车的马力不足，特别是公共汽车，常常出现爬坡时全体乘客下去推车的场面，令人哭笑不得。

在此期间，电视机开始出现，新干线和远距离航空运输也在计划之中。欧美国家从 19 世纪末开始研发电视机，1926 年 12 月，滨松高等工业学校副教授高柳健次郎造出了世界上第一台阴极射线管电视机。德国在 1936 年通过电视转播了柏林奥运会的影像，但其使用的阴极射线管的扫描线还不多，导致画面并不清晰。日本也准备用电视转播 1940 年的东京奥运会，而且计划使用拥有 441 条 182
扫描线的阴极射线管，这是当时世界的先进水平。战后开播的电视也仅有 525 条扫描线，因此 1940 年的东京奥运会如果顺利举办的话，转播的影像应该是挺清晰的。虽然日本最终在 1938 年放弃举办奥运会，但是 NHK 依然在 1939 年开始了实验性质的电视播放，1940 年 4 月还播出了最早的电视剧《晚饭前》（夕餉前）。因为太平洋战争爆发，电视的播放被终止，到 1944 年 7 月，电视机的研发也停止了。

因为中日战争全面爆发，原有的铁路东海道线和山阳线都变得极为繁忙，运力吃紧。因此计划新建一条从东京到山口县下关的高速铁路，当时的新闻将其称为“子弹头列车”计划。1937 年 7 月，铁道省正式开始研究具体计划，因为陆军担心电气化铁路的相关设备在受到轰炸、炮击受损之后导致线路瘫痪，所以没有采用全线电气化。但即便如此，在计划中的电气化区间，列车的最高时速可达 210 千米 / 小时，就算在使用蒸汽机车牵引的非电气化区间，也能达到 170 千米 / 小时的最高时速。从东京到大阪计划用时 4 小时 30 分，从东京到本州岛西端的下关则需要 9 个小时，东京、大阪之间的线路基本上与之后的东海道新干线重合。1941 年 8 月，这一计划的部分线路开始施工，后因战局不断恶化，工程在 1943 年终止。

国家出于向大陆扩张的军事目的，推动民用航空发展。因此在中日战争全面爆发后，除了“满洲国”内的航线，其余航线都被具有政府背景的大日本航空掌握。除开设前往中国和泰国的新航线之外，1939 年开通的从横滨出发，经由塞班岛到帕劳的航线有些
183 特别。这条联结日本内地和南洋群岛的航线使用的是“川西航空机”制造的大型水上飞机“97 式飞行艇”，这种飞机可以在不经停其他地方的情况下，用 10 个小时的时间直飞到 2600 千米外的塞班岛，这在当时是很了不起的远距离飞行。最初一个月只有两班飞机，到 1941 年 9 月，航班增加到一周一班。欧美各国的航空公司此时也在使用大型水上飞机执飞远距离航线，并开始涉足亚洲市场。

执飞南洋航线的川西 97 式飞行艇

如果日本当时能够抑制膨胀的军事预算，不发动战争，把技术和资源投入电视、新干线、民航等领域，无疑也能取得世界领先的成就，让国民过上更好的生活。

但是，当时整个社会都充斥着战争的氛围，自 1940 年 11 月在宫城外苑（今皇居前广场）举行“纪元 2600 年奉祝式典”以后，战争的氛围就更加浓厚了。东京的大街小巷满是大政翼赞会竖立的“反对奢侈”的标语，娱乐变得无趣，食物变得单调，报纸的页数 184
开始变少，新造的房屋全是单薄的木制建筑，不论城市还是农村，路上的青年男性都在变少。现在我们说起战争时期所联想到的沉重氛围，就是从这个时期开始的。在这之前，不少人在战争期间获得了好处，社会的整体氛围还算是乐观的。

社会整体转向战时体制，这一点在殖民地也不例外。中国台湾地区从 1936 年开始了“皇民化运动”，一年之后中日战争的全面爆发，更是促进了这一运动的发展。皇民化运动包括日常使用日语、将悬挂日本国旗作为义务等诸多内容，导致殖民地的自治运动被压制，当地民族文化被损害。

中日战争全面爆发后，朝鲜也开始了皇民化运动。1940 年，被当地人唾弃的“创氏改名”政策开始。这一政策不仅意在强化朝鲜人对天皇的忠诚，也试图改变当地人与姓名息息相关的家族关系。通过让朝鲜人改用日本式的姓名，使得朝鲜的家族制度也变成日本式的。但即便如此，殖民地当局依然要求朝鲜人保留朝鲜式的名字，以便区分。这种充满歧视的政策当然激起了朝鲜人的愤慨，并进一步激发了他们追求独立的愿望。

总之，从中日战争全面爆发开始的日本战时体制，不仅给日本人，也给殖民地的民众带去了痛苦。

6 太平洋战争初期的战况与翼赞选举 185

胜利氛围中的总选举

在太平洋战争开始的同时，为了防范空袭，日本实施了灯火管制，要求居民遮好窗户，夜里开灯也不能让亮光照到室外。不论大街小巷，一入夜便是一片黑暗。报纸和广播也停止了天气预报，这当然也是为了防范敌军，但是普通民众也因此无法防范台风。

开战以后，日军向东南亚快速进军，当地的英、美军队很快投降，到 1942 年 3 月上旬，东南亚的各个战略要地都被日军占领。5 月，日本控制了向北逼近阿拉斯加、向南接近澳大利亚的太平洋东半部分。但是在 1942 年 4 月 18 日，从太平洋上的航空母舰起飞的美军 B25 轰炸机突然空袭了东京等主要城市。虽然这次空袭并没有造成太大损失，却无疑给沉浸在胜利气氛中的日本浇了一盆冷水。

在欢庆胜利的氛围中，众议院延长的一年任期届满了，于 1942 年 4 月举行了总选举。为了向国内外显示日本的团结，政府
牵头成立了由各界要人组成的“翼赞政治体制协议会”，通过这个 186
团体来推荐那些愿意与政府合作的人作为议员候选人，这种方式被

称作翼赞选举。宪法规定众议院议员由公开选举产生，政府对选举的干涉不仅有失公平，更是违法行为，所以政府才炮制了翼赞政治体制协议会这样的“民间组织”作为遮羞布。虽然参加选举的候选人超过 1000 人，但是得到推荐的只有 466 人，刚好是众议院的议席数。

过去属于政友会或是民政党的保守派议员占了推荐人数的一半以上，剩下的名额则属于官僚、商界、军方或是地方议会的议员。在那些没有得到推荐的人中，有因为反军演说而失去议员资格的斋藤隆夫、在议会将斋藤除名时投下反对票的芦田均、没有参与投票的鸠山一郎，以及反对翼赞选举的东方会领导人中野正刚、极右翼分子赤尾敏、右翼社会活动家笹川清一等人。

根据宪法关于公开选举的规定，政府可以呼吁民众投票，但不能要求民众把票投给指定的候选人。然而，实际上地方政府的官员们普遍进行了呼吁为某一位候选人投票的违法活动。有警察署长在会见警防团（一种民众自发组织的防范犯罪的组织）的成员时指出，如果被推荐的候选人没能当选，政府会很没面子，要求民众投票给推荐候选人。还有小学校长在会见翼赞壮年团（由地方上的中年男子组成、为政府提供帮助的团体）的成员时威胁说，不给推荐候选人投票就是不遵从天皇，还会影响孩子将来的工作。当时的投票和今天一样也是无记名的，并没有办法知道到底将票投给了谁，但是这些行为无疑会影响民众投票时的选择。

187 另一方面，那些没有受到推荐的候选人则受到了严格的审查，选举活动中一旦出现些许违规之处，就会被政府拿来大做文章。对于进行这些选举干涉的行为，府县知事级别的人物应该都接到了相应的通知。事实上，全国有一半以上的府县出现了严重的涉选违法行为。

最终的选举投票率达到了 81.8%，为战败前的最高水平，381 名推荐候选人当选。政府希望的候选人有超过八成当选，可以说展示日本团结的目标已经实现。不过，还是有 85 名没有受到推荐的候选人当选，斋藤隆夫、芦田均、鸠山一郎、中野正刚、赤尾敏、笹川清一都在其中。斋藤隆夫、芦田均、鸠山一郎、中野正刚在当地都有极高的支持率，警察也拿他们没有办法。对于赤尾敏和笹川清一，警察一开始认为他们根本没有当选的可能。这两人分别在东京和大阪普通百姓占多数的地区参加选举，通过卖力地演说来争取那些拿不定主意的选民，最终成功当选。

从第一次众议院总选举开始，就一直当选为议员的尾崎行雄，因为反对将斋藤隆夫除名而没有得到推荐，不过他最终还是当选了。但是，他在支援其他人的演说中，因为话语中出现“富不过三代”而被指控对天皇不敬，在经过相当长时间的审理之后，才终于在 1944 年被判无罪。一些落选的人也发起了针对干涉选举的诉讼，在 14 起诉讼中，只有鹿儿岛 2 个区的选举最终被大审院判定无效，并定于 1945 年 2 月重新进行选举。

在选举过去 5 个月之后，翼赞政治会成立了，几乎所有的众议
院议员都加入了这个全国唯一的政治团体。不过，这个团体的目标 188
也只是协助国家进行战争，而并不寻求执掌政权，首相也不兼任翼赞政治会总裁，所以很难说这是一个独裁政党，只能说这是到战争结束为止组成的临时性政党。

7 战局不利

被隐瞒的失败

战争初期几乎无敌的日军在1942年6月的中途岛战役中遭遇大败，损失了4艘航空母舰和大量舰载机。但这一失败被隐瞒了，不仅是首相东条英机，就连昭和天皇也不知道详细情况。从这以后，日军就基本没有通报过准确的战况。中途岛战役成了太平洋战争的转折点，美军的实力不断增强，在1943年2月夺取了瓜达尔卡纳尔岛，转入战略反攻。

在这一时期，日本已经失去大部分熟练的海军航空队飞行员。日本在开战时，军用飞机的数量还基本与美国持平，此时则不到美国的一半。虽然双方都在补充损失的飞机，但是日本损失快而补充慢，美国则刚好相反。到中途岛战役结束时，美军虽然也损失了2艘航母，但是1941年4月开建的新型航母在1942年底就能服役，只需要一年半时间。相对地，日本建造新型航母则需要两年半时间。

因为青年男性基本都被征召入伍，国内的劳动力开始短缺。1943年，东条英机出台了一系列应对措施来强化军事动员和加强国内统治，比如强化言论控制，动员学生参加劳动，发动“学徒出阵”[①]，在1943年10月首次征召文科大学生入伍，发布《决战非常措置要纲》，彻查娱乐和奢侈浪费等行为。大商场大多只留下很小一部分继续营业，剩下的都被改成了办公室。下班之后如果想去店里小酌一杯，也要有“外食券”才行，没有门道的普通人很难弄到这样的票据，街道因此渐渐变得冷清。

除小学生以外，学生们都被动员去参加劳动，主要是在军工厂制造武器。到了战争后期，还有女学生被派去从事铁路方面的工作。这些学生是受到军国主义教育的一代人，所以在这些岗位上非常能吃苦。但是毕竟没有专业技术，学生们制造的武器，特别是军用飞机的质量堪忧。但即使如此，劳动力还是不够，于是就从中国的被占领地区和朝鲜强制动员成年男性到矿山等地劳动。小学校已经改称为国民学校，虽然没有动员这里的学生去劳动，但是军国主义教育被强化了。有的小学校还将模拟军事演习作为游戏项目，让无邪的孩子们参与其中。

1944 年 8 月，居住在大都市的学龄儿童开始被大规模疏散到 191
人口不那么密集的地区。国民学校的高等部直接以学校为单位，进行了疏散。被疏散的孩子们长期见不到父母，食物也不充足，霸凌事件时有发生，甚至还有教师对女孩子做出犯罪行为。相信在大部分孩子的脑海里，疏散都是令人讨厌的回忆。

虽然当时大部分的为人父母者在上学时，还是相对自由的大

① 1943 年，为了弥补捉襟见肘的兵力，日本将在学期间本可免服兵役的高等教育机构中的文科学生，也列为征兵对象，这些人的入伍被称为学徒出阵。

正时代，但是并没有人对军国主义教育提出质疑。大部分人认为既然这是国家的决定，又是战争时期，所以是没办法的。大正时期的教育显然也没有把国家是可以质疑的观点教给民众。

192 中日战争全面爆发后，人们对于征兵同样毫无抗拒，为穿上军装而高兴的人也为数不少。被征召的预备役人员一般已经组成家庭，难免会有牵挂，也有人会留下遗书。但是，那些因为到达指定年龄而被征兵的年轻人，就算家里人担心难过，本人也基本上是非常乐意入伍的，这也是军国主义教育的结果。

但到了太平洋战争的后期，在那些被征召前往南方作战的人员中，开始有人想方设法把本来是机密的目的地告知家人。大概是对信件的传达和从战场生还都失去了希望，他们会在火柴盒上写上自己的姓名、住址以及目的地，然后趁运兵的列车路过铁路道口时扔出火柴盒。确实有些军人的家属通过这种方式，得到了亲人的音讯。

战况恶化

陆军在 1944 年 1 月发动了英帕尔战役，这一愚蠢的作战行动一直持续到 7 月。牟田口廉是卢沟桥事变时演习部队所在联队的联队长，此时他担任第十五军的司令官。在他的建议下，日军出动 3 个师团，从缅甸进攻印度。部队需要穿越危险的热带雨林，3 名师团长均不支持牟田口廉的作战计划，其中一人还抗命撤退了。在这种情况下，牟田口廉撤换了 3 名师团长，坚持继续作战。

在盟军的反击下，日军最终在 7 月中止了作战并开始撤退，然而有很多士兵和随军护士被留在了广阔的热带雨林里，有非常多的人被饿死。据推测，在参战的 8.5 万人中，有 80% 都丢掉了性命。193
虽然牟田口廉最终被撤职，但是并没有被追究责任，凭着理性和勇气反对他的师团长也没有得到平反。

1944 年 2 月，东条英机史无前例地身兼首相、陆军大臣、参谋总长三职。当时参谋本部和陆军省正为运输船的分配问题吵得不可开交，参谋本部主张优先支援作战，而陆军省则着眼于保证国内的军需生产，要求优先将运输船用于日本与东南亚之间的资源运输上。东条英机身兼三职，就是为了消解参谋本部与陆军省的对立。

但是东条英机的举动并没有效果，从 1942 年下半年开始，美国大举使用潜艇攻击运输船，最终使得日本新造运输船的速度还赶不上损失的速度。不论是用于作战的兵力和装备，还是用于生产的资源，运输都变得极不顺畅。特别是运送兵力的船舶，在受到潜艇发射的鱼雷攻击以后，沉没极快，几乎没有人能够幸存。

其中一个著名的例子是 1944 年 8 月满载疏散儿童从冲绳出发的运输船“对马丸”。在“对马丸”被击沉后，船上有 1484 人丧

“对马丸”运输船

生。1945 年 4 月，从东南亚返回日本途中被击沉的“阿波丸”共载有 2045 人，只有 1 人生还。“阿波丸”承担的是为盟军战俘运送救助物资的任务，美军本来保证了它的安全航行，但是日军违反约定，在“阿波丸”返航时装载了军用物资，这才导致“阿波丸”被击沉。

政府为了保证运输船的数量，制定了所谓“战时标准船”的
194 规格，试图按照一定的标准大量建造相同的运输船。因为资源不足，标准船的设计航速本就不高，再加上燃料不足，实际运行的速度更低。虽然海军会派军舰为运输船队护航，但是缓慢的运输船很难逃脱潜艇的猎杀，往往刚造出来不久就被击沉了。根据《国家总动员法》制定的“国民征用令”，海员作为具有特殊技能的人也是国家征用的对象，所以他们连找别的工作来避开危险都不可能。

海上运输受阻，加上日本国内肥料不足，从事农业的人手不够，国内的运输车辆也被优先用于运输军用物资，而不是粮食和生活物资，普通百姓能得到的粮食和生活用品不论是质量还是数量，都开始下降。国铁大幅减少了长途旅客列车的数量，停运包括私营铁路在内的利用率不高的线路，或是将复线改为单线。多余的铁轨则被拆卸，用于在利用率较高的干线铁路边修筑平行的辅助线路。此外，铁路部门还在 1942 年成功建成了联结本州岛与九州岛的关门隧道，并研制出 D52 型新型蒸汽机车，总之是想尽办法来提高运力，但运力仍然不足。在制造 D52 型蒸汽机车时，因为钢材都被优先分配给军需部门，所以车体的一部分只能用混凝土制造。

因为用来制造武器的铜、铁、铝、金、银等金属极度短缺，所以政府出台了“金属类回收令”，并在大政翼赞会的呼吁下，展

开金属回收运动。建筑物上的金属零件都被取下，寺院的钟和铜像也大多被拿走，百姓被鼓励献出自己持有的贵金属。当然，民众会收到一笔由政府定价的赔偿。

随着官僚统制的扩大，官员的腐败行为也增加了。随着战局 195
发展，配给给民众的物资越来越差，加上配给中发生的违法行为和黑市的发展，社会对政府的不满不断加剧。在这种情况下，官员的违法行为就更突出了。在经济越来越多地受到统制的情况下，官员手中的许可权也就越来越“值钱”。为了得到从事某些行业的许可，商人们会费尽心机地招待官员，以至于出现县知事收了太多非法物资，结果在搬家时卡车翻车被发现这样的事。政府部门还出现了吃空饷的现象，工作人员隐瞒同事被军队征召或是调去其他单位的事实，瓜分其工资。政府部门内部都出现了如此之多的腐败现象，可想而知一般民众的生活是什么情况。

在町内会，同样出现了隐瞒被征召或是移居的事实，私吞多
余配给物资的事。人们开始偷盗农田里的作物、剧场和火车座位上 196
的布料、浴场里他人的钱包和鞋子。

在太平洋战争期间，政府不断进行行政检查，希望通过检查来发现官僚统制的问题，应对国民对政府的不满。最后一次行政检查是在 1945 年 6 月进行的，报告书指出，黑市猖獗导致统制经济和配给制已经难以为继，建议政府恢复自由的市场经济。可见当时的经济已经混乱到何种程度。

8 “一击讲和论”的失败

塞班岛被占领

1944 年 7 月，美国用压倒性的兵力从日本手中夺取了塞班岛。美军的新型轰炸机 B29 从此可以从塞班岛的机场起飞轰炸日本本土，可以说日本到此为止已经毫无胜算。东条英机此时下台，实际上也是因为塞班岛战役的失败。另外，日本的同盟国之一意大利已经在 1943 年 9 月投降。

日本的领导层也明白，失去塞班岛以后，日本的失败只是时间问题，但是没有人准备马上投降，因为一旦无条件投降，日本就会失去一切，他们都希望能够在局部战场上取得哪怕一次胜利，然后与盟军进行和平谈判。这就是所谓的“一击讲和论”。

陆军出身的小矶国昭在东条英机之后成为首相。小矶国昭上任后，对言论的控制有所放宽，还秘密与中国进行了和平交涉，但是进展并不顺利。因为有内阁成员并不信任中国方面派出的使者，造成内阁意见不一，小矶国昭内阁在 1945 年 4 月下台。

在小矶国昭内阁期间，日本为了获得讲和的机会，尝试给美军“一击”，在 1944 年秋天的莱特岛战役中，甚至发起了用飞机撞击军舰的自杀式攻击，但仍以失败告终。日本海军自此以后基本失去了所有的海上航空兵力，没有了组织进攻的能力。陆军也一次又一次地将兵力投入热带雨林，换来的却是不断的失败。大冈升平的《莱特战记》一书，描写了这场战役中日军的无谋以及进行毫无意义的战争的愚蠢。

美军最终在 1945 年 2 月占领菲律宾。陆军开始考虑进行本土决战，并进行了大量动员。不仅征兵年龄降低到 19 岁，那些在征兵检查中没有列入甲种的人现在也会被征召入伍。军官自然也不够，预备役军官和预备役士官都被动员起来。

在殖民地朝鲜和中国台湾地区，也开始实施征兵制度。日军 198
一直以来都不信任殖民地出身的士兵，但是形势所迫，也顾不得这些了。这些仓促编成的部队并没有足够的装备，战斗力可想而知，但依然被部署到日本本土、朝鲜和“满洲国”等地。到 1944 年底，陆军的兵力膨胀到了大约 445 万人。

1944 年度的军费约达 7351 亿日元，与昭和元年时的 4.3 亿日元相比，涨幅实在是惊人。军费在财政预算中所占比重达到 85%，与国民生产总值相比，比重更是达到了惊人的 98%。这个数字是日本近现代史上最高的，这意味着国民劳动创造的财富都被用在了一场注定失败的战争中。

本土遭受空袭

1944 年 11 月，B29 轰炸机开始对日本本土实施轰炸。最初的轰炸主要针对军工厂、军事基地等目标。进入 1945 年以后，为了

正在实施空袭的B29轰炸机

迫使日本民众放弃抵抗，美军转而使用燃烧弹对日本的城市实施无差别轰炸。虽然这是违反国际法的，但是在欧洲战场，无论是轴心国还是同盟国，都早已毫无顾忌地实施无差别轰炸。

说到底，最早的无差别轰炸就是日军在“九一八”事变时实施的。到了中日战争全面爆发时期，日军也对中国的战时首都重庆
199 实施了无差别轰炸，其目的同样是为了打击民众的抵抗意志。重庆大轰炸造成数万人伤亡，虽然死亡人数比日本遭受轰炸时要少，但这并不能改变日军违反国际法的事实。其实，对平民的无差别轰炸，也是日军开的头。

日本在1941年修改了《防空法》，要求居民在遭受轰炸时努力参与灭火，这实质上是将灭火作为义务强加给民众。虽然当时已

经有学者指出，日本城市里的大量木结构建筑是无法抵御燃烧弹攻击的，在受到轰炸时居民应该立刻退避，或是将大都市的商店和住宅彻底改为能够防火的钢筋混凝土结构。但是政府向民众宣称，只要努力扑灭燃烧弹，就能防止火势蔓延。毕竟要是大家都逃到乡下，军需生产就会停滞，而且凭日本当时的国力根本无法把建筑都改成防火样式。根据当时人们的日记和回忆录，确实也有成功灭火 200
的时候，但是这种情况只是幸运的例外，在大量燃烧弹从天而降的时候，人们是束手无策的。

对于 1945 年 3 月 10 日的东京大轰炸，相关记录和研究很多，死亡人数估计在 10 万人，另有 102 万人受灾，这是除原子弹轰炸外死亡人数最多的一次轰炸。普通百姓的聚居区也遭到地毯式的轰炸，很多人完全无处可逃，那些幸存者的回忆读来令人心酸。

无差别轰炸投下的燃烧弹在某种意义上也是公平的。虽然东条英机位于东京郊外高级住宅区的房子没有受损，但是像内大臣木户幸一这样在东京市中心安家的人就和普通百姓一样，根本免不了受灾。喜剧明星古川绿波、作家永井荷风的住宅也被烧毁。当时众议院议员前田米藏正担任小矶国昭内阁的运输通信大臣，他在空袭中三次搬家，但是三次都被烧了房子。曾任外务大臣的石井菊次郎甚至在轰炸中丢了性命。1945 年 5 月 26 日的轰炸所造成的火灾还蔓延到了皇居，让昭和天皇也成了受灾者之一。

在工厂集中的地区，因为空袭不断加剧，不仅失去房屋的工人不断流失，那些从其他地区被动员前来参加劳动的中学生们，也不断出现在带队教师的率领下不打招呼就集体返乡的情况。

东京遭受空袭后的情况

大阪遭受空袭后的情况

9 战败 202

冲绳被占领

在小矶国昭之后接任首相的是海军出身的铃木贯太郎，他曾经担任昭和天皇的侍从长，深受天皇信任。陆军大臣阿南惟几和参谋总长梅津美治郎虽然表面上还在高唱抗战到底，但背地里已经开始慢慢撤换陆军中央的主战派。

在美军压倒性的实力面前，日军继续节节败退，1945 年 4 月美军在冲绳登陆。日本最强的战列舰“大和号”受命前往冲绳支援，但是在鹿儿岛海域就被美军航空兵击沉了。冲绳战役持续到 6 月下旬，日军战败，美军占领冲绳。战火波及冲绳全域，日军阵亡约 5 万人，还有占到全县人口 1/4 的大约 15 万名平民丧生，其中一部分人还是被军人强迫自杀的。作为文官的县知事岛田叡本可撤往本土避难，但坚持留守当地，最终牺牲，他是当时为数不多的富有勇气和责任感的高级官员之一。冲绳战役期间，纳粹德国在 5 月初投降，欧洲战线的战争宣告结束。

陆军开始叫嚣进行本土决战，为此建立了国民义勇队，让全 203

体国民成为事实上的军人。还制定了《战时紧急措置法》①，来为列岛被敌军切断之后的状况进行准备。另一方面，从6月下旬开始，日本通过苏联向同盟国提出了所谓“国体护持”的和平条件。陆军大臣和参谋总长都认识到陆军已经没有多少战斗力，在表面上宣扬本土决战的同时，以维持日本的国体为条件，军部开始寻求结束战争。

《波茨坦公告》与无条件投降

事实上，苏联已经秘密决定要对日本开战，因此对于担任日本和同盟国中介一事十分消极。7月26日，中、美、英三国发表《波茨坦公告》，敦促日本马上无条件投降，如果不顾劝告，继续抵抗，将会遭受灭顶之灾。此外，公告还列举了同盟国在日本投降后的方针，主要是对战争责任人的处罚和民主化政策。

原子弹在广岛爆炸后产生的蘑菇云

① 日本在1945年6月22日颁布的法律，政府根据这一法律获得了超越议会的权力。

日本仍对苏联出面中介，实现与同盟国的谈判抱有希望，但是在 8 月 6 日广岛遭受了原子弹攻击，8 月 8 日苏联对日开战，8 月 9 日长崎也遭到原子弹打击。广岛被原子弹轰炸后的死亡人数在 9 万—12 万人之间，长崎的死亡人数在 3 万—7 万人之间。这正是《波茨坦公告》所警告的后果。此外，在中国东北的日本侨民实际上被军队抛弃，事后的调查表明，在 155 万名侨民中，有 20 万人丧生。

8 月 9 日以后，政府和军部都开始准备接受《波茨坦公告》。 204
14 日，终于以天皇“圣断”的形式向同盟国通告无条件投降，并在 15 日正式通过广播向民众宣告了这一决定。至此，在日本本土，军队放弃了有组织的战斗。

但是在这一过程中，陆军中央的一部分年轻军官坚持国体论，不能接受天皇投降。他们准备实施兵变，监禁昭和天皇，强迫他改变决定。但是陆军大臣和参谋总长都不支持他们，夺取天皇广播讲话录音带（玉音盘）的行动也失败了。还有一些部队与右翼团体联系，试图发起兵变与恐怖袭击，但都没有掀起大的波澜。试图夺取天皇广播讲话录音带的几名主犯和陆军大臣阿南惟几在 15 日早晨自裁，时任第五航空舰队司令长官，在战争中派出大规模自杀式特攻机的宇垣缠也在这一天登上特攻机，一去不返。 205

位于神奈川县的海军航空队厚木基地的司令官宣称，下令投降的天皇不是天皇，拒绝停战，结果被当作精神错乱处理，也没有发生什么意外。

在 8 月 15 日以后，苏联军队继续在中国东北部和库页岛、千岛群岛等地发动进攻，日方阵亡 8.5 万人。苏联虽然通告日方不延长《日苏中立条约》，但是在条约仍然有效的情况下发动进攻无疑是违反条约的。苏联以尽早结束战争为由发动进攻，同盟国也没有提出异议。日本最终在9月2日签署了投降书，这场战争终于结束。日本陆海军在战争结束前的最终动员兵力已经达到826万人。

战争的巨大创伤

从中日战争全面爆发开始，直到日本最终战败，包括当时的殖民地在内，日本至少有230万军人和80万平民丧生，实际的数字肯定还要更高。在阵亡的军人当中，有60万人是因饥饿而死，还有40万人是随着被击沉的运输船一起沉入海底的。在这些运输船上，还有6万名船员。

如果查询当时内地的人口统计数据，就能发现直到1936年，每年的人口都在以1.5%左右的速度增长，昭和元年到1936年的
206 10年间，人口增加了1000万，达到7000万人以上。但是从1937年开始，人口的增长率就降到了0.5%，这很明显是受到了战争的影响。到1943年，人口缓慢增长到了7390万人，这很可能是战前人口的顶峰。

1944年没有一个统一的人口统计数据，除去被美国占领的冲绳县，1945年的人口是7215万人，加上幸存下来的45万名冲绳民众，也只有7260万人。也就是说，在1944年和1945年这两年中，人口大约减少了1.8%，约达130万人。在昭和时代最初的15年里，每年平均有20万人去世，1950年以后，这个数字是14万人。考虑到出生人口，两年间减少130万人是非常惊人的，这就是战争的恶果。我们刚刚提到日本战败时陆海军总兵力达到了826万人，

用不那么精确的算法估计一下，每 5 名军人中就有 1 人阵亡，这是非常高的比例。

大部分丧生的平民和大约 1/3 的阵亡军人都是在塞班岛被美军占领到日本最终投降的这段时间里死去的。如果能在丢掉塞班岛、胜利已经无望的情况下直接投降，那么至少有一半的死亡是可以避免的。特别是平民的死伤，大部分是能够避免的。另外，亚洲的许多国家也成了战场，这些国家的伤亡人数同样不可估量，各国的统计数字并不统一，但是至少也在 1900 万人以上。

不论是日本国民还是其他国家的人民，都有着他们自己独一无二的人生，但是在战争这场人祸中，太多的人失去了宝贵的生
命，这种惨祸根本没有道理可言。就算在战争中幸存下来，也至少 207
有数亿人会因为失去至亲与所爱之人而悲伤，会因为身体与心灵所受的创伤而痛苦，会因为自己孜孜不倦营造的生活毁于一旦而愤懑不已。

不过令人意外的是，在战争期间，日本的社会福利制度取得了一定的进展。1938 年 1 月厚生省成立，主管国民健康的相关事务。从 1943 年起，所有人都被强制要求加入国民健康保险，到日本战败时，已经有七成民众加入保险。但是，这一战时政策的初衷并不是为了人民的健康和幸福生活，其主要目的在于保证那些将会成为士兵和军工厂劳动者的人的健康，这也是国家尽量扩大动员能力的一项政策。而且就算人民的健康得到了保证，很多健康的人最终也因为国家的失策而在战场上送了命。从这一点我们也能明白，战争真的是愚蠢到了极点的行为。

日本的工厂和生产设备、船舶、飞机、铁路车辆、商店、办

公楼、学校等在战争中大量损毁，如果将所有损失的财产用战败时的价格加以换算，差不多达到日本财富总额的 1/4。从中日战争全面爆发到日本战败的这段时间里，日本所积累的财富差不多也是这个数值。这期间的军费约达 7560 亿日元，基本都属于“临时军事费特别会计”。按现在的币值换算，差不多是 2268 万亿日元，相较之下，现在一个年度的财政预算是 80 万亿—90 万亿日元，可见那笔军费真是天文数字。根据不同的计算方法，这些军费都占到这一时期国民生产总值的 1/3—1/2。那些成为战场的地区的财产损失
208 更是已经无法计算。不仅是日本，那些受到日本侵略的国家的人民辛苦劳作创造的成果，都因为日本国家体制的缺陷以及领导人的失策和懈怠，悲惨地化为了废墟。

中日战争和太平洋战争，给日本和亚洲各国人民留下了史无前例的巨大创伤。

10　太平洋战争期间的社会与文化

越来越浓重的战时色彩

这一时期文化的一大特征就是战时色彩变得愈发浓重，而且在面向高学历者的思想和文化中，追求日本独特性的风潮变得越来越强。

每年摄制的电影数量急剧减少，只有数十部，而且因为政府和军部常常在拍摄阶段就会横加干涉，所以很少出现优秀的作品，在太平洋战争前期称得上叫座的作品寥寥无几。举例来说，比较优秀的作品有 1942 年 12 月，即太平洋战争开战一周年上映的《夏威夷・马来海海战》（ハワイ・マレー沖海戦），这是由圆谷英二负责特摄部分的纪录片类型的电影。在 1943 年的新年档电影《伊那的勘太郎》（伊那の勘太郎）中，历史剧明星长谷川一夫在电影里饰演一位幕末的尊皇派侠客。还有 1942 年上映的由榎本健一和长谷川一夫合作出演的以幕末为舞台的侦探电影《等待着的男人》（待って居た男）。喜剧明星榎本健一主演的系列作品在这一时期还在继续推出，但是从前那些令人捧腹大笑的桥段已经很难见到。

即便如此，1942 年走进电影院的观众还是达到了 5.1 亿人次，这是战前的最高纪录。这在相当程度上恐怕是因为《电影法》规定电影院有义务放映新闻电影。最初由各大报社独立制作的新闻电影，从 1940 年夏天开始根据政府的指示合并为《日本新闻》（日本ニュース），每周上映。虽然放映这类影片只是电影院的义务，但是从 1942 年 1 月开始的新闻电影，内容都是日军的节节胜利，所以很吸引人，一时间观众众多。不过到 1943 年，观众数就降到了 3.2 亿人次，1944 年则只有不到 3 亿人次，1945 年因为空袭的影响，没有相关的统计数据。电影院的数量在 1941 年达到 2466 家的顶峰，之后便以每年 20% 的幅度减少，1945 年因为空袭的因素，只剩 845 家。

唱片作为流行歌曲的传播载体之一，被禁止销售。因此人们所能听到的流行歌曲，只剩下在电影院观影时听到的主题曲，由广播放送的政府和军部为了激发士气所作的歌曲，或是士兵在战场、工人在工厂自娱自乐的演唱。

英语被视为敌国语言遭到政府禁止，到 1943 年春天，连英美国家的乐谱和唱片都被禁止持有。在这些禁令发布之前，不少学生组成的业余乐队会在演唱会时演唱英语爵士乐。

210 此外，还有从报纸连载的人气漫画改编的电影《花子小姐》（ハナ子さん），这部描写战争期间新婚夫妇日常生活的电影，在开头非常明显地借鉴了美国歌舞片的风格，可见当时美国的流行文化有多么强大的影响力。不过，从另一个角度也可以看出，文化交流并没有阻止战争的发生。

为了减轻劳动者的精神压力，大企业内部开始鼓励以保健运

《花子小姐》剧照（左起：高峰秀子、轰夕起子、灰田胜彦）

动为名的兴趣活动，开展铜管乐队、合唱队、编写文艺杂志等多种活动。这些活动的传统很多都保留到了战后，成为企业内部和地方的文化活动。

当时工厂的工人仍然可以在受工伤或是生病的时候去温泉疗养。在那个时候的列车时刻表上，虽然刊登了东京的旅店广告，但是居然会专门注明防空设施完备，这怎么看都不像是普通人可以为了消遣的目的而出门旅行的样子。

从 1943 年 2 月起，为了集中运力进行货物运输以及保障工厂工人的出勤，长途列车的班次被大幅削减。1944 年 4 月，作为“决战非常措置”的一环，特急列车、卧铺列车以及列车上的餐车都被
废止。单程距离超过 100 千米的出行，需要先从所在单位或是警察 211
署取得旅行证明才能购买车票。

1945 年 3 月，急行列车也只剩下东京与下关之间开行的一列。至于人们平时乘坐的通勤电车，不仅每一趟都挤满了人，车窗玻璃也基本是破的，连车厢座椅上的布料也都被人偷走，大概是用来补衣服了。至于新造的车厢，更是从一开始就没有安装座椅。

颓废的生活

在城市里，因为不知道什么时候就会有飞机来空袭，人们都是和衣而睡。也有人在院子里挖防空壕，但除非是用坚固的混凝土专门建造，否则简单挖出的防空壕并没有太大用处。有一些人就是在自己挖的防空壕里受伤，甚至丢了性命。

这时候，城市里的粮食配给量也变少了。政府和大政翼赞会还鼓励民众用小麦、杂粮或是番薯来制作粥、面疙瘩汤、窝窝头等食品来代替大米。然而，民众就算绞尽脑汁，善用政府配给的食材，也还是需要去黑市购入食物，才能免于挨饿。大城市的人也会跑到农村地区，希望在那里买到食物，这种行为不仅要冒违反统制法的风险，而且往往还会遭到农民的白眼。在农民看来，城市居民在大萧条时期还能靠工资生活，摆脱经济危机之后生活也很快活，
212 而他们面对在困境中挣扎已久的农民什么也没做。在这种情况下，农民并不情愿帮助城里人。

在当时，财物失窃已经是司空见惯之事。不少人好不容易搞到一张外食券，去店里喝上一杯以后，却发现放在边上的帽子和其他随身物品不见了。就算是在只有中产阶级的孩子才能去的私立女校，也会发生放在炉子上保温的便当被偷走的事情。在随时都有可能被空袭的大城市里，弥漫着令人不安的颓废气息。在住宅被空袭烧掉以后，许多上了年纪的人失去了抵抗的意志，找个理由逃到乡下的也不少。不过，那些受到军国主义教育的少男少女们就不一样了，家中受到空袭反而让他们燃起了斗志，想着要努力报仇。

此时，那些保持着独立思想的人也在艰难生活。之前多次提

到的评论家清泽洌，这时主要通过炒股维持生活，无法自由发表言论的他把富余的时间都用在了写作外交史著作上。清泽洌在日记中感叹，现在正是自己作为“知美派”应该发挥作用的时候，但是他最终没能看到战争结束的那天，就在 1945 年 5 月病逝了。芦田均在 1938 年以后改用英语写日记，就是为了不让警察轻易地知道日记的内容。

年轻又有才能的女性作曲家吉田隆子因为曾经参加带有共产
主义色彩的文化运动，被警察以违反《治安维持法》为由逮捕了数
次。1940 年冬天，她被关在警察署寒冷的拘留所里，患上了慢性 213
腹膜炎，这才得以获释。但是之后也只能在特高的监视下，卧床在
家。在当时，一个人一旦被认定为危险分子，就会一直受到非人
的待遇。

在思想和文化方面追求日本独特性的风潮可以追溯到明治时期，乃至更早的中世时期。到大正时期，这样的倾向已经大为减弱。但是，从“九一八”事变爆发到日本退出国际联盟的那段时间里，这股风潮再次兴起。简单来说，这代表了人们希望在思想哲学层面为放弃国际协调主义的日本寻找出路。在中日战争期间，1938 年秋天开始流行的“东亚协同体论”就是其中的典型。太平洋战争爆发后，这股风潮达到了最高峰，其代表就是文艺杂志《文学界》在 1942 年 9 月和 10 月推出的特辑——《近代的超克》。

龟井胜一郎、西谷启治、诸井三郎、吉满义彦、林房雄、下村寅太郎、津村秀夫、三好达治、菊池正士，中村光夫、河上彻太郎等人都参与其中写了文章，这些人来自哲学、宗教学、西方历史、物理学、电影评论、文学评论、诗歌、音乐等诸多领域，他们

以西欧的近代文明已经过时为前提，讨论了日本今后的思想文化发展方向。

还有人在杂志上讨论，要在法学和政治学领域也确立日本的
214 独立性。在西欧艺术和音乐的世界里，同样开始追求日本风格，基于这种理念创作的管弦乐作品在中日战争全面爆发以后登上舞台。在这种氛围的影响下，虽然也诞生了战后为黑泽明作品配乐的早坂文雄，以及为电影《哥斯拉》配乐的伊福部昭等优秀的音乐人，但是大部分盲目追求日本风格的音乐人及其作品随着日本战败销声匿迹了。这不仅说明这些作品缺少世界共通的普遍性，不能打动人，也说明作为国家公认的指导思想的国体论，无法被其他地区和文化圈的人所接受。

11　战败的主要原因

所谓国体论

在太平洋战争爆发时，日本在亚洲和太平洋战场的军力都超过美国。但是，开战半年以后形势就发生了逆转，日本就这样被压制，直到战败为止。为什么日本要打一场难以取胜的战争，以至于付出了难以估量的损失呢？针对这个问题，至今为止已经有众多的研究，我认为问题出在了日本当时的指导思想上。

这种指导思想就是国体论。我们之前已经简单介绍过国体论，这种理论认为日本是世界上最古老的国家，一直繁荣至今，而且以后也会一直繁荣下去。而这一切都是因为人们遵从了神明的子孙，也就是天皇的意志。只要世界上的人也同样尊崇天皇，那么世界和平就会到来，人人都能够安居乐业。

在与美国开战的初期，人们已经很清楚两国之间的国力差距。日本把希望寄托在歼灭美国海军主力之后，占有东南亚的资源，然后等待美国妥协这种天真的想象上，进而期待在不放弃在中国取得的战果的情况下，与美国恢复经贸往来。

但是，从“九一八”事变以来，美国就坚持对侵略行为产生的结果不予承认的原则，并在 1941 年 8 月与英国签订《大西洋宪章》，公开表明了与那些极权主义国家对决的态度。很显然美国不会轻易妥协，但是日本错误估计了形势。这很大程度上是因为日本坚持的国体论，将自由主义和民主主义视为错误思想加以否定，并拒绝承认其中包含的强大力量。

因为倡导的理念不同，日美两国从国际社会得到的支持也完全不同。美国在第一次世界大战以后，基于自由与民主主义，倡导
216 民族自决与侵略战争非法的原则。其殖民地菲律宾也以未来的独立为前提，建立了共和制的自治政府。1941 年 8 月的《大西洋宪章》也宣称要守护自由主义，与极权主义的轴心国对抗。

另一方面，日本在中日战争时提出的“东亚新秩序”构想，表面上看起来很美好，实际上全是为了日本自身的利益。太平洋战争时，虽然在开战诏书中声称战争只是出于自卫，但是军部和政府早已秘密决定了以取得占领区的资源为先的统治方针，东南亚地区的西方国家殖民地的自治或是独立并不在考虑范围之内。

当然，在开战当日夜里的广播里，内阁情报局副局长奥村喜和男也将从西方国家的殖民统治下解放亚洲作为战争的目标。在那些参与到占领区统治的日本人中，也确实有一部分人被解放亚洲的理念所感染，为当地的自治和独立做出了贡献。

但是，总体上来说，被日本占领的地区都被强制要求把战略资源出口到日本，并优先将物资提供给驻当地的日军，当地民众大多因为物资不足和物价高涨而陷于困苦。在日本文化是世界上最优秀的文化这种国体论观点影响下，还有一些地区被强制实行日语

教育。

在“日本的就是最好的”这种自以为是的思想影响下，凡事都以日本为先，并将日本的行事方式强加给其他地区。1943 年 11 217
月，日本把仆从国和傀儡政权的首脑召集到东京，召开了大东亚会议，发表了《大东亚共同宣言》，高唱“大东亚共存共荣”，这当然只是口号。虽然缅甸和菲律宾表面上摆脱了原来宗主国的控制，获得了独立，但实际上不过是改由日本来实施控制。

当时的亚洲国家如果能够在日本和同盟国之间做出选择的话，结果可想而知。那些选择与日本合作的政治家，也不过是因为日本在事实上控制了他们所在的地区，不得不服从日本罢了。

日军的实力

前面提到，在亚洲和太平洋战场上，日军的军力在开战之初是略微超过美军的，但是这种优势并不稳固。就拿成为太平洋战争中日军战斗机代名词的零式舰载战斗机来说，为了将机体重量减到极限，不惜牺牲防御能力，使得战机的生存性能很差。美军也在获得迫降的零战之后完全掌握了其弱点。但是，日本并没有技术和经济实力迅速研制生产一种新型战斗机。在美

零式战斗机

国投入新型的高性能战斗机的情况下，零战只能一改再改，几乎打满了整场太平洋战争。

218 日本海军在中途岛战役中投入的 4 艘航空母舰最终损失殆尽，这显然也与防御能力有关。日军航母在船体并没有损伤的情况下，因为甲板中弹引发的火灾无法控制，最终只能被放弃。雷达在美军手中发挥了重要作用，日本虽然在 1943 年也成功研发出雷达，但仅仅被视作防御装备而不被重视，实际的配备运用也拖延了不少时间。为了给运输船队护航，需要大量的舰艇，但是财政困难的日本一厢情愿地认为，只要在日本近海的舰队决战中击败美国舰队，就能保障运输船队的安全，从而忽视了护卫舰艇的研发和建造。

陆军一直以来都以中国和苏联作为假想敌，认为对付美国是海军的工作。在部队编制和训练上都以平原地区的战斗为主。在太平洋战争打响后，被派到山区和热带雨林的部队并没有接受过相关训练，也没有配套的装备，结果就陷入了苦战。除了被子弹和炮弹
219 击伤的士兵，还有很多士兵因为疟疾之类的传染病和饥饿而丧命。日本陆军因为国力的关系，并没有装备足够的坦克和汽车来进行机械化，其信奉的是关键时刻靠精神的力量取胜的战法。

要说这场战争中什么武器最重要，那无疑是飞机。日本在战争初期虽然能制造出零战这样性能较好的战斗机，但是因为工业能力不足，在战争长期化以后就没有什么新的进步了。在太平洋战争后期，日本也尝试进行飞机的大规模增产，但是因为缺少熟练工人，只能动员学生参加生产，结果反而造出了许多不合格品。

就算增产的飞机堪用，日本依然缺少能够驾驶这些飞机的飞行员。太平洋战争初期，日本有一大批经验丰富的飞行员，但是在

中途岛等战役之后，熟练的飞行员损失殆尽。到了太平洋战争后期，驾驶飞机的大多是没什么实战经验、唯独士气很高的少年飞行员，以及因为学徒出阵而被征兵的大学生。

战争期间的政治形势

那么日本的政治家面对这种情况，都做了些什么呢？太平洋战争期间的首相，全都由现役或是退出现役的军人担任。除了陆军大臣和海军大臣，外务大臣、大藏大臣、内务大臣等其他主要内阁成员，也由原本就在这些省厅任职的官员担任。众议院议员担任大 220
臣的情况在东条英机内阁时期是零，之后也基本只有两个不怎么重要的省厅的大臣由众议院议员担任。

如此一来，内阁成了官僚组织的安乐窝，在做出重大决定的时候，大臣们往往优先考虑自己所代表的组织的面子和利益，甚至出现事不关己、高高挂起的情况。海军隐瞒中途岛战役的失败，甚至连东条英机和天皇都无法掌握详细信息，这明显暴露了官僚组织的弊端。东条在当上首相后终于意识到了这一点，也曾经向秘书反省自己担任陆军大臣时的言行，但是已经太迟了。东条史无前例地一人身兼首相、陆军大臣和参谋总长三职，这在某种程度上也是为了解决这种不利局面，但是除了让他自己更辛苦以外，并没有取得什么实际效果。

按照国体论思想，日本输掉战争，让天皇向敌人低头是绝对不能允许的事。如果谁胆敢做出这种决定，就会被认定为卖国贼。要让官僚们鼓起勇气做出这样的决定，实在是太难了。所以到了战争后期，日本仍坚持“一击讲和论”，妄想在平等的立场上与同盟国谈判，结果却付出了巨大的代价。

221 要打破这种局面，就只能由至高无上的天皇亲自做出决断。日本最终投降也正是通过这种方式实现的，但即便是天皇的“圣断”，也还是出现了试图发动兵变进行阻止的军人。严格按照国体论的逻辑来说，天皇是不会向敌人投降的，所以一旦投降，那个人就算不上是天皇了。在天皇主张投降时，就强迫天皇改变主意；如果天皇坚持投降，那么也就没必要继续听从他的命令了。

那些意图强迫天皇改变主意的人，就是前面提到过的发动兵变不成，转而尝试阻止播送天皇讲话录音的陆军年轻军官，而海军厚木航空队的那个司令就是不承认天皇投降命令的人。

帝国议会的议员们又做了些什么呢？在审议快速化的名义下，议会的审议天数大幅减少，每年12月至次年3月召开的通常国会[①]，也有一半时间处于休会状态。因为没有时间开会，政府会在议会审议法案之前举行说明会，这实际上代替了议会的审议。大部分法案和预算案经过这样的事先调整之后，在议会只是走个形式，留下议事记录，政府的原案基本原封不动地得以通过。

就算如此，在1943年初的通常国会上，还是有议员对翼赞选
222 举和无视国民安全的《防空法》进行了批判。对于实质上将市町村级的行政长官改为由府县知事任命的地方制度改正案，议员也发出了反对官僚过度统制的声音，并进一步通过了避免不必要的官僚干涉和言论管控的决议。同样是在这届议会上，通过了废除东京市和东京府，设立东京都的决定。但是新诞生的东京都行政长官，同样

① 又称常会，即每年定期举行的国会。另外还设有临时国会与特别国会。

由内务省派遣的高级官员担任。

在 1944 年 1 月的众议院会议上，还发生了大部分议员拒绝为首相东条英机的讲话鼓掌的异常事件。众议院的那些重要人物后来还与重臣一起，参加到反对东条内阁的活动中。虽然东条内阁动用了种种手段来维持自身统治的稳定，但是对其不满的人还是行动了起来。

当时的众议院和贵族院设有请愿委员会，负责听取民众对政府的诉求，并督促政府进行回应。大部分请愿要求解决当地存在的问题，比如建设铁路和道路，或是设立邮局和车站等，也有环境污染类的问题。然而在 1944 年 2 月，众议院的请愿委员会受到警方的责难，说请愿活动是自私自利的行为，是不爱国的表现。

总体来说，在政府的权力越来越大、掌管的事务越来越多的背景下，帝国议会仍然是唯一能够为民众表达不满的机构。在媒体
因为政府的言论管控和用纸限制而无法为民众发声的情况下，议员 223
在帝国议会依然具有相对自由的发言权。但是，政府并没有因为议会的批评而做出任何改变，深陷战争泥沼的日本政府已经完全顾不上这些问题了。

当然，众议院也存在认为政府的控制还不够强有力的人。曾在东条内阁担任无任所大臣[①]和商工大臣、战后成为首相的岸信介就是其中一员。以岸信介为中心的一伙官僚和众议院议员在参与针对东条内阁的倒阁活动后，其在翼赞政治会内坚持自身的激进主张，令人侧目。他们的活动也是导致翼赞政治会在 1945 年 3 月解

① 即并不掌管某一行政机关，但是名列内阁的国务大臣。

散的原因之一。在翼赞政治会解散之后，其以那些保守派议员为中心，建立了不包括鸠山一郎等少数派的大日本政治会。不过，大日本政治会建立时，日本本土正在遭受大规模空袭，这个政治团体并没有进行多少活动就迎来了战败。

此时，因为政党内阁时期就出现的一些问题，内阁充满了完全谈不上是政治家，只能说是官僚的人物。他们不会从大局出发做出判断，而只顾及眼前利益，一味回避那些可能危及自身地位的问题，最终使得问题不断积累，到了不得不依靠天皇出面“圣断”的地步。政党内阁由选举产生，这在某种程度上能够避免自以为是和逃避责任。但是，就算当时日本在制度上可以成立政党内阁，也还是没能让政党内阁长期存在下去。

如果要探究问题的根源，就不可避免触及明治时期建立近代
224 日本国家制度时产生的错误。1938 年 3 月，首相近卫文麿在议会上公然宣称，国民是为了国家而存在的。他的发言并没有引起任何质疑，说明这种思想在当时已经是主流。但是，如果国家的政策出现了重大问题，那么国民再怎么为国家努力，也不过是白白牺牲而已。那些仅凭学历进入国家权力中心的精英们，终归没有治国理政的能力。

第四章 民主化与复兴：1945—1960年

时　间	事　件
1945 年（昭和 20 年）	8 月，日本战败，被盟军占领；9 月，签署投降书，昭和天皇会见麦克阿瑟；10 月，联合国成立；12 月，女性得到参政权
1946 年（昭和 21 年）	1 月，昭和天皇发表《人间宣言》，公职追放开始；5 月，东京审判开始，第一次吉田茂内阁成立；11 月，《日本国宪法》公布
1947 年（昭和 22 年）	2 月，盟军最高司令部禁止举行总罢工；6 月，片山哲内阁成立
1948 年（昭和 23 年）	3 月，芦田均内阁成立；10 月，第二次吉田茂内阁成立；11 月，东京审判下达判决
1949 年（昭和 24 年）	7 月，下山事件，三鹰事件；8 月，松川事件；10 月，中华人民共和国成立
1950 年（昭和 25 年）	6 月，朝鲜战争爆发；8 月，警察预备队成立
1951 年（昭和 26 年）	4 月，麦克阿瑟被免去联合国军总司令职务；9 月，《旧金山和约》《日美安保条约》签订
1952 年（昭和 27 年）	4 月，《旧金山和约》《日美安保条约》生效；5 月，血色劳动节事件；10 月，保安队成立
1953 年（昭和 28 年）	2 月，NHK 正式开始播出电视节目
1954 年（昭和 29 年）	3 月，“第五福龙丸”事件；6 月，自卫队成立；9 月，洞爷丸事故
1955 年（昭和 30 年）	10 月，社会党统一；11 月，自由民主党成立
1956 年（昭和 31 年）	10 月，日本与苏联恢复外交关系；11 月，发现水俣病；12 月，日本加入联合国
1957 年（昭和 32 年）	2 月，岸信介内阁成立
1958 年（昭和 33 年）	4 月，《卖春防止法》生效；11 月，特急列车“回声号”开始运营
1959 年（昭和 34 年）	3 月，发起日美安保条约改定阻止国民会议
1960 年（昭和 35 年）	5 月，众议院强行通过《新安保条约》；6 月，《新安保条约》得到自然承认

1945 年，日本投降了。因为日本发动的战争，周边诸国和国际社会都受到了极大的伤害。盟军一直占领日本直到 1952 年，这也是日本为发动战争而付出的代价。经过对战争责任人的审判，基于对战前和战争期间历史的反省而进行的民主化改革，日本在 1951 年签署《旧金山和约》，并在 1956 年被允许加入联合国，由此重新回到国际社会。在被占领期间，日本就以民主化为前提，开始了重建进程，到 1956 年，人民生活已经基本恢复到战前的水平。

这里所说的民主化，主要是指确保对个人的尊重和言论的自由。这一时期的一大特征是，反思日本之前的失败，并在尊重多种意见的基础上，努力恢复日本的主权和经济。在重视个体差异的前提下，共同前进。

日本实现民主化与战后重建，当然是日本民众在反思错误的基础上不懈努力的成果。但是，要在一片焦土上实现复兴，也离不开亚洲其他国家和地区的宽恕与合作以及牺牲。这里所说的其他国家为日本的复兴所做的牺牲，指的是朝鲜战争。本章将会对相关问题进行叙述。

1 日本的战败与世界局势

战败后的日本

日本本土的战斗随着 1945 年 8 月 15 日的"玉音放送"而停止了，但在 14 日以及 15 日尚未天亮的时候，美军的空袭依然在继续，埼玉县的熊谷和神奈川县的小田原因此遭受了损失。在库页岛的一些地区，战斗甚至持续到了 9 月初。日本许多城市的市中心和居民区都在这场战争中变成了一片废墟，战争结束后，不甘心的人们怀抱着对未来的不安，怅然若失。

这些幸存下来的人和那些在战争中死去的人，特别是在战争末期参加特攻而死的人，抱着极为不同的想法。一之濑俊也[①]的研究表明，那些参加特攻的人，大多是抱着余下的人也会拼死战斗到最后的心情踏上自杀式攻击之路的。然而，幸存下来的人却一厢情愿地认为，那些人是为了让自己活下来才自我牺牲的。这一惊人的事实大概是幸存者为了安抚自身而进行的心理防御。

---

① 一之濑俊也：日本历史学者，现任埼玉大学教授，主要研究日本军事史，此处提到的观点出自『戦艦大和講義 私たちにとって太平洋戦争とは何か』（人文书院，2015 年）。

造成这些幸存者在战后也依然良心不安的主要原因，自然是残酷而无情的战争。 229

在天皇下令停战之后，盟军开始进驻日本本土，其中大部分是美军。9 月 2 日，日本正式签署了投降书，向同盟国投降。之后日本就失去了独立，进入被军事占领的阶段，国旗在这段时期也是不能悬挂的。

报纸在 9 月 2 日的报道还充满了对于战败的不甘，不过在这一天以后，就突然开始支持民主化了。夜间的灯火管制被取消，人们又可以从报纸和广播中知道天气情况了，在日本政府严格的战时管制状态下进驻日本的盟军没有引发什么大的问题，民众也渐渐开始感受到日本战败的事实以及和平生活的到来。

蒋介石在 8 月 15 日发表了题为《抗战胜利告全国军民及全世界人士书》的讲话，号召中国人以德报怨，不要报复日本民众。蒋介石在日本投降之后，面临与中国共产党的对立，不可否认他有拉拢利用当时在中国的日军的意图。但是，他的讲话在一定程度上帮助了当时还留在中国的日军和日本平民，使他们得以较为顺利地撤回日本，这是日本人应当铭记的。

充满变化的亚洲形势 230

在日本战败之后，亚洲的形势也发生了迅速的变化。随着溥仪在 8 月 18 日宣布退位，“满洲国”就此消失，中国东北地区暂时被苏联占领。在中国国内，国共两党也开始了对权力的争夺。汪精卫的南京国民政府在 1944 年 11 月汪精卫病死之后就已经有名无实，战后被蒋介石政府接收，汪伪政权里那些没能逃跑的高官作为汉奸被处决。国民党政权接收台湾地区以后，在 1947 年 2 月 28 日发生了军警镇压当地民众的“二二八”事件。1949 年，共产党战胜国民党，成立了中华人民共和国，而国民党则败退台湾地区，继续与大陆对峙。印度尼西亚和越南在日本战败前后宣布独立，并反抗归来的宗主国军队，展开独立战争。

朝鲜半岛在 8 月 15 日就开始了寻求独立的动向，但是半岛南北部分别被美、苏两军占领，独立也不得不受到美、苏两国决策的影响。结果朝鲜半岛直到 1948 年才获得独立，而且分别在南北两部成立大韩民国和朝鲜民主主义人民共和国，朝鲜半岛陷入了南北分裂的局面。中国和朝鲜都因为第二次世界大战结束后东西方阵营的对立，而未能完全统一。东亚就这样成了冷战的最前线。

231 联合国的成立

1945 年 10 月 24 日，联合国在美国纽约成立。美国、苏联、英国、法国、中国作为常任理事国，拥有安理会否决权这样的强大权限。鉴于国际联盟在解决国际纷争时表现无力的教训，联合国安理会被赋予了组织多国部队的权力。

盟军对日本的占领采用的是间接占领的方式，占领军通过对日本政府下达指令，让日本政府加以实施的方式进行统治。不过，冲绳和小笠原群岛等岛屿被纳入美军的直接管理下，库页岛和千岛群岛则被苏军占领。位于皇居南面的第一生命大楼[①]被盟军接收，

---

① 日语名为“第一生命ビル”或“第一生命館”，位于东京丸之内，原为第一生命保险公司的总部。第二次世界大战后成为盟军最高司令部所在地，后经改造，面向皇居的建筑被保留，成为新建的办公楼“DN Tower 21”的一部分。

在此设立了盟军最高司令官总司令部。此外，当时东京为数不多的情况尚好的住宅楼、办公楼、商场、剧院等建筑也被盟军接收，交由盟军处置。为了安置占领军，东京代代木的陆军训练场被征用，用于建造宿舍。

铁路方面，民众依旧只 232
能乘坐车窗没有玻璃、座椅没有布料的客车，而且因为开行的列车还是很少，因此就算是这种破烂的车辆，里面也是人挤人。但如果是占领军使用的列车，就肯定要仔细打理，保证人人有座位。如果是外国高官，还要安排有空调的客车。目睹过占领军专车的日本人，想必都能真切体会到战败之后国土被占领的感觉。

道格拉斯 · 麦克阿瑟

美国政府为了管理和监督麦克阿瑟在日本的工作，于 1945 年底在华盛顿成立了远东委员会，在东京设置了对日理事会。这两个机构都是日本被占领以后设置的，远东委员会的决定需要通过美国政府传达到东京，可见对日政策的主导权完全掌握在美国政府手中。

不过，美国政府基本只做出笼统的指示，具体的决策都交给驻日盟军总司令麦克阿瑟，这使他成了日本事实上的统治者。1946—1951 年的每年元旦，报纸除了登载天皇和皇后的照片，还会刊登麦克阿瑟的照片，这直观地显示了当时麦克阿瑟所拥有的权力。

日本投降之后首先面对的问题就是军队如何解除武装，这个问题被相对顺利地解决了。接下来就要将滞留在日本本土以外的军人和平民接回国内。在日本投降时，大约有 367 万名军人、321 万名
233 平民滞留国外。除了被苏联扣留在西伯利亚的军人，其他军人都得到了所在国家或是美军的协助，大部分在 1946 年底前回到了日本。

那些在日本战败时身处中国东北的军人和平民中的成年男性，有大约 60 万人被苏联带走。其中一部分成为战犯接受了审判，余下的大部分被强制要求进行劳动。他们在苏联劳动的时间，最短的有 1 年半，最长的达 11 年，其中有 7 万人死在苏联。那些最终得以回国的人，也有不少人因为长时间在严酷的环境下从事重体力劳动而落下了病根。

那些滞留在中国东北部、朝鲜半岛、库页岛的平民，没有政府和军队的保护，还受到当地居民的敌视，他们的回国之路充满了难以想象的苦难。有些人因为缺少粮食而饿死或病死在路上，有些人因为行动不便被抛弃甚至被杀害，还有的人请求当地人领养不便带走的婴幼儿。那些被留在中国的婴幼儿就成了后来所谓的“中国残留孤儿”。几乎所有的归国者都没能带走自己在当地积攒的财产。不过在中国台湾地区，日本人的回国之路较为平稳顺利。

滞留在中国东北部的日本平民有 155 万人，其中 17.6 万人死在了那里。在朝鲜北部的 30 万日本平民中，有 2.6 万人死亡。库页岛上的 36 万日本平民中，在日本投降以后立刻得以回国的只有
234 8 万人，其他人直到 1949 年 6 月才得以全部回国。日本战败之后国家体制的崩溃，直接影响到这些在国外的日本人，使他们承受了残酷的后果。

2 战后的政治与战争责任

天皇会见麦克阿瑟

随着天皇在 8 月 15 日宣布投降，铃木贯太郎卸任首相。内大臣木户幸一和枢密院议长平沼骐一郎考虑到最好由皇室成员出面，以便稳定局势，于是身为皇族的东久迩宫稔彦王出任首相。近卫文麿也作为无任所大臣进入内阁。但是，作为首相的东久迩宫一边倡导“一亿总忏悔”，一边在被记者问及天皇的战争责任问题时不知所措，表现并不好。

9 月 27 日，昭和天皇亲自前往美国大使馆会见麦克阿瑟，这是他们的第一次会面。内务省居然以第二天的报纸登载的照片对天皇不敬为由，对报纸下达了禁售令。虽然这次谈话的记录只有小部分被保存下来，但是根据松尾尊兑[①]的考证，昭和天皇在这次会见中承认了自己作为君主的政治责任，而麦克阿瑟也因此对天皇有了较好的印象。从太平洋战争开始，美国政府内部就一直在探讨战后

① 松尾尊兑：日本历史学家，京都大学名誉教授。主要研究领域为大正民主。

麦克阿瑟与昭和天皇

对于日本的统治方针问题。此时，美国已经倾向于利用天皇来进行统治。而昭和天皇和麦克阿瑟的会面，可以说基本让美国最终确定了这种方针。

既有不知如何回应记者的首相，又有动辄禁售报纸的内务省，东久迩宫内阁已经跟不上时代的变化。10 月 4 日，盟军最高司令部指示日本政府鼓励对于天皇的自由探讨，释放政治犯并废除特别高等警察，东久迩宫内阁无法应对，集体辞职。

在此之前的 9 月 11 日，根据《波茨坦公告》中有关惩处战犯的内容，包括东条英机、岸信介、东乡茂德这些东条英机内阁阁僚
236 在内的 43 人，被盟军最高司令部指定为战犯，并开始遭到逮捕。东条英机在美军前来逮捕时自杀未果，被送进了美军医院进行救治。

面对这种情况，首相继任者必须没有战犯嫌疑，加之要与盟军打交道，因此最好要有从事外交工作的经验。过去曾经倡导协调外交的前外交大臣币原喜重郎由此受命出任首相，币原内阁在 10 月 9 日成立。芦田均担任币原内阁的厚生大臣。

盟军最高司令部在 1945 年底逮捕了包括平沼骐一郎和木户幸一在内的 100 余名战犯，近卫文麿同样被指定为战犯，不过他在规定的自首期限之前服毒自杀了。此外，还有曾任侍从武官长的本庄繁等军人出身的人，也在被指定为战犯后自杀了。曾经向年轻军官们宣扬激进国体论的东京帝国大学文学部教授平泉澄，在此时辞任回乡了。评论届的泰斗德富苏峰在战争期间也有不少鼓动战争的言论，此时也停止了发言。众议院里还有将近 20 名议员以为战败负责为由辞职。在某种程度上，这些人算是主动承担了战败的责任。

盟军最高司令部统治下的生活

1945 年 10 月 11 日，盟军最高司令部对日本政府下达了解放女性、鼓励组织工会，在教育、司法、经济领域实行民主化改革等要求。日本政府在释放政治犯、探讨修改宪法的同时，废止了《国防保安法》《言论出版集会结社等临时取缔法》《治安维持法》等法 237
令，并在 11 月初废除了军队。1946 年 1 月 1 日，昭和天皇发表《人间宣言》，否定了对天皇的神化。报纸开始刊登天皇与记者的会见情况，天皇也开始巡回访问各地，与普通民众直接接触交流，这也是日本对盟军最高司令部民主化要求的一种回应。

不过，盟军最高司令部在推行民主化的同时，也在进行着言论的审查，对盟军最高司令部的批判和内部情况的揭露都是被禁止的。接下来，我们将要讲到的政治情况和盟军最高司令部内部的动向，在当时都是不为一般人所知的秘密。

虽然战争已经结束，但是对于平民，特别是城市居民来说，此时的生活可能比战时更为艰苦。那些在空袭中失去住房的人，如果因为某些原因没法去乡下暂避，就只能暂住在由废料拼成的板房里。因为军工厂已经停业，再加上一大批人从国外撤回本土，找不到工作的人比比皆是。农业方面，军方不顾一切地疯狂征召兵员，导致劳动力不足，肥料的配给也陷于停滞，1945 年的粮食产量跌到了大萧条以来的最低水平。加之配给制度因为空袭等原因无法顺利运作，人们在战争刚刚结束的那段日子里，得到的粮食和生活用品在质和量两个方面都还不如战时。

部分复员回到本土的士兵和被军工厂解雇的工人，还能从部队或工厂得到物资，但是大部分人都没法依靠政府的配给生活下去。他们或前往车站附近由黑帮管理的黑市，或去农村采购所需食物。但是，不论人们去哪里购买，在当时仍然都是非法的，一旦被
238 抓住，买来的东西就会被没收。加上我们在前一章中提到的，农民并不喜欢这些城市居民，所以城里人想要弄到粮食是非常不容易的。在战败前后的那段时间，发生了连续强奸杀人的案件“小平事件”，这些案件的犯人就是以能够弄到粮食为借口，骗取受害人的信任进而实施犯罪的。1947 年 10 月，一名法官因为坚持只领配给，不去黑市，结果因为营养不良而去世，可见当时的粮食问题有多么严重。

战争结束后的政治状况

1945 年秋天，随着为处理战后问题而召开的临时议会开会在即，日本共产党在 10 月得以合法化并重新组织起来。11 月，还新成立了其他许多政党，其中主要的政党有：大部分成员来自那些无产政党的日本社会党，以原属保守系但在翼赞选举中未能得到推荐的鸠山一郎为中心组成的日本自由党，以及由在翼赞选举中得到推荐的那些保守派为中心组成的日本进步党。

临时议会通过修改众议院议员选举法，给予女性投票权，从而实现了真正的普选。同时，战争责任问题成为这次议会讨论的焦点。斋藤隆夫在众议院本会议上通过询问币原喜重郎的形式，问及军部和东条英机、近卫文麿的政治责任问题。担任陆军大臣的下村定坦陈，是陆军的独断专行导致了战争，承认了陆军的战争责任，并向国民谢罪。议员们的战争责任也被论及，那些在翼赞选举中没有得到推荐的人，暗示得到推荐者应该主动辞职，但是那些被推荐者不为所动，表示反省一下就行了。

这届议会的任期届满，加上女性刚刚得到参政权，政府准备 239
趁此机会解散众议院实施总选举，但是盟军方面不同意。盟军一边要求延期选举，一边在 1946 年 1 月 4 日下达了“公职追放”的指令。所谓公职追放，就是将军国主义分子从政府机构和企事业单位中驱逐出去，不让他们担任公职。公职追放的对象包括在翼赞选举中得到翼赞政治体制协议会推荐而当选的议员、部分军官、宪兵人员、极右翼团体的领导人和干部、大政翼赞会和翼赞政治会的干部，以及殖民地和占领区的统治机构的官员等。到 2 月底，共有超过 1000 人被认定不能担任公职。

因为公职追放，众议院解散后有八成的议员无法参选，各政府机构也有不少官员被迫辞职，政界因此实现了年轻化。通过让经验不足的人参与到统治中，盟军最高司令部的间接控制也变得更为容易。公职追放在 1947 年 1 月进一步扩大到地方和教育界，最多时共有约 20 万人受到这一命令的影响。

在文学艺术界，除了一些作家，基本上没有人在公职追放的范围内。虽然在这些领域也有人表示要自发地对战犯进行追究，但是完全没有问题的人终究只是少数。那些高喊要追究战犯的人，往往在过去也曾为战争出力，最终使得这一运动无疾而终。但是，那些鼓动学生报名参军成为少年飞行兵的教师，他们中的一些人虽然并不在公职追放名单之中，却始终背负着罪恶感而无法原谅自己。

240

吉田茂

1946 年 4 月举行的总选举是女性获得参政权后的第一次选举，一下子就有 39 名女性当选。自由党获得 140 席，进步党获得 94 席，社会党获得 93 席，余下各党分别获得 128 席，最终没有一个政党得到过半议席。鸠山一郎率领的自由党成为议会第一大党，就在鸠山准备组阁之际，他突然在 5 月 3 日也成了公职追放的对象。

从 1938 年起，鸠山因为政友会内部的派系斗争而成了议会内部的少数派领袖，在翼赞选举中也没有得到推荐。但他在访问德国时会见希特勒，并在游记中赞美希特勒，这成了他受到公职追放的理由。鸠山一郎无奈将自由党总裁的职位让给了吉田茂。外交官出身的吉田茂在战争期间就与鸠山一起反对议会中的多数派，甚至被宪兵怀疑参与反战运动而遭到逮捕，所以基本没有进入公职追放名单的风险。而且吉田茂还曾经担任战后的东久迩宫内阁与币原内阁的外务大臣，有和占领军打交道的经验。

正好在此时，因粮食不足而不堪忍受的民众前往皇居前广场，举行了大规模的抗议示威活动，吉田茂趁机以拖延组阁的方式向盟军寻求粮食援助。直到 5 月 22 日，第一次吉田茂内阁终于走马上任。在第一次吉田茂内阁时期，长期召开了临时国会，一边制定新 241
宪法并准备相关法律法规，一边实施所谓“倾斜生产方式”，增加煤炭与钢铁产量，以图恢复经济。这种向重工业倾斜的政策虽然使 1948 年的经济增长率达到了 10%，但是并不能迅速改善民众的日常生活，城市居民依然在艰难度日。

审判战犯

《波茨坦公告》明确指出，那些违反国际法，将日本引向战争的势力将被“永久剔除”。参照 1945 年 11 月开始的针对德国战犯进行的纽伦堡审判，同盟国设置的国际检察局开始指定被告，准备审判日本战犯。1946 年 5 月，远东国际军事法庭在东京市谷的原陆军大学校讲堂开庭，东京审判开始。

陆军方面的东条英机、板垣征四郎等 15 人，海军方面的岣田繁太郎等 3 人，以及木户幸一、平沼骐一郎、广田弘毅、松冈洋右、东乡茂德、重光葵等 9 名文官，右翼分子大川周明，共计 28 人作为甲级战犯在远东国际军事法庭被审判。这些战犯被指控的罪名是发动了从“九一八”事变到太平洋战争的一系列侵略战争，以
242 及要为南京大屠杀等反人类行径负责。

出身陆军的 15 名战犯中，有 11 人是从陆军幼年学校开始，直到陆军大学校为止，一直在陆军内部接受教育的所谓陆军精英。9 名文官中，也有 7 人毕业于东京帝国大学法学部。远东国际军事法庭共有 11 名法官，分别来自 11 个国家，澳大利亚人威廉·韦伯爵士担任首席法官，美国人约瑟夫·季南担任首席检察官。法庭不仅为被告们配备了日本辩护人，还有美国辩护人。

虽然澳大利亚和新西兰都主张昭和天皇作为日本的最高责任人应该受到制裁，但是昭和天皇最终还是没有成为被告。种种证据表明，美国以及昭和天皇本人都承认了天皇对战争负有责任，然而美国认为天皇对于盟军占领统治日本不可或缺，所以没有追究昭和天皇的战争责任。表面上不追究天皇责任的理由是，作为立宪君主制下的君主，天皇并不能反对政府和军部做出的决定。

东京审判持续了两年半时间，采取证据文件约 8000 份，有包括溥仪在内的 419 人作为证人作证，留下的英文审判记录超过 4 万页。1948 年 11 月 12 日，法庭做出判决，除了因为疾病或是中途病死等原因免于起诉的 3 人，东条英机、广田弘毅等 7 人被判绞刑，16 人被判终身监禁，2 人被判有期徒刑。

除了广田弘毅，被判处绞刑的都是陆军军人，可见陆军确实
243 出了大问题。广田弘毅作为唯一被判处绞刑的文官，主要原因可能

东京审判

在于他亲近陆军的态度及在其担任第一次近卫内阁的外务大臣时发生了南京大屠杀。1948 年 12 月 23 日，这一天刚好是皇太子明仁的生日，7 名甲级战犯被执行绞刑。

对于东京审判，日本也有诸如违反法律不溯及既往原则，这场审判是胜利者对战败者的违法审判等否定说法。这些言论大多会搬出远东国际军事法庭的印度法官拉达宾诺德·巴尔[①]的判决书作为证据。但是，日本发动“九一八”事变和太平洋战争这些事实是无可辩驳的。中日战争虽然是因为卢沟桥事变而全面爆发，但是同样与“九一八”事变脱不了关系，而且战争扩大的责任也全在日本自身。日本在国际联盟和九国公约会议上的种种表现当然违反了《九国公约》《非战公约》《国际联盟盟约》等条约。所以印度法官

① 印度的法律学者、法官，也是远东国际军事法庭的印度代表。他单纯从法理角度出发，认为东京审判违反法律不溯既往原则，并不公平公正，因此主张被告无罪。

巴尔的观点本身就有问题。

从日本投降到 1951 年 4 月间，对于虐待俘虏等战场上发生的违反战争法的罪行，在东南亚、中国、苏联和日本横滨都进行了相
244 关的审判，有 5700 人被起诉，984 人被判死刑，1018 人被判无罪，剩下的则是无期或有期徒刑。这些审判不仅针对高级军官，也追究普通士兵的责任。需要指出的是，因为曾经被占领的地区弥漫着报复情绪，加上某些被告连像样的翻译也没有，所以造成这些审判中存在误认事实或是量刑过重的情况。

因为日本发动的战争，日本周边的国家和地区遭受了空前的损失，大部分亚洲民众希望严厉追究日军和日本政府的责任，这是再合理不过的。就算在日本国内，也有不少人因为自己所受的苦难而要求追究日本领导人的责任。在当时的各种调查记录、人们所写的日记和寄给麦克阿瑟的信件中，都可以清楚地知道这一点。

所以东京审判和其后对其他日本战犯的审判，与在德国进行的战犯审判一样，都是对那些在残酷无情的战争中失去家人和朋友、失去辛苦得来的生活、失去健康身心的人的怒火的回应。这种回应是人类社会回归正轨时，无法回避的一步。

3　日本的民主化

制定《日本国宪法》

盟军最高司令部在日本民主化进程中最重要的举措，无疑是制定《日本国宪法》。《波茨坦公告》明确指出，在日本要尊重基本人权并建立一个负责任的政府。同时在日本国内，军部介入政治的错误也被人们广泛知晓，所以原本的宪法已经无法继续维持下去了。

众所周知，《日本国宪法》的基本内容基于盟军最高司令部在 1946 年 2 月赶制的宪法草案。盟军最高司令部在得知币原内阁只准备对原本的《大日本帝国宪法》进行小幅修改的消息后，认为这种做法肯定得不到世界其他国家的认可，甚至会危及皇室本身，所以匆忙制定了基于国民主权和象征天皇制的草案。盟军最高司令部要求日本政府将这一草案作为正式草案公布，在经过政府讨论和议会审议后，又做了诸如将国会定为两院制、补充放弃战争的第九条等修改。1946 年 11 月，以修改《大日本帝国宪法》的形式公布了新的《日本国宪法》。这部新宪法在 1947 年 5 月正式开始施行。

246 因为上面所说的那些经过，一些人便批评现在的宪法是被强加给日本的，是不符合日本国情的宪法。这种说法并不正确。首先，盟军最高司令部匆忙制定宪法草案的一大理由就是为了保存皇室，日本皇室得以延续得益于盟军最高司令部的行动。而且盟军最高司令部制定的草案，本身也参考了日本人提出的宪法修正案。

在 1945 年底，一些民间的评论家和学者组织了宪法研究会，成员包括与清泽洌同为自由主义者，在太平洋战争爆发前就被禁言的政治评论家马场恒吾。他们制定并公开的《宪法草案纲要》以和平主义、自由主义以及国民主权为基调，这份宪法草案与之后盟军最高司令部的草案很相近。最近的研究已经证明，盟军最高司令部在制定宪法草案时，确实已经知晓宪法研究会的方案。而宪法第九条规定的放弃战争的内容，在战前就已经由军事评论家永野广德、政治家尾崎行雄等人提出。

由此我们可以知道，现在的宪法并不是强加给日本的不合国情的宪法，其根基部分来源于日本人反省战争之后，深思熟虑的成果。

《日本国宪法》基于主权在民的国民主权原则，天皇作为团结
247 国民的象征，没有政治上的权限。在放弃发动战争权力的同时，提倡保障基本人权，尊重个人以及法律面前人人平等。在尊重个人的前提下，国民从以前的天皇仆从变成了国家主权的行使者。国民的各种权利也不再是天皇的恩赐，而可以基于个人意愿行使。对言论的审查被禁止，审判如果牵涉国民权利，就需要公开，而不能搞秘密审判。国家权力的行使由此变得透明，公正性得以提高。

国会作为最高国家权力机构，拥有了批准条约的权力，政府

的一切行为也需要遵循国会通过的法律。现在的国会分为众议院与参议院，当初日本是修改了盟军最高司令部的宪法草案，才得以设立参议院。参议院议员的任期为 6 年，不存在解散总选举，议员每 3 年改选一半。众议院议员任期和从前一样为 4 年，任期届满后解散并举行总选举。20 岁以上的国民全都拥有选举权。在民主主义的议会制度下，国家意志现在由国民的代表们通过讨论来决定了。

行政权由内阁掌握。首相不再由少数人指定，而是由国会从国会议员中间选出。现在首相拥有对于阁僚的任免权，但同时也规定半数以上的阁僚都要从国会议员中选出。这是通过国会来将民意反映到行政层面的议会内阁制。从法律角度来说，国民的权力最大，国会次之，然后才是内阁。

过去为天皇服务的官吏，现在变成了为国民服务的公务员。248
根据新宪法和新的地方自治法，都、道、府、县不再是中央集权下的地方行政分支机构，而是完全的地方自治体，地方的行政长官也改由公选产生。

在 1946 年 6 月 28 日的众议院会议上，有共产党议员提出，自卫战争是正当的。吉田茂首相对此表示，日本将会放弃一切战争。这一问答相当有名，但是最近的研究表明，吉田茂的本意只是暂时放弃战争。在他看来，日本重新武装是必然的，所以只要在以后修改宪法就可以了。当时只是考虑到民众的情感和恢复经济的需要，所以一边依靠美国的军事庇护，一边通过《宪法》第九条来减少军事开支。

国家发生的如此巨大改变，在各方面都产生了很大的影响。法律方面，刑法修改后取消了“不敬罪”，民法修改后，男女平等也在制度上得到了确立。经济方面，推行解散财阀的措施，三井、三菱、住友等巨型财阀因此被拆分。虽然在占领期结束以后，原有的财阀企业重新组成了企业集团，但是那种少数拥有特权的人独占大部分财富的情况得到了改善，经济民主化可以说取得了一定的成果。在农村还实施了农地解放，佃农基本消失了，随着农村社会的民主化改革，农民的生活水平也得到了提高。

249 政府机构和企业都组建了工会，甚至出现了通过企业内部的民主化斗争，迫使那些战争期间经营管理企业的高层人员辞职的情况。人们开始尝试通过辩论和示威来维护自身的权利。

《读卖新闻》就是其中的典型例子，这一时期的《读卖新闻》简直会让人误以为是共产党的官方报纸。大型电影公司东宝因为劳资纠纷，分裂成了东宝和新东宝。在不少政府机构内部，共产主义者取得了工会的领导地位。1947年2月1日，他们一边要求提高工资，一边要求吉田茂内阁辞

东宝劳资纠纷。久我美子、池部良等明星也参与其中

职，准备发动政府机构的总罢工。但是，盟军最高司令部害怕政府机构罢工造成社会混乱，引起共产主义革命，下令终止了总罢工计划，并以此为契机，在第二年 7 月发布第 201 号政令，禁止公务员罢工。

推行民主主义教育

日本投降以后，教科书中有关军国主义、国家主义的内容被全部涂黑，然后才能再使用。昨天还在宣扬军国主义的教师们，突然转而对民主主义赞不绝口。这一切让很多孩子对学校乃至社会产生了不信任感。

在美国教育使团的指示下，1947 年新制定了学校教育法，导 250
入了 6 年小学、3 年初中、3 年高中、4 年大学的单线式教育制度。义务教育从以前的 6 年延长到了小学加初中的 9 年。

20 世纪 20 年代，日本也曾经为了提高国民的教育水平而考虑延长义务教育的时间。1941 年开始设置的国民学校，不仅是为了将教育内容军国主义化，也有将高等小学校阶段也纳入义务教育范围的意图。但是，国民学校开办仅 4 年之后，日本就战败投降了。战后的教育改革在某种程度上也是沿用国民学校的思路，将其方案民主化之后实现的。战前的大学有时会分别设置专门部和大学部，此时也统一为四年制大学（医科为六年制）与二年制短期大学。

对于教育的民主化，应该注意的是教育的行政制度和教育内容。在教育的行政制度方面，为了从教育中剔除国家主义，在各个地方自治体都设置了由公选产生的教育委员会，由委员会对教育实施管理。虽然教科书需要审定才能采用，但是作为教科书审定基准的教育指导要领只列出大概的要求，各学校都有相当大的自主权。在教育内容方面，新设了社会科，旨在培养人们在社会生活中的健全判断力。为了让人们习惯民主主义的规则，学校对学生发挥自主性的自治活动非常重视，由此产生了学生会、学生集会、兴趣小组
251 活动、homeroom 等组织和制度。

结果导致在新学制实施初期，不论在小学、初中还是高中，学生们都会就学校的规则与相关社会问题进行踊跃的讨论，这种讨论往往延续许久而迟迟得不到结论。学校确实成了通过实践来习得民主主义的场所。在很多大学里，同样组织了学生的自治会，学生们能够在其中交换关于学校和社会问题的意见。

根据议会政治家秋田清的回忆，在战前教科书还不是国家指定的时候，寻常小学校也曾经举行模拟国会来就某些问题进行讨论。“九一八”事变之前，高等学校和大学也会在校方的监督下举行一年一度的模拟国会。在一些学校里，还发生过学生反对校方意见举行罢课的事情。

战后日本学校所进行的这些特殊教育活动，是将战前就已出现的学生自主活动作为民主主义教育的一环，安排进了包括小学在内的各级学校的正常教学活动中。直到战争结束，日本的政治都处在混乱中，西园寺公望和桐生悠悠等人因此慨叹日本的教育出了问题。日本的失控与战前的义务教育中缺乏民主主义内容不无关系，战后的教育改革正是对这一点的悔悟。

252 战后的教育改革还将从前不纳入义务教育对象的残障儿童也纳入义务教育的对象当中，这也是民主化的一环。但需要指出的是，那些留在日本的朝鲜人的教育还是出现了混乱。在日朝鲜人起

先设立了一些朝鲜学校，对学童进行朝鲜语教育。因为在 1952 年《旧金山和约》生效前，留在日本的朝鲜人是日本国籍，因而日本政府曾试图废止朝鲜学校，这就造成了混乱局面。最终在《旧金山和约》生效后，朝鲜学校得以保留。

民主化影响的扩大

此外，政府和企业也进行了民主化。在战争期间，不论是白领还是蓝领都受到征用，为了统一管理这些劳动者，各企业都半强制地组织了所谓“产业报国会”。在这种背景下，企业也开始直接雇用蓝领工人。新宪法实施后，在制定和修改劳动法规时，也考虑了这些战争期间留下的因素。战前那种基于毕业学校和职务等级的待遇差别，至少在制度上被废止或缩小了，职场变得更加重视实际能力。

虽然针对学历和性别的歧视并没有消失，对于部落民[1]的隐性歧视也依然存在，但是不应基于个人的出身和性别对其进行歧视这一原则的确立，还是产生了极大的影响。在关于性别歧视的问题上，针对在战前就一直悬而未决的卖淫问题，于 1956 年 5 月公布了《卖春防止法》，并在 1958 年 4 月全面施行，公娼制度终于被
消灭了。253

民主化的影响也直接触及了民众的日常生活。在政府和经济界的呼吁下，以重新树立社会道德和确立民主主义为目标，人们在

① 指“秽多”“非人”等古时所谓的“贱民”，他们多从事制革、清扫、卖艺等行业，长久以来备受歧视。

居住地和工作单位开展新国民生活运动，又称新生活运动。这一全国性的运动从1947年开始，一直持续到60年代。在这一运动中，民众通过互相交流的方式来寻找居所和职场中能够改进之处，并提出改进意见。在战争期间，邻组、自治会和产业报国会也曾经用相似的方法，但是其目的在于支援战争，为国尽忠。而这一次则完全不同，不是为了探讨“如何满足国家的要求”，而是为了“创造一个更多人感到满足的社会”。

偷偷放映已经成为禁片的《夏威夷·马来海海战》①的电影院经营者，及看了片子以后高兴不已的观众仍然存在，一些人依然希望大日本帝国复活。但是，当时大部分的日本人还是欣然接受了民主主义，并在生活中加以细细品味。

民主化的发展也反映在政治动向中。在新宪法实施之前的1947年4月，举行了参议院议员选举，在总共250个议席中，片山哲领导的社会党取得47席，吉田茂领导的自由党取得39席，芦田均领导的由原进步党改组而成的民主党取得29席，三木武夫领
254 导的国民协同党取得10席，无党派的候选人取得108席。在众议院选举中，社会党取得143席，自由党取得131席，民主党取得124席，国民协同党取得31席。社会党虽然没能拿到过半席位，但是在参、众两院都成了第一大党。从这一选举结果可以看出，当时的人们倾向于社会民主主义。

社会党、自由党、民主党以及国民协同党进行了磋商，经过

---

① 1942年由东宝映画制作的国策映画，通过讲述一名少年通过严格训练成为海军航空飞行员，参与袭击珍珠港与马来亚海战的经历，再现了日军在上述行动中取得的胜利。

参、众两院的首相提名选举后，社会党、自由党以及国民协同党在 6 月 1 日组成了联合内阁，片山哲出任首相。日本历史上第一个以提倡社会主义的政党为中心的内阁诞生了。然而，社会党自身并没有对这种情况做好准备，片山哲内阁成立后不久，社会党内部就发生了派系对立，片山哲内阁最终只维持了 8 个月时间。

一般来说，此时应该由议会第二大党自由党组织内阁，但因为自由党总裁吉田茂立场保守，对民主化并不热衷，盟军最高司令部不希望吉田茂担任首相。因此三党联合内阁得以继续，芦田均继任首相。但是在此时又发生了“昭电事件”。昭和电工为了从政府所有的复兴金融金库获得贷款，向政府高官行贿。虽然昭电事件的真相目前还不得而知，但是只维持了不到半年时间的芦田均内阁因此辞职。芦田均也在辞职之后遭到逮捕，成为日本第一位被逮捕的前首相，不过他最终被判无罪。

芦田均

结果在1948年10月，自由党在吸收了民主党的一部分成员后，成立了民主自由党并单独组阁，第二次吉田茂内阁走马上任。但是，此时的民主自由党是议会内部的少数党，导致政府的法案和预算案都难以通过。因此，民主自由党与在野党磋商后，决定在 1949 年 1 月举行众议院总选举，这一次民主自由党在众议院的 466 席中获得过半数的 264 席，政局得以安定下来。社会党和联合内阁因为内部对立和丑闻，并没有什么政绩，所以在选举中落
255 败了。在这一次选举中，从政府高级官员变身为政治家，作为民主自由党候选人当选的佐藤荣作、池田勇人等人颇为引人注目，媒体将以吉田茂为中心的这些政治家统称为“吉田学校”。

在这段时间里，盟军最高司令部虽然在日本的民主化方面取得了诸多进展，但是经济方面却成果寥寥。1948 年秋天，美国政府将日本视作西方阵营在亚洲的重要据点，渐渐将统治的重心转移到恢复经济上来。在美国的经济援助下，从 1949 年开始，人们终于可以不再依赖配给，而是通过自由交易得到粮食。停刊已久的晚间报纸也渐渐恢复发行。但是总体来说，民众的生活还是相当艰苦。

为了恢复经济，政府为重点产业提供了大量补助，那些回国的军人大量进入日本国有铁道等政府管控的企业就业，他们的工资同样是一笔巨大的开销。这些因素导致了严重的通货膨胀，1949 年的物价相比战败时上涨了 200 倍。面对这种情况，美国政府在 1949 年派遣银行家约瑟夫 · 道奇前往日本指导经济工作。道奇为
256 了在保证经济复苏的情况下抑制通货膨胀，要求日本政府制定财政收支平衡的预算案并强化税收工作。

日本政府按照道奇的指示对经济状况进行了整理，通货膨胀得到了遏制。但在被迫缩减国家预算之后，国铁等部门不得不裁掉大量员工，这就造成了社会不安定。1949 年 7—8 月，先后发生了

国铁总裁下山定则神秘死亡的“下山事件”，中央本线三鹰站的无人列车自动驶出，脱线冲入路旁的商店街，造成多人死伤的“三鹰事件”，以及在东北本线松川站附近发生的铁轨被破坏造成列车颠覆的“松川事件”。有人认为，下山事件是盟军最高司令部的阴谋，而三鹰事件与松川事件则是共产党所为。然而，三起事件的真相至今还不为人所知。松川事件经过长时间的审理，最终在 1961 年对全部嫌疑人做出了无罪判决。

这些事件发生之后，日本共产党依然显示出激进的姿态，这让盟军最高司令部感到不快。从 1950 年 6 月开始，盟军最高司令部对德田球一等一众日本共产党的干部陆续实施了公职追放，这被称为“赤色清洗”。

1949 年 8 月，古桥广之进打破自由泳世界纪录；11 月，汤川秀树获得诺贝尔物理学奖，这是日本人首次取得这类成就。从 1949 年 9 月开始，国铁东海道线的特急列车重新开始运行。虽然新闻中开始出现这些令人高兴的消息，但社会依然说不上安定。

4　朝鲜战争

257　韩国与朝鲜的对立

让日本的状况发生彻底改变的，是 1950 年 6 月 25 日开始的朝鲜战争。朝鲜半岛在第二次世界大战后南北分裂为由李承晚领导的大韩民国和由金日成领导的朝鲜民主主义人民共和国，两国处于对立状态。得知美国将从朝鲜半岛撤退的消息后，金日成准备统一朝鲜半岛。在得到苏联与中国的援助以后，他发动了对南方的进攻，韩国首都汉城（今首尔）被迅速攻占。

在苏联表示抵制安理会、故意缺席的情况下，联合国安理会通过决议，要求朝鲜撤军，美军开始攻击朝鲜军队。7 月 7 日，联合国通过决议，组建联合国军支援韩国，麦克阿瑟成为联合国军司令。麦克阿瑟担心美军投入朝鲜战争后日本国内形势不稳，于是要求日本组建所谓“警察预备队”。吉田茂本就有重新武装日本的意图，因此马上接受了这一要求。他以占领军的指令为由，在 8 月创建了警察预备队。警察预备队可以说是陆上自卫队的前身，日本由此迈出了重新武装的第一步。民主党和国民协同党此时已经合并为国民民主党，朝鲜战争爆发后，他们也开始支持日本重新武装。

在美军的指示下，1950 年 10 月，海上保安厅所属的 70 艘扫雷艇被秘密派往朝鲜近海进行扫雷行动。结果其中一艘扫雷艇中雷，造成 1 人死亡，另有 3 艘扫雷艇无视命令返回日本。这些情况 258
在当时都没有被公开，直到 1979 年，死亡的扫雷艇乘员才被认定为战死。

朝鲜特需带来的繁荣

美军与得到中、苏支援的朝鲜军队陷入了拉锯战，1951 年，战局胶着于朝鲜半岛中部的北纬 38 度线附近，双方开始谈判。1953 年 7 月，终于签订了停战协定。这场战争的伤亡人数没有准确的统计，美军、中国人民志愿军、朝鲜和韩国的军人以及平民都有极大伤亡，总数当在数百万人以上。朝韩两国分裂局面依旧，不少百姓深受家族离散之苦。麦克阿瑟在战况不利时要求使用核武器，不愿扩大冲突的美国政府在 1951 年 4 月将其解职，由李奇微继任联合国军司令。

日本在朝鲜战争中成了美国的后勤基地，承担运输武器和后勤物资、修理装备、人员往来与休养补给等多种任务。美军的这些需求被称为“朝鲜特需”，这一特需使得日本经济出现了繁荣景象。到朝鲜战争停战协定签署为止，日本的矿业与工业产值增长了 30%，相当于国民生产总值每年上升数个百分点。在 1951 年，多数经济指标已经与战前的最高点持平甚至有所超越。得益于朝鲜战争，日本经济走上了快速复兴的轨道。 259

战后日本的重建不仅受益于美国的援助，还得益于邻国的不幸。朝鲜半岛的悲剧，源于日本战败以后半岛南北部分别被冷战双方占领。在朝鲜半岛上的民众看来，如果朝鲜半岛不被日本侵占，维持独立自主的话，那么完全有可能避免分裂的局面。作为日本人，我认为必须对这一点有清楚的认识。

5　和谈

就结束战争状态达成共识

在日本投降之后，美国政府就开始与日本政府商讨和平条约问题。在美国政府内部，国务院基于强化西方阵营在亚洲的力量的考虑，希望与日本尽快签署和平条约，而国防部则希望将日本作为其在亚洲的军事基地，对于签署和平条约十分消极。1950 年 4 月，吉田茂为了尽早签订和平条约，向美国秘密传达了签约之后希望美军继续驻留日本，保障日本及其周边安全的意见。这一提案同时满足了美国国务院与国防部的要求，消除了两者的对立。过去被盟军最高司令部认为是民主化阻碍的吉田茂，在将日本作为西方阵营的一员这一点上与美国政府取得了一致，双方开始合作推进和平条约的签订。

1950 年 9 月，美国总统杜鲁门发表声明，开始探讨与日本签署和平条约，正式开始了与日本的和谈。在日本国内，关于和谈的讨论也已经在 1950 年春天开始，保守派政党主张与西方国家签订和约即可，而共产党、社会党左派以及学界则认为，和平条约的对象应该包括社会主义阵营。在社会党内部，主张与所有交战国全面媾和的左派，与为了尽早结束占领主张先与一部分国家媾和的右派陷入对立，这导致社会党在 1951 年 9 月分裂。

1951 年 1 月，杜勒斯作为美国总统特使来到日本，与吉田茂进行多次会晤，双方达成了缔结和平条约的基本共识。吉田茂也同意签署相关条约，以便美军继续驻留日本，但是就杜勒斯提出的修改宪法从而重新武装日本这一要求，吉田茂表示此时日本不仅国力不足，而且贸然修改宪法重新武装，有可能让军国主义死灰复燃，引起社会动荡，反而让共产主义者得到好处，周边国家肯定也不会同意日本重新武装。在得到麦克阿瑟支持的情况下，吉田茂拒绝了杜勒斯重新武装日本的要求。

令人稍感意外的是，根据 1950—1952 年的舆论调查，赞成重
261 新武装的人是多于反对派的，某些调查甚至出现了过半数的人赞成

在和平条约上签字的吉田茂首相

重新武装的结果。这应该是朝鲜战争的影响，在邻国发生大规模战争的背景下，人们非常担心今后会因为意识形态等问题而发生战争，因此同意重新建立武装力量。

但是比起修改宪法，人们更倾向于强化既有的警察预备队以及让美军继续驻留日本。在世界陷入冷战，朝鲜战争仍在继续的情况下，赞成完全放弃武装的人自然是少数，不过希望重新建立军队的人也很少。吉田茂反对通过改宪来重新建立军队，确实有一定的
道理，因为当时的日本社会已经对上一次轻率的战争进行了反思。 262

作为美国不强制日本进行重新武装的交换，日本将原有的警察预备队改编为保安队，扩充到 5 万人的规模。为了绕开国会的批准，美军驻留日本的详细规定并未在安保条约中写明，而是以政府间行政协定的形式予以规定。另外，两国政府还约定，签订和平条约后小笠原群岛和冲绳将由美国管理。

《旧金山和约》《日美安保条约》《日美行政协定》的缔结

在美日双方达成共识的情况下，签署和平条约的准备工作不断推进，1951 年 9 月 4 日，在旧金山召开了和平会议。吉田茂率领日本代表团参加会议，包括苏联在内的东欧国家也出席了会议。但不论是中华人民共和国还是“中华民国”，都没有派代表参加会议，印度、缅甸、南斯拉夫因为对美国提出的条约不满，也没有参加会议。苏联、波兰、捷克斯洛伐克虽然参加了会议，但是反对美国主导会议，拒绝在条约上签字。最终只有 49 个国家在 9 月 8 日签署了条约，哥伦比亚、印度尼西亚以及卢森堡的代表虽然签署了和约，但实际上并没有批准和约。

条约的内容包括结束缔约国与日本之间的战争状态，将日本的领土限定于九州、四国、本州、北海道，缔约国有权向日本要求赔偿，日本接受东京审判的结果，承认日本以保障自身安全为目的与其他国家签署相关条约等权利。条约中关于日本周边岛屿主权的
263 规定相当模糊，造成日本与苏联就北方四岛（南千岛群岛）、与韩国就竹岛（独岛）产生了领土纠纷问题。

日本与中国大陆从1950年开始就开展了民间的贸易往来，虽然也有一部分人主张与中华人民共和国建交，但是由于美国的指示，日本在1952年4月选择与控制中国台湾地区的“中华民国”建交，与中国大陆的关系停留在民间层面。

在签署《旧金山和约》的同一天，日本与美国签署了《日美安保条约》，为了与1960年签订的安保条约相区分，这里称之为《旧日美安保条约》。条约的主要内容有：因为日本尚缺乏有效的自卫手段，美军将暂时继续驻留日本，但是日本政府保证将逐渐增强军力，驻日美军可以为了日本及周边地区的安全采取行动，美军驻留日本的详细规定会在之后的行政协定中加以确定。在这一条约中，日本向美国寻求保护，自身则负有增强军力的义务；美军虽然得到了驻军的权利，却并没有规定必须帮助日本防御入侵。当然，在美国将日本视为东西方冷战前线的情况下，基本不可能发生在爆发战争时坐视不管的情况。

在签订和平条约后，被占领军接收的各类房产开始归还日本。但是与此同时，发生了地方自治的警察重新向中央集权发展、公职追放逐渐取消等反动潮流。《读卖新闻》等一些媒体在1951年11
264 月的系列报道，将这种动向称之为“逆进程”。

1952 年 2 月，日本与美国签署《日美行政协定》，对驻日美军的地位和权利进行了规定。日本不仅需要负担美军的驻留费用，还要为美军提供各种优待，对于美军及其家属的犯罪行为，日本没有裁判权。这些明显偏向美军的规定显示了《日美安保条约》的不平等性。

《旧金山和约》《旧日美安保条约》《日美行政协定》在 1952 年 4 月 28 日生效，这标志着盟军对日本军事占领的结束，日本的主权得以恢复。盟军最高司令部成为过去，相关的言论和报道限制也不复存在，但是占领军现在成了驻日美军，这一点基本没有变化。吉田茂的支持率在签订《旧金山和约》时达到了 58% 的顶峰，但是因为《日美行政协定》的不平等性被曝光，在条约最终生效时，当时的报纸报道并没有特别欢欣鼓舞的样子。

日本以对东南亚国家的政府实施经济援助的形式，对这些国家进行了战争赔偿。这种做法为日本带来了经济利益，但是并没有让战争的受害者直接得到补偿。

保安队在 1952 年 10 月正式开始活动，因为美国的一再要求，到 1954 年 7 月，保安队再次改编为陆上自卫队。同时，原有的警备队改编为海上自卫队，加上新成立的航空自卫队，日本重新拥有了自卫队这一武装力量。当时的自卫队兵力为 13 万人，海上自卫队共拥有各类舰艇 5.8 万吨，航空自卫队与海上自卫队共保有各型 265
飞机 200 架。此时，陆上部队的规模基本与甲午战争时的日军相当，但是 1954 年的国防费用在除去驻日美军的相关费用后，只占国家预算的 14%，占当年国民生产总值的 1.8%，与战前相比有了显著降低。

陆上自卫队在1958年增加到17万人，航空自卫队与海上自卫队的飞机增加到1200架。1960年，海上自卫队拥有舰艇70余艘，总计接近10万吨，舰艇也开始大型化。相比1953年，1960年的国防费用在国家预算中的占比变得更低，占预算总额的10%，占国民生产总值的1.2%。

在日本刚刚恢复主权时，驻日美军有26万人之多，1955年兵力降到了15万人，到60年代以后，就只有4万人左右了。

对于实质上就是军队的自卫队，一些在野党议员和知识分子质疑这一组织违反了放弃战争、不保持武装的《宪法》第九条。政府则以自卫队是为了执行“专守防卫”这一任务的武装部队为借口，否认自卫队违反了《宪法》第九条。1973年9月，发生了“长沼奈基事件”，北海道长沼町的居民反对自卫队在当地建设基地部署奈基防空导弹，并提起了行政诉讼。在札幌地方法院的一审判决中，首次裁定自卫队违宪，但是判决随后就被札幌高等法院在二审
266 中推翻，最高法院继续驳回了原告的请求，而且在判决中没有提及自卫队的违宪问题。在报纸的舆论调查中，对于是否需要自卫队这一问题，从自卫队创设开始，就一直都有超过半数的人表示需要，可以说大部分民众已经接受了自卫队的存在。

不管怎么样，吉田茂将战后民众对于战争的厌恶感和《宪法》第九条作为武器，与美国缔结了日本单方面接受美国保护的畸形同盟，使得日本不需要将资源投入军事开支中，这些政策为日本战后经济奇迹的出现奠定了基础。

6 占领时期的文化

盟军最高司令部的民主化政策

在日本被占领的那段时期，文化受到了盟军最高司令部推行的民主化政策的极大影响。在日本投降以后，电影杂志得以复刊，我们又得以窥见当时电影的各种情况。战后，最早的卖座电影当数1945年末上映的《东京五人男》。东宝拍摄的这部喜剧讲述了从部队复员归来的5个好朋友合力与黑市等非法勾当做斗争并重建家园的故事。这部电影尖锐地讽刺了当时社会上的不良风气，加上笑点不断，即便在今天看来也相当引人入胜。而影片结尾出现的民众示威游行的场面，则明显地暗示了这部电影与盟军最高司令部的民主化政策之间的联系。1949年上映的《青色山峦》(青い山脈）是东宝摄制的一部青春爱情电影。如果没有战后的民主化政策，这部讲述青年男女自由恋爱的作品恐怕也是无法问世的。

盟军最高司令部秉持剔除军国主义的方针，禁止放映或摄制对军国主义和封建主义持肯定态度的电影。在日本投降之前一直是禁区的吻戏，现在已经完全没有问题。太平洋战争期间没法上映的

《青色山峦》剧照

好莱坞电影重新大行其道，赢得了极高的人气。

在太平洋战争期间，先是被民众主动抵制，然后被政府彻底禁止的爵士乐也复活了。服部良一作曲、笠置静子演唱的《东京布
268 基沃基》（東京ブギウギ）就是当时经典的爵士风格流行歌曲。日本投降以后的第一本畅销书是《日美会话手册》（日米会話手帳），NHK 的广播也在 1946 年重新开始了英语会话节目，日本人显然已经欣然接受美国的流行文化，结果美国流行文化获得了比战前更高的人气。

在这种情况下，一些人开始痛斥日本人被美国人洗脑，只知服从美国。盟军最高司令部的确实施过一些近乎洗脑的政策，但是要说美国文化在日本的流行是洗脑的结果，那就大错特错了。1945 年 12 月，盟军最高司令部开始在 NHK 播放名为《这才是真相》（真相はかうだ）的节目，意在通过揭露战争期间日本政府和军部

不为人知的所作所为，来消除日本人的军国主义思想。但是因为节目编排上的问题，效果并不好，有不少人给 NHK 写信反对这档节目。三个月后，重新编排制作的《真相箱》节目以更加冷静客观的姿态出现在广播中，终于取得了较好的效果。可见如果洗脑过于直白，也是很难产生效果的。

但是，电影、爵士乐与《这才是真相》或《真相箱》这样的节目完全不同，在战争开始之前，这些文化产物就已经在城市的青少年群体中传播开来。就算是日本电影，在台词编排、情节设置、电影画面等诸多方面也深受美国电影的影响。

也就是说，美国的流行文化并不需要洗脑，其本身就具备被战后的日本社会自然接受的特质。其中的民主主义和重视个人自主性等元素，正好迎合了战后日本社会的价值观。好莱坞电影不论是爱情片、喜剧片还是歌舞片，都不会出现提倡威权主义或等级制度的情节，剧中人物大多是靠自身才能和努力而获得成功，或是为了 269
让社会规则更加公平而奋斗。爵士乐最初也是由被压迫的黑人创造的，后来渐渐发展为大众熟知的舞曲，这与好莱坞的价值观十分相符。事实上，确实有很多好莱坞电影使用了爵士乐作为配乐。

当一个国家开始现代化进程之后，不论是在企业、政府还是军队里，都必须贯彻能力主义，唯才是举，不然很难向前发展。在国家社会发展到一定程度以后，尊重能力主义自然会走向尊重个体的民主主义。遗憾的是，在日本开始自己的现代化进程时，当时的领导人对这一点的认识并不充分，他们对尊重个体的民主主义的发展进行了种种制约，使得昭和时期的国家主义膨胀，造成了极为严重的后果。在这样惨痛的教训面前，盟军最高司令部开始推行民主化政策，日本人自然是乐于接受的。

好莱坞电影的主流价值观正是尊重个体的民主主义，加上在战争开始前好莱坞电影就已经在日本有了相当广泛的受众基础，战
270 后得以流行几乎是必然的，而绝不是什么洗脑的结果。在战时，日本曾经在占领区放映电影以安抚当地民众，其中较受欢迎的也都是榎本健一主演的喜剧或是《苏州夜曲》这样富有娱乐性的爱情电影，这些电影无一例外地受到了好莱坞和爵士乐的强烈影响。可以说，对于走在现代化道路上的国家来说，美国流行文化受到群众喜爱、得以流行普及是十分自然的。

同人志的流行

战后人们积极接受民主主义，尊重每一个个体，使得同人志这种出版物遍地开花。因为盟军最高司令部对同人志也实施审查，所以有非常多的此类出版物得以保存下来。美国马里兰大学图书馆的普兰格文库（Gordon W. Prange Collection）收藏了这些出版物，近年来整理公开了很多资料。日本也已经出版了不少关于这一资料群的研究。

同人志主要由工作单位或是居住地附近的同好，即同人组成的文艺团体制作，这类团体在战争时期作为减轻压力的方式得到政府的鼓励和倡导，广泛开展了活动。不像在战时会受到种种限制，战后出版的同人志，内容涉及政治、社会、经济等多个方面，人们在上面或发表看法，或刊载集体讨论，畅所欲言。

271 只要不批判盟军最高司令部，人们就可以自由创作。在同人志里，可以找到关于刚刚结束的战争的小说、回忆录、各类手记和

记录的整理，其中还有一些作品被改编为电影。较为著名的同人志有竹山道雄的小说《缅甸的竖琴》(ビルマの竪琴)，收录被征召学生留下的手记的《听，海神的声音》(きけわだつみのこえ)，《每日新闻》的记者森正藏揭露政治内幕的《旋风二十年》，在佐尔格事件中被判死刑的尾崎秀实留下的书信集《爱如流星》(愛情はふる星のごとく)等。在被占领期间，人们就已经开始从各种视角重新审视战争，并坚定了对和平的追求。

吉见义明[①]在收集并研究了诸多当时人留下的日记之后发现，经历了战争的民众虽然各自的立场和经验不尽相同，但是大多萌生了反战和平的思想，其中一些人还参与到工会运动与和平运动当中。这些人的思想和情感如实地反映在了 1952 年 2 月举行的总选举结果当中。

① 吉见义明：日本历史学者，中央大学商学部名誉教授，主要研究战争时期的日本社会与民众以及日本的战争责任问题。此处提到的内容出自『焼跡からのデモクラシー：草の根の占領期体験』(東京大学出版会，1987 年)。

7 恢复独立

血色劳动节事件与天皇巡幸

在日本恢复独立之后的1952年5月1日，发生了血色劳动节事件。这一天是国际劳动节，从大正时代中期开始就有劳动者在这一天举行庆祝活动的传统。1936年发生“二二六”事件后，劳动节活动因为戒严令而终止，日本投降之后，又重新开始在皇居前广场举行。但是，1951年的劳动节活动遭到了盟军最高司令部的禁止。1952年，日本政府同样禁止了这一天的活动。对此感到不满的劳动者和青年学生于是在当天组织了示威游行，向皇居前广场进发。结果大约3000名示威者与5000名警察在广场发生了冲突。冲突发生后，又有数千名示威者加入，混乱之中警方使用了枪械。这次骚乱造成2名示威者死亡，大约1500人受伤，超过1200人被捕，警方也有约800人负伤。受到这一事件的影响，政府在7月制定了《破坏活动防止法》。

5月3日，同样在皇居前广场，举行了庆祝《旧金山和约》生效与新宪法实施5周年的庆典。昭和天皇在庆典上委婉地对之前的战争表达了反省之意，并表示将会遵从民主主义，完成自己作为天皇的职责。虽然当时日本国内的舆论完全倾向于保留天皇制，但是 273 希望昭和天皇继续在位的人只有七成左右。昭和天皇在位时，非但没有阻止中日战争扩大，还允许军部挑起太平洋战争，因此不少人对于昭和天皇是心存不满的。有一部分知识分子因此提出了退位论，认为昭和天皇应当退位。但是在 1948 年 12 月，昭和天皇面对要求自己继续在位以保持政局稳定的麦克阿瑟，明确否认了自己有退位的打算。昭和天皇当时就已经决定，即使受到批判，也还是会坚持在位以保持政局稳定。

1952 年 5 月 1 日的血色劳动节事件，示威者使用旗杆作为武器

从日本战败投降到 1954 年为止，昭和天皇访问了除被美国直接统治的冲绳之外的日本所有都、道、府、县，并受到了当地民众 274

的欢迎。这种天皇访问地方的行动被称为巡幸。战后，除了四处访问，昭和天皇也越来越多地出现在记者招待会和各地的植树节、体育大会等活动中。虽然一部分人依然对天皇心存芥蒂，但昭和天皇还是通过自己的行动，让人们对新宪法所规定的“象征天皇制”有了实际的认识。

吉田派与反吉田派的斗争

日本恢复独立以后，在政坛的保守势力内部，吉田茂一派与反吉田派的斗争越演越烈，政治局势也因此发生了改变。在自由党内部，被解除公职追放回到政界的鸠山一郎重归自由党，开始与吉田派争夺党内主导权。1953 年春天，鸠山派决定脱党，另立所谓“分党派自由党”。1954 年以后，随着朝鲜战争的结束，造船业一时间陷入困境。围绕着对造船业的援助，发生了被称为“造船疑狱”的贪腐事件。当时的法务大臣犬养健不得不通过行使自己的指挥权，才让自由党干事长佐藤荣作免于被逮捕的命运。加上同一时期强行修改《警察法》引起的风波，使得世人对吉田茂内阁的评价不断下降。

曾经作为战犯遭到公职追放的岸信介，此时已经解除了公职追放，作为自由党议员重回政坛。他撮合由国民民主党改组而来的改进党与自由党内部的反吉田派联合，在 1954 年 11 月合并成立日本民主党，由鸠山一郎担任总裁。岸信介和鸠山一郎都致力于加强日本的独立自主性，实现日美关系的平等化，为此他们一致同意修
63 改宪法，重建军队。与他们抱有同样目的的保守派势力由此集结在他们周围。由于民主党拉走了自由党内部的反吉田派，自由党无法

保持在众议院的过半议席，吉田茂准备解散议会，举行选举。但是自由党内部一些人对赢得选举没有信心，因此反对解散议会，吉田茂终于在 12 月宣布内阁集体辞职。吉田茂洞察舆论，通过在军事上完全依赖美国来减少军事开支，为树立以经济建设为中心这一战后基本政策做出了相当大的贡献。

吉田茂下台后，鸠山一郎内阁成立。但是，这一次执政党同样没有在众议院得到过半议席，因此在 1955 年 2 月举行了众议院选举。结果民主党得到 185 席，自由党 112 席，社会党左派 89 席，社会党右派 67 席，共产党等其他左派 6 席。民主党虽然是众议院 276
第一大党，但依然没能得到过半议席，倒是反对改宪的几个党派得到了阻止改宪所需的 1/3 席位。虽然鸠山个人的人气极高，但是民主党高举的改宪和重整军备的政策不得人心。民众对于战争的厌恶

鸠山一郎（右）与岸信介（左）（摄于 1955 年 5 月 7 日）

可见一斑。

“第五福龙丸”事件

1954年3月发生的“第五福龙丸”事件进一步激起了民众的反战情绪，这也是鸠山改宪政策失败的背景之一。“第五福龙丸”是一艘捕捞金枪鱼的渔船，该船正在太平洋比基尼环礁附近捕鱼时，被美国的氢弹试验波及，导致船上1人死亡。广岛和长崎遭受原子弹攻击的情况，在被占领期间由于盟军最高司令部的存在而基本没有被报道，直到占领结束后才广为人知。“第五福龙丸”被卷入氢弹试验的事件，让日本民众再一次认识到了核武器的可怕之处。1954年5月，在东京杉并区开始了禁止氢弹署名运动。第二年8月，在广岛召开了第一届禁止核武器世界大会。

日本恢复主权之后，各地开始发生与美军相关的纠纷。1953年在石川县内滩，当地居民因为不满长期为美军的炮弹试验提供场地，进行了反对斗争，最终以日本政府提供高额补偿收场。1955年5月，得知美军将在当地举行大规模实弹演习的山梨县北富士演
277 习场附近的居民，担心环境被破坏导致旅游业受到打击，也举行了示威游行等反对活动。但是美军完全不顾县政府的中止请求，依旧实施了演习，导致示威者与维持秩序的警察发生了冲突。

1955年9月，东京立川的居民反对美军扩大在当地的基地，反对活动得到了社会党、工会以及学生的多方支援。反对者最终与警察发生冲突，超过90人受伤，数十人被逮捕。第二年10月，政府准备强行对土地进行测量，结果反对者再次与警察发生大规模冲突，超过880人受伤，政府只能放弃测量。这些纠纷的根源都在于

美军不顾当地居民，眼中只有自身的计划。这些围绕美军基地而起的问题，可以看作之后发生的安保条约改定问题和安保斗争的预演。

处于美国控制下的冲绳也发生了美军基地问题。1955 年 1 月，美军在征用土地时对冲绳当地居民的补偿不到位等问题被揭露出来。在被美军占领后，冲绳原有耕地的四成都被美军征用，用于建设军事基地，但是美军购买土地给出的价格却只能买几包香烟。冲绳居民在经济上完全依赖美军基地，却赚不到多少钱，生活依旧极为困苦。在得知美国国会决定维持一直以来的做法继续扩张基地的消息后，冲绳人民发起反对运动，要求改善当地的土地问题。1956 278
年 6 月的大会有 20 万人参加。冲绳人民的斗争不仅使日本民众对美国的情感恶化，同时这也是发生“归还”冲绳运动的一大原因。

8 保守联合

自由民主党的成立

担心政治主导权被左派势力夺走的保守派开始进行协议，以寻求联合。虽然因为党首和具体政策等问题，一时间没有进展，但是在经济界的强烈要求下，以及受社会党左右两派协议联合的影响，各派别终于达成初步协议，在1955年10月联合。1955年11月，自由党与民主党合并，成立自由民主党，简称自民党，完成了保守联合。两党决定暂时各推举2名党首，组成4人的代理委员会。而关于党的政策问题，则决定在维持《日美安保条约》的基础上，以在将来实现修改宪法为目标。

保守联合的构想在战前的政党内阁末期就已经出现，战后也出现过数次尝试，此时终于得以实现了。但是，从党首人选难以决定这一点也可以看出，自民党内部的情势还不稳定。1956年1月，党内位置仅次于鸠山一郎的绪方竹虎突然去世，这使得鸠山在4月顺利坐上了自由民主党总裁的位置。而且正好在保守联合实现之后，日本的出口额不断增长，经济出现一片繁荣景象，这也有助于自民党内部情势的稳定。1955—1957 年出现的这波经济高速增长，被认为是前所未有，因此被冠以传说中的初代天皇之名，称为“神武景气”。

《日苏共同宣言》

鸠山一郎修改宪法重整军备的计划最终没有被国民接受，加上年事已高，他决定通过恢复与苏联的正常外交关系，来为自己的政治生涯画上句号。苏联拥有联合国安理会的否决权，日本要达到加入联合国，保障在鄂霍次克海捕鱼的渔民的安全等目的，都需要与苏联恢复外交关系。虽然两国谈判因为北方领土等问题而一度止步不前，但是通过暂时搁置北方领土争议，两国最终还是在 1956 年 10 月签署了《日苏共同宣言》，恢复了外交关系。1956 年 12 月 18 日，日本正式加入联合国，鸠山一郎在 5 天后的 23 日从首相和自民党党首的位置上引退。

鸠山内阁的另一项重要政策是在 1956 年将各自治体的教育委员会从公选产生改为由自治体首长任命。表面上这是为了确保教育委员会的政治中立性，实际上却让文部省对基层教育的控制得到了加强。教育便从此时开始受到经济界的各种影响，教育的内容乃至 280
社会意义都出现了变化。

具体而言，就是教育的重点从培育民主主义社会的公民转向培养优质的劳动力。学校以能力主义为导向，开始进行排名。从 1958 年开始，文部省颁布的《学习指导要领》从参考文件变成了具有强制性的文件。学习的内容也依照经济界产业结构高度化的要求，从重视学生的体验转向重视掌握体系化的知识。随着城市化的不断发展，越来越多的人开始追求更高的学历。文部省认为，在这种情况下，需要在学校教育中增强学生适应社会的能力，于是增加了“道德”这一科目来培养学生的爱国心和遵纪守法的意识。在男女同校的情况下，分别为男生开设“职业课”，为女生开设“家庭课”，意在“有效率”地培养社会需要的劳动力。教育方面发生的这些变化，为之后发生的大学纷争、入学竞争、性别歧视等社会问题埋下了伏笔。

住宅公团的创立

1955 年，政府创立住宅公团，这也是鸠山内阁的重要政策。住宅公团是由政府控制的特殊企业，负责建设住宅，供一般民众使用。从 1956 年开始，住宅公团在大城市的郊区建设了大量样式相似的住宅。到 1960 年，已经有大约 1000 万人居住在这些被称为“团地”的大规模住宅区里。一个团地由多栋钢筋混凝土结构的
281 四五层楼房组成，楼内的公寓布局基本是 3DK 或是 2DK。这里的 DK 即 Dining 和 Kitchen 这两个单词的首字母，指由餐厅和厨房组成的空间，而开头的数字则表示有 3 间或是 2 间卧室。这些公寓基本上都是通过出租提供给民众居住的。

一直以来，提供给城市里的白领和蓝领工人的住宅基本上是独栋的平房。布局上，大多将厨房布置在朝北处，而吃饭睡觉都在能晒到太阳的朝南房间。将餐厅与厨房结合起来的做法，来源于战争期间为军工厂的工人大批量建设的公寓。通过餐厅与厨房的结合，让卧室独立出来，这样既可以在有限的空间内多布置卧室，也让与一日三餐有关的家务劳动能够集中在一个房间内完成，节约了

时间与人力。这些公寓的卫生间也采用当时还不多见的冲水式设计，可以说是最新式的住宅。

想要住进这些公寓，除了要有能付得起房租的经济实力外，有时还需要一点运气。因为如果申请入住的人太多，就只能采用抽签的方式。这些住宅是当时中产阶级的象征，寄托了许多人的梦想。在东京和大阪等大城市的近郊，建设了大量这样的团地。为了方便人们从这些团地出发前往工作单位，铁道公司开始使用性能更好的电力机车。新型电力机车的加速与减速性能相比以前都有很大的提升，于是就提高了运输效率，增加了运力。这些电车的车体也不再像从前那样全都是棕色，而是有了各种颜色的涂装。鳞次栉比的团地和五彩斑斓的新型电车，将战后日本城市的发展状况鲜明地呈现在人们的眼前。

自民党内部派系的形成 282

在鸠山卸任自民党总裁之后，自民党举行了成立后的首次党首公选。为了当上党首，一些人不惜血本，砸下了大量金钱，结果在这次党首选举之后，自民党内形成了各种派系。最终石桥湛山当选为党首，1956 年底，石桥湛山内阁成立。石桥湛山是自由主义者，在大正时期，他作为财经记者不断警告日本扩张政策的危险性。石桥在战后投身政坛，曾出任第一次吉田茂内阁的大藏大臣。早稻田大学毕业的他作为战后首位私立大学毕业的首相而备受瞩目，但是有传言说，他为了当选自民党总裁，花了大价钱。

石桥湛山就任之后不久，就因为劳累过度而病倒。在 1957 年 1 月的国会上，只能由外务大臣岸信介作为代理，进行他的施政方针演说。石桥湛山在施政方针中提出，要在发展经济的同时充实完善社会保险制度，并建立养老金制度。但是，他没能亲自落实这些政策，在医生建议进行休养以后宣布辞职。在其他阁僚基本没有变动的情况下，岸信介接任首相，岸信介内阁在1957年2月底成立。

自日本恢复独立以来，经济和社会基本在朝着好的方向发展。1951年9月，民营广播电台开始放送节目；同年10月，日本航空重新开通了国内航线；1953年2月，NHK正式开始播出电视节目；
283 同年8月，日本电视台作为最初的民营电视台也开始播出节目。因为电视机还很昂贵，所以最初电视的普及速度并不快。而且当时的电影演员基本都隶属于电影公司，电影公司对于新生的电视产业抱着对抗态度，所以既不愿意让演员上电视，也不愿意提供电影片源给电视台播放。电视台只能通过转播体育赛事和播放美剧来进行

《请问芳名》剧照

竞争。职业摔跤选手力道山就是通过电视变得人尽皆知的。电影方面，松竹将 NHK 的人气广播剧《请问芳名》（君の名は）改编为电影三部曲，在 1953—1954 年上映，取得了巨大成功。这一时期电影院和观众的数量都在不断增加。报纸完全恢复了过去的早晚报体系，页数也回到了战前的水平。

经历了战争结束后的苦难，普通人的生活已经恢复到战前的 284
水平，而且正在变得更好。1954 年，大学毕业生的第一份薪水可以达到 1.2 万日元，社会上的平均工资则是 2 万日元左右，批发物价指数稳定在战败时的 100 倍左右。

在美国的粮食援助下，面包出现在了学校的伙食中，加上好莱坞电影和美剧的影响，人们吃面包等西洋食品的机会变多了。在战争时期，女性为了方便活动，经常穿着和服样式的长裤（モンペ）。另外，被称为 apapa（アッパッパ）的连衣裙因为样式简单，普通人就可以自制，所以也颇为流行。总体而言，洋装已经走进人们的日常生活。虽然电视机、电冰箱和洗衣机等家电对一般人来说依然可望而不可即，但是产量已经开始攀升。

9 安保改定问题

吉拉德事件

接掌首相之位的岸信介曾经是大日本帝国的高级官僚，45 岁就进入东条英机内阁担任商工大臣。后来他虽然作为战犯遭到逮

捕，但是最终逃脱了审判。在公职追放解除以后，作为自由党议员重新投身政坛，并在保守联合等活动中显示出了高超的政治手腕。岸信介虽然当上了首相，但是因为他过去并不光彩的经历以及为人冷淡的态度，使得内阁刚成立时的支持率只有 33%，比前两届内阁都低了两成左右。

岸信介希望将日本重新打造成一个世界强国，因此对他来说，《日美安保条约》中日本完全从属于美国的状况必须改变。恰好在岸信介内阁成立之前的 1957 年 1 月，发生了吉拉德事件。在群马县的美军演习场，美军士兵吉拉德故意射杀了一名正在捡拾美军弹壳的日本妇女。虽然按照《日美行政协定》，日本并没有对美军的裁判权，但是由于日本民怨沸腾，美国主动放弃了裁判权，让日本当局起诉并审判了吉拉德。但即便如此，吉拉德也仅被控故意伤害

致死罪，被判 3 年有期徒刑，缓刑 4 年。这起事件成了岸信介推动修改安保条约的好借口。

在国会上，社会党也就这一事件批判安保条约的不平等性。一方面，岸信介向美国说明日本国内反美情绪高涨；另一方面，在 1957 年 6 月提出《第一次防卫力整备三年计划》，在安保条约的框架下，加强自卫队。岸信介访美与艾森豪威尔总统会面时，提出了安保条约的修改方案，要求美国在将核武器运到日本的基地前，先与日方进行沟通，并且明确规定美军有保护日本的义务。

美国最初并不愿意与日本谈判修改安保条约，但是顾及日本社会对美国的看法，终于在 1958 年同意就修改条约进行谈判。1960 年 1 月，岸信介访美，签署了《新安保条约》。新的条约规定，286
两国在经济方面互相合作，并在其中一方受到武力攻击时，按照各自的宪法规定予以援助，日本允许美军驻留，以维持日本与东亚的和平。根据岸信介与美国国务卿克里斯蒂安·赫脱之间的协定，美军在日本部署核武器需要经过两国的事前沟通。

1960 年的安保斗争

在《新安保条约》中，日美两国在形式上对等了，一部分人将这种对等视作日本被卷入战争的危险。1959 年 3 月，社会党以及日本劳动组合总评议会、全日本学生自治会总联合（简称“全学运”）等工人与学生组织发起了“日美安保条约改定阻止国民会议”，反对《新安保条约》。在 1960 年 1 月岸信介准备赴美签署《新安保条约》时，全学运组织学生占据羽田机场候机楼，结果遭到警察清场。舆论大多认为，学生的行为过于自私，因此并不支持学生们的行动。大众对于这一问题本来就不怎么关心，在岸信介赴美之前，《朝日新闻》进行了关于修改安保条约的舆论调查，结果赞成修改的占 29%，反对者占 26%，不了解这一问题的占了 40%。

岸信介回到日本之后，还要过众议院批准条约这一关。社会党右派在 1959 年 10 月脱离社会党，不久便成立了民主社会党。致力于实现社会主义革命的左派由此掌握了社会党的主导权。面对自民党在参、众两院都占多数的状况，社会党决定采取拖延审议时
287 间，扩大社会上的反对运动，进而拖垮现政权的策略。社会党在议会上不断就极其细微和无足轻重的问题大做文章，就连社会党的干部回忆起当时的议会都觉得可笑。但是，这一策略成功地使反对新条约的声音在知识分子和学生中间更广泛地传播，而自民党内部的少数派也开始要求慎重对待新条约。

但是，因为艾森豪威尔将在 1960 年 6 月 20 日访问日本，所以岸信介决意在那之前让条约得到批准。《日本国宪法》第六十一条规定，在众议院批准条约之后，如果一个月内未能得到参议院批准，则以众议院的意见为准。要赶在 6 月 20 日之前批准条约，岸信介就需要在 5 月 19 日前让条约得到众议院的批准。在 5 月 19 日的安保法案特别委员会上，自民党的小泽佐重喜作为委员长决定强行对安保法案进行表决。众议院议长清濑一郎将警察放进会场，强行拉走了占据会场、意图阻止表决的社会党议员，由剩下的自民党议员完成了表决，结果当然是安保法案得以通过，这完全是按照岸信介的意思进行的。

大部分媒体对这种行为进行了批评，认为这是无视民意的举动。在议会内部，不单单是在野党，就连自民党内部的少数派也开

始要求岸信介下台。由工人、学生、知识分子组成的游行示威队伍，连日在国会议事堂和首相官邸周边行进，抗议强行表决，要求首相下台。一些示威者甚至前往商业街和相关人员的住宅进行抗议。日本教职员工会、公营交通、国铁等与政府有关的组织也发起了抗议罢工等活动，各种抗议活动遍布全国。6 月 15 日，在国会 288
发生的示威者与警察的冲突中，东京大学文学部的女大学生桦美智子不幸身亡，对岸信介的批评因此达到了顶峰。日本政府在 6 月 16 日宣布艾森豪威尔延期访日。6 月 19 日，虽然国会依然被数万名示威者包围，但是安保条约还是被自然承认。6 月 23 日，在对条约的所有批准手续都完成后，岸信介宣布下台，1960 年的安保斗争就此结束。

根据报纸的报道，民众连日来的激情在条约被自然承认后迅速降温。在 1960 年 7 月举行的青森、埼玉、群马县的知事选举中，仍然在高喊反对安保条约的社会党候选人全部败北。

7 月 14 日，池田勇人当选自民党总裁，19 日，池田勇人内阁成立。池田勇人打出了准备已久的“所得倍增”计划，要在 10 年内实现国民生产总值翻一番。在 11 月举行的众议院选举中，自民党继续保持优势，议席又增加了 9 个。在 60 年代的舆论调查中，支持安保条约的人还是少数，直到 70 年代后期才有超过一半的民众支持安保条约。在这种情况下，自民党依然能够在选举中大胜，可以看出当时人们的主要注意力已经不在安保条约上。安保斗争最终变成了反对岸信介的斗争，而领导了安保斗争的社会党除了否定资本主义经济之外，并没有拿出相应的经济发展计划，结果失去了民众的支持。

289 # 10 战后经济奇迹的开始

“神武景气”与“岩户景气”

自民党得到信赖的原因，无疑是民众切身体会到了经济发展所带来的好处。1956—1960 年，日本每年的经济增长率分别是 7.5%、7.8%、6.2%、9.4% 和 13.1%。1958 年之后的经济增长率超过了之前被认为是前所未见的“神武景气”，于是人们便用更为古老的神话故事中的“天岩户”[①]来命名，称之为“岩户景气”。日本的战后经济奇迹开始了。

纤维制品和船舶的出口量都在猛增，钢铁产量在 5 年间增长了 2.5 倍。乘用车的年产量从 1955 年的 2 万辆增加到 1960 年的 16.5 万辆。一直以来的研究都指出，工业生产的恢复和发展离不开美国技术的引进。但是，那些在战前和战争期间走上工作岗位的技术人员的贡献也是不可或缺的。战争期间，陆海军的对立、政府的经济

① 日本神话中，天照大神因其弟素戋呜尊行为不端，愤而躲入名为“天岩户”的石窟中，使得天地陷于黑暗。后经诸神努力，才让天照大神出洞，还世界光明。

统制以及国力不足等制约因素，给工业生产带来了诸多阻碍。日本的技术人员吸取了这些经验教训，在战后追求和平与民主的环境下积极展开工作。 290

乘用车和卡车等汽车的保有量也在这 5 年里增长了 2.8 倍。道路上车辆的增加造成交通事故的激增，1958 年甚至出现了流行语“神风出租车”，意指那些超速的出租车。但是，这时候想要超速行驶也只能在大城市里才有条件，在大城市之外，就连国道也还没有进行路面硬化，一下雨就会变得泥泞不堪。

石桥湛山提出的完善社会福利的政策，被岸信介内阁继承。1957 年，政府开始了普及国民健康保险的四年计划，到 1961 年 4 月，所有日本人都得到了健康保险。1959 年 4 月制定了《国民年金法》，着手解决民众的养老金问题。同样在 1961 年 4 月，实现了养老金制度的全面覆盖。在 20 世纪 60 年代初，实现健康保险与养老金制度全面覆盖的国家还寥寥无几。从鸠山一郎内阁到岸信介内阁期间，虽然政治状况并不安定，但是经济形势极佳，人们的生活水平得到了明显的提升。所以就算岸信介在政治方面蛮干，也没有对自民党政权造成大的影响。

1958 年 11 月，皇太子明仁与正田美智子定下婚约，一时之间成为街头巷尾热议的话题，甚至推动了周刊杂志的普及。1959 年 4 月两人举行婚礼，并在东京进行马车游行。因为这一盛况将会通过电视直播，所以直接带动了电视产业的发展，NHK 的签约数超过了 200 万，皇太子婚礼当天有 1500 万人通过电视观看了马车游行的盛况。相对地，电影产业则受到了冲击，1958 年的观众数量为 2.3 亿人次，1960 年的电影院数量为 7457 家，之后这些数据便开始 291

下降。

在皇太子宣布婚约前后的那段时间里，联结东京与九州博多的特急卧铺列车“朝风号”开始使用新型旅客列车，东京与神户之间的特急列车“回声号”使用了电力机车。1958 年底，333 米高的东京塔竣工，成为当时世界上最高的电视塔。东京塔投入使用，也预示了电视时代的到来。

不论是“朝风号”的新型旅客列车，还是“回声号”的电力机车，都实现了完全密封，从而降低了噪音，并且能够使用空调。明亮的车厢内还配备了冰水机、微波炉、电热炉等设备，这些使用了当时最新技术的车辆，在舒适性上与从前的列车完全不可同日而语。运行在东京、大阪之间的“燕号”“鸽号”等特急列车已经比战前更快，只需 7 个半小时就能从东京到达大阪，但即便如此，还是不能满足人们的需要。为了增加车次、提高运行速度，需要对原有铁路进行全线电气化改造。东海道本线在 1956 年 11 月实现了全线电气化，东京到大阪的时间缩短到 6 小时 50 分钟，差不多能够在一天之内实现往返。1960 年 6 月，“回声号”进一步将这一时间缩短到 6 个半小时，早晨从东京出发，在大阪停留几个小时办事，当天晚上就能回到东京。“燕号”和“鸽号”现在也开始使用相同的电力机车，因此名称被统一为“燕号”。

“朝风号”每天开行往返列车各 1 列，“回声号”则每天开行往返列车 2 列，当时还只有一部分人能够搭乘这些列车。再过 10
292 年左右的时间，日本的铁路上将会有很多这样的新型列车。即便如此，人们出行的需求也依然没有得到满足，国铁因此在 1958 年 10 月着手建设新干线。

三池煤矿的劳资纠纷

三池煤矿发生的劳资纠纷可以说从另一个角度反映了当时的时代变化。汽车不断普及，铁路上的电力机车和内燃机车也越来越多，石油渐渐成为主要能源，煤炭产业变成了夕阳产业，在这种情况下，煤矿的所有者三井矿山株式会社决定进行裁员，并在 1959 年将这一消息通知了工会。但是，在社会主义思想家、九州大学教授向坂逸郎的指导下，三池煤矿工会强硬地拒绝了资方的要求。向坂逸郎准备以三池煤矿的斗争为契机，掀起全国工人的斗争，进而发起社会主义革命。

资方在 12 月开出了超过 1200 人的解雇名单，并从 1960 年 1 月开始拒绝工会成员进入公司，工会随即开始罢工。因为生活所迫和资方劝诱，一部分工人在 3 月成立了第二工会，准备停止罢工，开始工作。结果立场不同的工人发生了冲突，有超过 100 人受伤。

4 月，政府中央劳动委员会出面进行调停，但是遭到三池煤矿 293
工会的拒绝，这可能来源于向坂的指示。之后，立场不同的工人之间以及工人和警察之间不断发生冲突，不少人受伤或是遭到逮捕。8 月，中央劳动委员会再次进行调停，日本的工会联合组织日本劳动组合总评议会也敦促三池煤矿工会接受调停。这次斗争在 9 月结束，资方最终还是解雇了之前名单上的员工，可以说工会完全失败了。

如果在最初阶段工会与资方就能够通过对话解决问题，那么就不会有人受伤或是遭到逮捕，被解雇的人员也可能得到更好的补偿。三池煤矿劳资纠纷的最终结果，可以说是工人们的利益被知识分子的革命之梦牺牲了。但是共产主义的幽灵，依然没有停止徘徊。

1956 年 7 月，水俣病被发现，这是日本最早出现的公害病。从 1952 年开始，熊本县水俣市的居民中就有人开始出现步履不稳、口齿不清的奇怪症状。因为当地的新日本窒素肥料株式会社的工厂将废水直接排入海中，废水中的汞经由鱼类被人体吸收，所以造成了水俣病。但是，窒素肥料公司拒绝承认自身问题，在 12 月向水俣病患者支付慰问金以后，就暂时压下了这个问题。

乙醛是石油化学工业的重要原料，而造成水俣病的工厂是当时日本国内最大的乙醛制造商，因此政府并没有迅速关停这家工厂。就算媒体对此进行报道，但大部分人表示，为了经济，这点牺
294 牲也是没有办法的，对于受害者的救助也一拖再拖。虽然新宪法已经明确要重视个人的尊严，但是条文要真正落到实处，还有很长的路要走。

“洞爷丸”事故

在本章的最后，必须提到清函联络船“洞爷丸”的悲惨事件。“洞爷丸”的沉没造成了当时最多的遇难人数。隶属于国铁的“洞爷丸”是联结青森站与函馆站的铁路渡轮，该船在 1954 年 9 月 26 日因为台风沉没。竣工于 1948 年的“洞爷丸”船体相对较新，加上船长误认为台风已过，便在 26 日傍晚从函馆出发，不久便遭遇台风，“洞爷丸”失去控制，翻沉于函馆湾内。这次事故共造成 1155 人死亡或失踪，仅有 159 人获救。在和平时期发生的海难中，“洞爷丸”的遇难者数量是日本国内最多的。在“洞爷丸”事故发

生之后，船舶要在恶劣天气出航，就不能仅凭船长的判断，而需要相关人员意见一致方可。这次事故也催生了建设联结本州岛与北海道的海底隧道计划，在昭和时代快要结束的 1988 年，联结青森与函馆的清函海底隧道竣工通车，清函联络船随之废止。

翻沉的“洞爷丸”

从日本投降到 1960 年的安保斗争，这段时期的政治动向令人印象深刻。一方面，经过对战犯进行审判，实施民主化，制定新宪法，签订《旧金山和约》与《日美安保条约》，各政党的合并与分裂，修改安保条约等一系列事件，日本的政治体制从战前的威
权主义转向了民主主义的议会制度；另一方面，历经占领期最初 295
的经济制度民主化、美国援助以及朝鲜战争，这一时期的日本经济得以高速增长。到 50 年代中期，日本民众的生活水平已经超越战前。

在这一时期将要结束时，一个和平而富足的社会正慢慢呈现在当时人们眼中。支撑着这个社会不断成长的，是终于懂得和平之可贵的日本民众。但是，我们不能忘记，是朝鲜这一邻国的悲剧，为日本的经济奇迹提供了机遇。在光鲜的经济数据背后，还有那些被迫成为经济增长的“代价”而饱受折磨的人们。

第五章

成长与成熟：1960—1989年

时　间	事　件
1960 年（昭和 35 年）	7 月，池田勇人内阁成立
1962 年（昭和 37 年）	5 月，三河岛事故，“反应停”副作用曝光
1963 年（昭和 38 年）	11 月，三池煤矿事故
1964 年（昭和 39 年）	10 月，东海道新干线开通，东京奥运会开幕；11 月，佐藤荣作内阁成立
1965 年（昭和 40 年）	6 月，签订《日韩基本条约》
1967 年（昭和 42 年）	8 月，《公害对策基本法》公布
1968 年（昭和 43 年）	1 月，东大斗争开始，持续到 1969 年 1 月；4 月，日大斗争开始，持续到 1969 年 2 月
1970 年（昭和 43 年）	3 月，大阪世博会开幕，“淀号”事件
1971 年（昭和 46 年）	6 月，签订《冲绳返还协定》；8 月，美元冲击
1972 年（昭和 47 年）	5 月，冲绳主权被移交日本；7 月，田中角荣内阁成立；9 月，田中角荣访问中国，发表《中日联合声明》
1973 年（昭和 48 年）	10 月，第一次石油危机
1974 年（昭和 49 年）	12 月，三木武夫内阁成立
1975 年（昭和 50 年）	11—12 月，“三公社五现业”罢工
1976 年（昭和 51 年）	7 月，田中角荣因洛克希德事件被捕
1978 年（昭和 53 年）	11 月，制定《日美防卫合作方针》
1982 年（昭和 57 年）	11 月，中曾根康弘内阁成立
1985 年（昭和 60 年）	9 月，签订《广场协议》，泡沫经济开始
1987 年（昭和 62 年）	4 月，国铁实施民营化；11 月，竹下登内阁成立
1988 年（昭和 63 年）	6 月，瑞可利事件曝光
1989 年（昭和 64 年 / 平成元年）	1 月，昭和天皇去世，改元平成；4 月，开始征收消费税
1993 年（平成 5 年）	8 月，细川护熙内阁成立

在本书的最后一章，我将会讲述从20世纪60年代到昭和时代结束期间的历史。大部分人对这一时期的认识是经济快速增长，但是日本的经济奇迹其实从50年代后期就开始了。不过，从社会和政治的重心都被放在经济发展上这一点来说，以60年代作为日本经济奇迹的开始也是有道理的。

在日本战后经济奇迹发生的这段时间里，有着十分显著的时代特征。其中之一便是“大家一起”，民众为了经济发展而一同努力。在经济水平提高以后，对于大家都拥有的电视机、电冰箱和洗衣机，自己自然“也”需要，这种国内的消费需求是经济奇迹发生的原因之一。东京奥运会吸引了几乎所有人围在电视机前观看，在经济奇迹的最后一段时间里召开的大阪世博会，也吸引了全国各地的人前往观看。这一时期的另一个特征，是没有出现单凭个人魅力获得成功的超级偶像或领导人。例如，在此期间长期担任首相的佐藤荣作，作为教练率领读卖巨人队创下日本职业棒球中央联盟九连冠纪录的川上哲治，将单季本垒打纪录保持多年的巨人队球员王贞治，相扑的最高等级力士横纲大鹏幸喜，他们都是不喜欢说空话，而是通过埋头苦干、踏实努力获得成功的类型。但在另一方面，这种社会氛围也难免会令人感到压抑，在经济高速增长快要结束时发生的大学纷争，在某种意义上就体现了这一点。

在战后的经济奇迹结束之后，日本社会再一次回到了“人各有不同”的氛围中。但是，这时与占领时期又有所不同。在政治方面，多党化进一步发展，自民党内部的纷争也持续不断，这体现出民众之间的利害关系变得复杂。卡拉OK和便利店的出现，也说明人们的爱好正在变得多元化。

300 因此，“人各有不同”的氛围出现在战后的经济奇迹之后，这是日本具有了满足不同人群多种多样需求的工业技术和经济实力的体现。日本在战后经济奇迹结束之后，仍然保持了相当快速的经济增长，正是因为这种经济实力满足了“人各有不同”。刚刚提到的大学纷争也是让“大家一起”转向“人各有不同”的一大原因，只有人们意识到那种被压抑的氛围，才有可能通过经济发展去追求多样性。

然而，日本经济在昭和时代结束不久之后，便告别了顺风顺水的状况，人们必须面对新的局面。

1 自民党长期单独执政

为什么自民党能够单独执政

说到日本经济高速增长时期的政治，简单来说，就是自民党长期单独执政。1960 年 7 月上台的池田勇人内阁，一直持续到 1964 年 11 月池田因病引退为止。之后由赢得自民党总裁选举的佐藤荣作继任首相。佐藤荣作担任首相直到 1972 年 7 月，连续在职 2798 天，这是目前为止连续担任首相时间最长的纪录。① 在这段时间里，虽然政坛上也多多少少发生了一些波澜，但是并没有什么值得写进这本小书里的大事。

造成这种情况的原因主要有四点。其一无疑是日本经济的持续高速增长，经济增速甚至超出了政府和民众的预料。在经济高速增长的情况下，税收也会增加，于是政府也更容易推行新政。诸如社会福利和公害问题等传统的保守派政权不会积极应对的问题，也

① 2020 年 8 月 28 日，2012 年底就任日本首相的安倍晋三宣布辞任，至此，他连续在任时间达 2803 天，成为日本目前持续执政时间最长的首相。

在这种情况下获得了相当的进展。对自民党政权感到不满的人自然也就变少了。

第二个原因则在于自民党的主要对手，社会党的状况不佳。脱党的社会党右派自 1960 年 1 月成立民主社会党以后，以社会主义革命为目标的社会党左派掌握了党内的主导权。社会党否定资本主义，但是在经济高速增长的现实面前，又拿不出相应的政策来吸引民众，因此无法威胁到自民党政权。

佐藤荣作

不过，这一时期的自民党虽然能够一直在国会保持过半议席，但是并没能得到改宪所需要的 2/3 议席。社会党以及 1964 年 11 月新成立的公明党等在野党在这一时期的历史使命，是对经济高速增长过程中出现的弊端进行警告，防止自民党政权施行扩张军备的政策，以及维持与中国的关系，等等。

302 第三个原因在于池田勇人和佐藤荣作在内阁和党内实施的人事方针。他们两人在投身政坛成为政治家之前，都是政府部门的普通官员，加入自民党以后在社会上也并没有受到特别的关注。因此他们很注意在党内各个派系之间保持平衡，并通过人事调整防止出现威胁自身地位的竞争对手。佐藤荣作还重视不分派系地培养后继政治家，为自民党内部的其他人进入内阁提供了广泛的机会。因此在佐藤荣作执政时期，自民党内部也维持了相对的稳定。

最后一个原因，是政府在经济高速增长时期，也没有忘记维持增长之外的经济政策。从鸠山一郎到池田勇人，他们的经济政策不外乎经济独立、经济增长、提高生活水平、促进就业等。而佐藤荣作内阁则提出了纠正经济发展过程中产生的弊端，追求均衡发展的目标。这不仅是在野党批评的结果，也是作为执政党的自民党，当时在党内拥有诸多持不同意见的政治家的结果。

日本经济能够维持 20 年的高速增长，主要得益于以下几点：一方面，政府通过公共投资，构筑起完善的基础设施，并通过减税和降息等手段，促进消费和投资的增长；另一方面，企业充分利用在战前和战争期间积累的技术，以及积极从国外引进先进工业技术，进行广泛的技术革新与设备投资，结果不仅使得纤维制品、船舶以及汽车的出口量大增，也成功让以电视机、电冰箱、洗衣机为代表的耐用生活家电，能够以低廉的价格走进日本的普通家庭。大 302
量的消费者购买这些产品，使得企业的收益上升，企业员工的收入也得以提高，这又进一步刺激了消费，形成了经济的良性循环。但是，当大部分人都拥有这些十分耐用的产品之后，这种循环便中断了，日本的经济奇迹最终在 1971 年落下了帷幕。

2 战后的经济奇迹

令人惊讶的经济增长率

接下来，让我们看一看这一时期经济的整体情况。从 1954 年开始，日本经济在 20 年的时间里保持了年均 9.4% 的增长率，其中 8 年的增长率超过 10%，1966—1970 年连续 5 年超过 10%。日本的国民生产总值在 1968 年达到世界第 2 位，仅次于美国，直到 40 多年后被中国超越。在这一时期的西方诸国中，没有一个国家的经济增长率超过 10%。这确实可以称得上是经济奇迹。日本的出口额在世界贸易中所占的比重，从 1950 年的 3.1% 上升到 1970 年的 6.1%，达到西方主要国家的水平。1964 年，日本加入经济合作与发展组织（OECD），当时的经合组织成员国主要是欧美的发达国家，日本的加入在某种程度上也意味着，日本进入了发达国家的行列。

这一时期日本的国民生产总值实质上增长了 5 倍，1954 年东京证券交易所的平均股价是 340 日元，1960 年超过了 1000 日元，1973 年更是达到了 4759 日元，上升了将近 14 倍。乘着经济增长的东风，政府财政支出也增长了 15 倍，这与经济发展的状况基本符合，应该说是健全的财政政策。

工人的平均月薪在 1954 年是 21160 日元，到 1973 年上涨到 144629 日元。1960—1967 年，只用了 7 年时间，薪酬就实现了翻番。根据劳工组织在每年 2 月左右发起的“春斗”（即要求提高薪酬与改善劳动条件的运动）的记录，1964—1974 年，大型企业每年的薪酬上涨幅度都在 10% 以上，其中 1969 年达到 15%，1973 年达到 20%，1974 年更是高达 33%。消费者物价指数虽然从 1954 年的 649.7 上升到了 1973 年的 1551.9，但是仍然远低于人们工资的上涨幅度，于是人们的购买力自然就提高了许多。

1954 年日本的人口为 8800 万人，1967 年超过 1 亿人，1973 年达到 1.09 亿人。在 1950 年，日本男性的平均寿命大约是 60 岁，1970 年达到了 70 岁，而同一时期女性的平均寿命则从 63 岁提高到了 75 岁。

1950 年，从事第一产业的人口占总人口的 49%，第二产业占 22%，第三产业占 30%。到 1970 年，从事第一产业的劳动人口只
占 19%，第二产业占 34%，第三产业的占比达到 47%。各行业的 305
总产值增长了 3 倍，但是第一产业的产值在其中所占的比重却从 1955 年的 23% 下降到 1975 年的 6.6%。可以说，日本在这一时期从农业国转变成了工业国。

生活变得富足

如果要以一目了然的方式说明经济发展带来的影响，可以了解一下当时人们的生活。黑白电视机、洗衣机、电冰箱在当时被

喻为“三种神器”，它们分别在1960年、1966年和1967年达到了80%的普及率。1960年以后，电视台开始播出彩色电视信号，于是人们又开始追求彩色电视机。彩色电视机的普及率在1972年达到80%。一年之后的1973年，汽车的普及率超过了40%。

国铁在这一时期不断投入的新车辆也是经济发展的标志。在推进建设地方铁路的同时，国铁也在着手对原有干线铁路进行复线化改造，并投入新型电力机车与内燃机车，实现无烟化运行。从1956年开始，国铁不仅增加了长距离特急列车和急行列车的班次，也提高了列车的运行速度。在1961年10月进行的时刻表大修改中，特急列车从原有的18趟增加到52趟，急行列车则从126趟增加到226趟。

在这次时刻表大修改之前，特急列车仅有东海道线上的4列往返列车，京都与博多之间的“燕号”，东京经博多到长崎的3列往
306 返卧铺特急列车，以及东北本线上使用柴油机车的“初雁号”特急列车。1961年10月以后，包括山阴线上的“松风号”，从大阪出发经由日本海一侧的铁路到达青森，再南下前往终点站上野的“白鸟号”，联结函馆、札幌、旭川的“大空号”，以及换用柴油机车后将路线延伸到宫崎的“燕号”，使用新型柴油机车的特急列车已经遍布全国的主要路线。在白天运行的新增急行列车基本用上了新型电力机车或柴油机车，夜间的急行列车也实现了与前面介绍过的“朝风号”相近的车体配置。

之后，这些使用了新型机车与客车车厢的特急列车与急行列车，大约每过半年就会增加一个班次。最初在“回声号”和“朝风号”上运用的技术得以普及，舒适而且颜色亮丽的新型列车承担起

了全国的旅客运输任务。

1958 年 4 月，富士重工推出小型乘用车“斯巴鲁 360”；1962 年 7 月，当时世界上最大的油轮“日章丸”下水；同年 8 月，战后最初的国产客机 YS-11 试飞成功；1968 年 4 月，日本第一座摩天大楼霞关大楼在东京落成。这些成就都是日本经济高速增长时期的标志。

在经济发展的成果充分惠及民众以后，天皇和皇后在经济增长势头正盛的 1961 年搬进了新建成的吹上御所，举行大臣任命等 307
仪式的宫殿也在 1968 年 11 月落成，宫殿的设计采用了现代风格。在过去的 23 年半时间里，昭和天皇都在宫内厅所在地进行政治方面的仪式，接待各方宾客。可以说，这也是昭和天皇个人承担战争责任的一种方式。

如果要举出一些事件来作为经济高速增长时期的象征，那么 1964 年 10 月东海道新干线正式开通和东京奥运会的举办，以及 1970 年 3 月大阪世博会的举行，都应该榜上有名。

3 新干线与东京奥运会

东海道新干线与名神高速公路

我们已经在第四章提到，日本政府在 1958 年 10 月开始建设东海道新干线，并预定在 1964 年投入使用。一部分土地在战前的新干线计划中就已经完成收购，还有一些隧道也已经完成建设，但是在收购新的建设用地时还是碰到了一些困难。国铁的技术人员将已经成熟的各种技术组合在一起，制造出了供新干线使用的新型列车。在 1963 年 8 月进行的新型列车实验中，跑出了 256 千米 / 小时的速度，成为当时速度最快的列车。

1964 年 10 月 1 日，东海道新干线开始了东京站与新大阪站之间的运行。中途仅停靠名古屋一站的超特急列车“光号”运行往返 14 趟，“回声号”运行往返 12 趟。因为某些路段土地收购不顺利，列车只能减速通过，最初的“光号”跑完全程需要 4 个小时，到 1965 年 11 月，这一时间被缩短到 3 小时 10 分钟。根据当时交通公社发行的时刻表，乘坐“光号”二等座，也就是今天的新干线普通车从东京前往大阪，需要 1300 日元特急费用，再加上 1180 日元车票费用，合计 2480 日元。当时乘坐飞机从东京前往大阪，需要大约 1 小时 20 分钟，费用是 6000 日元，还得加上前往机场的时间和费用。而运行在原有东海道线上的“回声号”，特急费用是 800 日元，加上车票并不比新干线便宜多少。对于那些前往东京或者大阪办事，希望在事情办完之后回家的人来说，当时的新干线是相当有性价比的选择。

对于东海道新干线的建设，当时也有质疑的声音，认为今后将是飞机和汽车的时代。但是新干线一经开通，便获得了极大的成功，列车班次不断增加。到大阪举办世博会时，新干线列车还将原有的一列 12 节编组扩展到一列 16 节。东海道新干线的成功使得日本全国其他不少地方都开始建设新干线，但是从经济角度看，其他地区的新干线投资回报率都不如东海道新干线，而且还可能造成原有的铁路陷入亏损。近些年来，开始出现改造原有线路，然后投入新干线车辆进行运营的“迷你新干线”。

为了改善交通环境，高速公路的建设也在进行。从名古屋到 309
神户的名神高速公路从 1957 年开工建设。1962 年，通过本州岛沿太平洋一侧以及通过中部山区联结东京与名古屋的东名高速公路和中央自动车道也宣告开工。1963 年，名神高速公路尼崎至栗东段正式通车，成为日本最早的高速公路。1964 年 9 月名神高速公路全线通车，5 年后东名高速公路也竣工投入使用。

此后，每年建设的高速公路里程都在 200—250 千米，政府最初计划的 7600 千米高速公路全部完工，并进一步延长。在东名高速公路通车时，报纸曾预测公路运输量的增加将会带来物流的革命。现在方便的快递服务毫无疑问正是得益于高速公路的发

310 展。不仅是快递，随着高速公路的发展而出现的大量频繁的公路运输，在诸多方面都给社会经济和我们的日常生活带来了极大的便利。

东京奥运会的举办

在前面我们提到，虽然东京在 1936 年取得了 1940 年奥运会的主办权，但是因为战争的影响，不得不在 1938 年 6 月放弃举办奥运会。1952 年日本恢复主权后，东京再次开始寻求举办奥运会，并终于在 1959 年成功取得了 1964 年奥运会的主办权。当时预测奥运会将带来 13 万名外国游客，东京立刻开始了相关基础设施的建设。

位于明治神宫外苑的国立竞技场在改建后作为主场馆使用，而曾经被美军占用建设宿舍的代代木，被用来建设奥运村。被定为 1940 年奥运会主场馆场地的驹泽公园，此时也建设了田径场馆。羽田机场被扩建，东京都内的道路也得到修整完善，新设或延长了环状 7 号线、山手路、驹泽路等干线道路。另外，还建设了连接羽田机场和都内各场馆的首都高速公路，以及从羽田机场直达市中心的单轨电车。

大仓酒店、新大谷酒店等为外国观光客准备的高级酒店也在此
311 时竣工。当时的营团地下铁，即现在东京 Metro 地铁的日比谷线和前一节说到的新干线，在建设时也都有为奥运会服务的考虑。直接与奥运会相关的工程耗资约 300 亿日元，如果将新干线之类的相关工程也计算在内，那么奥运会的投资总额高达 1 万亿日元。1963 年，在东京都内到处都能看到与奥运会相关的建设工地，这一时期的经

济繁荣因此被称为“奥林匹克景气”。

1964 年 10 月 10 日，奥运圣火首次在亚洲点燃，来自 94 个国家的 5000 余名运动员参加了东京奥运会。NHK 转播的体操和女子排球等比赛的收视率超过了 80%，毫无疑问，当时非常多的日本人都如痴如醉地通过电视观看了奥运会。10 月 24 日，东京奥运会落下帷幕，日本体育代表团取得男子举重、柔道、女子排球等 16 枚金牌，排在美国、苏联之后，位居世界第三。11 月，在同样的场馆，又举办了第二届残奥会。

1964 年 10 月 10 日，东京奥运会开幕式

1972 年，在札幌举办的冬奥会也是首次在亚洲举行。日本运动员笠谷幸生取得男子跳台滑雪项目金牌，这是亚洲运动员首次取得冬奥会金牌。以举办冬奥会为契机，札幌也加速了基础设施的建 312
设，开通了地铁。

但是，东京奥运会最初预测的 13 万名外国游客，最终只来了 3 万人。不论是酒店业还是零售业，大赚一笔的希望都落了空。此时的电视机普及率已经达到 80%，家电产业也遭遇低谷。在东京奥运会结束之后，1965 年的经济增长率跌到了 5.7%，这是日本战后经济高速增长时期倒数第二的增长率。但是，东京奥运会还是给东京带来了众多的新建筑、许多宽阔的干线公路、穿行在楼宇之间的首都高速公路和单轨电车，它们一起构成了经济高速增长时期东京的景观。从这一意义上说，东京奥运会是这一时期日本经济顺利发展的象征。

大阪世界博览会

1963 年，日本批准《国际展览会公约》，正式加入国际展览局，并开始寻求在日本主办世界博览会。因为东京在翌年就将举办奥运会，所以在政府和经济界的协调下，决定在大阪举办世博会。1965 年，设立了由政府、经济界和地方自治体共同组成的日本世界博览会协会，以促进经济进一步发展为目标，开始准备世博会。1970 年 3 月，大阪世博会在大阪北部的千里丘陵开幕，持续 183 天的博览会在 9 月闭幕，其间，共有 77 个国家参加了这次以“人类的进步和协调”为主题的世博会。除了东道国的日本馆，还设有
313 58 个外国馆、33 个企业馆以及游乐场。

门票分为三种，分别为 800 日元的成人票、600 日元的青年票（15—22 岁）以及 400 日元的儿童票。大阪世博会原本预计日观众量最多达到 60 万人次，世博会期间将接待观众 5000 万人次。但是因为暑假等原因，前往参观的观众数量远超预期，最终达到

大阪世界博览会会场

了 6422 万人次，其中还有 170 万人次的外国观众，大阪世博会可以说取得了圆满成功。当然，在 6422 万人次的观众中，不少人都是多次买票前往的，如果不按人次计算，也有大约 2600 万名观众。这表示在当时的日本人中，每 4 个人里就有 1 个人前往大阪观看世博会。国铁为世博会增开了多趟长途旅客列车，共运送旅客 2200 万人次，其中新干线的旅客运送量就达 1000 万人次。世博会吸引了如此众多的观众，可谓前所未有。 314

世博会“协调”的主题，隐含着当时对公害问题的反思，在北欧国家的展馆中，也直接触及了公害问题。关于这一问题，我们会在接下来详细说明。当时人们的注意力更多地放在了另一个主题“进步”上，在美国和苏联展示火箭和宇宙飞船的展馆里，游人如织，几乎每天都有大量观众排队等待入场。根据当时的报纸报道，大部分人因为排队等待的时间太久，进场以后也没能好好观看展览内容。相对于展览，人们所享受的，不如说是热闹的氛围。大阪世博会不论从观众数量还是展示内容来说，都称得上是日本经济高速增长期即将结束时，最闪耀的全国性活动。

4　成长的烦恼

都市圈的人口增加

经济高速增长的时代同样存在着不少问题。1964 年 11 月佐藤荣作内阁上台以后，就将纠正经济发展过程中的问题作为执政的目标之一，可见当时的日本对于这一点已经有了相当广泛的认识。1962 年，东京、名古屋以及京阪神三大都市圈每年增长的人口数量达到 60 万的峰值，东京都的人口在这一年超过了 1000 万，东京成为世界上首个人口超过千万的城市。

这一时期都市圈内的人口增加，主要得益于 20 世纪 60 年代前期大量农村和地方城市出身的中学毕业生集体前往大城市就职。当时的农村已经不需要更多的劳动力，而城市的工业发展则出现了人手不足的问题。虽然参与集体就职的人常常因为劳动环境不佳等原因而离职，但正是这些年轻人和其他从农村前往城市谋生的人们，共同支撑起了日本的战后经济奇迹。

20 世纪 50 年代后期的东京常常因为供水不足而断水，这种情况即使到了 60 年代也没有好转，几乎成了人们的日常。大城市里的交通状况也相当糟糕，堵车时有发生。仅 1962 年一年，东京就出现了 1 万次堵车，大阪也有 5000 次。空气污染问题也不容忽视，大城市一到冬天就经常出现雾霾。1970 年 7 月，东京出现了在室外突感不适甚至晕倒的人，其原因便是光化学烟雾。这是来自汽车、工厂等处的污染源排入大气，在紫外线的作用下产生的有害气体。之后，东京开始对光化学烟雾进行监测并对民众发出警报。

316 交通事故也不断增加，1962 年全国的交通事故数量达到 43 万起，因交通事故死亡 1.1 万人，受伤超过 30 万人。大众媒体上甚至出现了“交通战争”的说法。

对于这些城市发展过程中出现的问题，政府也进行了相应的准备，建设了水库、净水厂、上水道等设施，修整和新建道路，设置红绿灯、人行横道、护栏、道路标识、人行天桥、立交桥等交通设施。但是，这些计划都没能赶上经济发展和人口增长的步伐，导致在现实中出现了诸多问题。1963 年 4 月社会党的飞鸟田一雄当选横滨市市长，1967 年 4 月社会党与共产党推荐的美浓部亮吉当选东京都知事，这些都在某种意义上体现了民众对于城市治理中存在的问题已经十分不满。自来水的短缺问题在 60 年代后期逐渐得到改善，1966 年通过法律推进交通设施的建设和完善，使得“交通战争”的状况也慢慢得到缓解。交通事故死亡人数在 1970 年达到顶峰，有超过 1.6 万人丧生在路上，之后终于开始减少，1976 年的交通事故死亡人数降到了 1 万人以下。

公共交通工具的事故增加

在这一时期，公共交通工具也多次发生惨痛事故。1962 年 5

月发生的国铁三河岛事故造成 160 人丧生；第二年 11 月又发生了国铁鹤见事故，导致 161 人遇难；1966 年发生 4 次空难，总计造成 371 人死亡。其中的三河岛事故，可以说是经济高速增长时期出现 317
的各种弊端的缩影。

1962 年 5 月 3 日夜里，位于东京都荒川区的国铁常磐线三河岛站，一列下行货运列车在红灯情况下错误发车，并在撞到阻挡列车的车挡后出轨，部分车厢阻挡了下行本线，与下行的客运列车相撞，导致客运列车出轨。客运列车的部分车厢被挤到上行本线，几分钟后上行列车驶来，与出轨列车相撞，并碾压了许多为了避难而进入线路的人，造成 160 人死亡、325 人受伤。

事故的原因被归结为列车时刻表的安排过于紧密，以至于超出了铁路职员注意力的极限，以及铁路安全设备不够充分。当时的

三河岛事故

318 列车乘务员没有能够互相联系的无线电设备，列车也没有安装车内广播设备。因为经济发展带来的运输量增加，国铁只能不断增发列车。对于时刻表安排过于紧密的问题，国铁计划将东京近郊的铁路扩展到四线。在事故发生之后，国铁开始导入列车自动停车装置、无线通话设备和车内广播设备。常磐线也在 1971 年 4 月实现了四线化。在经济发展过程中出现的问题，就这样通过经济实力得到了解决。

1966 年，先是在 2 月发生了全日空客机坠入羽田海面，133 人遇难的事故；3 月相继发生了加拿大太平洋航空的客机在羽田机场着陆失败，64 人遇难的事故，以及英国海外航空的客机在富士山上空解体，124 人遇难的事故；11 月又有一架全日空客机坠毁在松山海面，造成 50 人遇难。羽田机场的航班过于繁忙，被认为是接连发生重大事故的原因。由此产生了在千叶县的成田建设一个国际航班专用机场的计划，但是因为与当地民众的沟通不够充分，成田机场自建设之初就饱受反对运动的困扰。直到 1978 年机场启用之后，反对运动也一直没有停息。

公害问题不断扩大

公害问题可以说是日本经济高速增长时期最大的社会问题。1959 年 3 月，四日市的石油化工联合企业第一期工程完成。之后，随着日本各地石油化工联合企业的兴建，有不少人因为这些工厂排
319 出的废气而患上了哮喘。受到四日市哮喘和水俣病等公害问题的影响，1963 年，在静冈县骏河湾东部建设石油化工联合企业的计划受到当地居民的反对，理由是政府出具的没有发生公害危险性的调

查报告存在错误。他们的反对运动得到了广泛的支持，最终迫使建设化工企业的计划在 1964 年 9 月取消。这体现了对于个人权利和民主决策的尊重，可以说是新宪法和战后教育的成果。

四日市的哮喘病患者

1965 年 6 月，在新潟县阿贺野川流域也出现了与水俣病症状一致的甲基汞中毒患者。1967 年 4 月，发现昭和电工鹿濑工厂排出的废水是造成甲基汞中毒的原因，但是政府和企业都极力隐瞒这一问题。同一时间，在富山县又出现了一种被称为痛痛病的奇怪疾病，这是三井金属神冈矿业所排出的废水中所含的镉通过食物链进入人体造成的。1967 年 6 月，新潟县的水俣病患者正式起诉昭和电工，要求赔偿。

面对这种情况，本就有心纠正经济发展带来的负面影响的佐藤荣作在 1967 年 8 月主持制定了《公害对策基本法》。这一法律 320
要求企业采取措施预防公害发生，并在公害发生以后对受害者进行赔偿，经济界因此在法案审议过程中施加了诸多压力，使得法案中的一些内容遭到删除。但是，这部法律还是最终得以问世，说明国家已经不得不正视公害问题，并对受害者伸出援手。在《公害对策基本法》通过 1 个月后，四日市的哮喘病患者起诉排污企业要求赔偿，1968 年 3 月，痛痛病患者及其家属也选择采取法律手段维护自身权益。

1968 年，厚生省将痛痛病和水俣病认定为公害病。1968 年 6 月，熊本县的水俣病患者起诉窒素公司。1971 年 7 月，政府成立环境厅，专门应对公害与环境保护问题。1972 年，通过立法规定了企业在公害问题上的无过失补偿原则。

到 1972 年，有关公害病的多起诉讼都被地方法院判决原告胜诉。企业方面不是放弃上诉，就是上诉被驳回，只能选择与受害者和解。但是，在最早发生的熊本县水俣病问题上，因为有受害者在诉讼中要求追究国家与县政府的责任，加上对救济对象的认定标准有争议，使得问题至今尚未得到完全解决。

这一时期特有的由经济发展带来的负面影响，不只有公害问题，还有吃药反而吃出病的“药害问题”。1962 年 5 月，媒体报道
321 中不断出现联邦德国生产的安眠药“反应停”造成服用者生下的婴儿先天畸形的消息，在日本生产同样药物的公司只好停止贩卖这一药品。虽然厚生省和制药公司在前一年的 11 月就已经了解到这一药物在联邦德国造成的问题，但是并没有马上停止销售。这一缓慢应对造成 300 多名新生儿受到影响。因为国家和企业都不愿承担责任，受害者的亲属最终选择起诉国家和制药公司。1974 年 10—11 月，相关诉讼相继和解。受此事件影响，药品管理的相关法律得到修正，新型药物的试验制度也被强化。

“反应停”事件尚未得到解决，日产和丰田又在 1969 年 5 月相继出现车辆质量问题。1966 年美国制定法规，出台了汽车召回制

度。但是，日产和丰田在之后几年里都没有执行召回制度，而是私下回收修理有缺陷的车辆。这一问题被美国媒体曝光后，通过日本媒体传回国内，也让日本国内民众了解到了美国的汽车召回制度。

当时主管贸易的通商产业省考虑到汽车是日本的重要出口产品，因此对于公开汽车存在缺陷的事实并不积极。但是因为媒体的曝光，其他厂商生产的汽车也陆续被发现存在缺陷。最终发现当时日本国内使用的日产汽车当中，每 10 辆就有 1 辆是应当被召回的。各大厂商不得不正视这一问题，运输省也将公布汽车存在的缺陷规 322
定为厂商的义务。在这以后，国外对于日产汽车的评价反而更好了，1971 年日本汽车的年出口量达到 372 万辆，位居世界第二。

1969 年 10 月，合成甜味剂甜蜜素被怀疑具有致癌性，因此在美国被停用。一直以来甜蜜素在日本被广泛使用，但在媒体报道了美国的情况之后，日本也禁止了这种甜味剂的使用。自此以后，人们开始关心起食品添加剂的安全问题。

这一时期的教育问题也较为突出，随着经济发展，越来越多的人在义务教育结束后选择升入更高一级的学校。加上在战后的婴儿潮中出生的人也差不多到了初中毕业的年纪，增加高中数量的呼声日益高涨。政府虽然在一定程度上回应了这种需求，但还是更多地考虑了经济界的希望，建设了一批工业高等学校，来为企业培养技术工人，并对高中进行排名，由此引发了高中的入学竞争，也使得大学的入学竞争更为激烈。

为了减轻学生的中考负担，政府采取了一系列措施。例如，不依单次考试的成绩决定入学资格，而是在考核中重视记录了学生初中时期各种情况的“内申书”。60 年代中期，又诞生了“偏差值”

这一概念，这是衡量学生能力的一项指标，人们可以通过这一指标选择报考学校。然而，内申书被批评会压制学生的个性思想，而偏差值的导入则进一步加剧了高中的高低排序，问题并没有得到解决。

323 伴随着经济的高速增长，日本面临各种各样的新问题，其中不少在几年之内就找到了解决的办法。但是，也存在熊本水俣病这样的事例，虽然发现很早，却迟迟得不到理解，以至于长久都没有得到妥善解决，给受害者及其家属平添了许多痛苦。从各类公害问题受害者的立场来看，政府的应对措施还无法说已经完全到位。但是相比战前的足尾矿毒事件，政府的应对还是有了长足的进步。政府和企业承认错误，承担自身的责任，对公害问题受害者进行赔偿，这是理所应当的。而《日本国宪法》中尊重个人权利和民主程序的理念，是让这种“理所应当”成为可能的重要原因之一。遗憾的是，在昭和时代结束进入平成时代之后，日本还是出现了“药害艾滋事件”，昭和时代药害问题的教训被遗忘了。

5 “归还”冲绳

与韩国建立外交关系

佐藤荣作内阁在外交方面也展开了积极的工作，这很大程度上也得益于国内经济形势大好。韩国过去曾经是日本的殖民地，因 324
此对韩关系从日本即将恢复主权开始就是重要的议题。日韩两国隔海相望，日本国内也有许多韩国人，两国之间人员和物资的交流都相当频繁，但是当时也存在着渔业争端等悬而未决的问题。在1953年10月的会谈中，日方代表居然说日本对朝鲜半岛的统治是对朝鲜人民的恩惠，结果造成会谈中止。由此可见，两国之间的谈判还存在着相当多的困难。

1963年朴正熙出任韩国总统，两国关系迎来转机。1965年6月，双方签署了《日韩基本条约》及各项附属协定。日本承认境内的韩国人在满足一定条件后拥有永久居留权，韩国也在渔业问题上做了让步。以日本提供11亿美元经济援助作为交换，韩国在事实上放弃了对日本的索赔。在日本国会审议条约时，在野党提出，承认韩国为朝鲜半岛的唯一合法政权，无助于解决半岛南北分裂的问题，但是佐藤荣作通过强行表决的方式，在 11 月批准了这一条约。虽然朝鲜半岛还处于分裂状态，但日本还是在时隔 55 年之后，重新建立了与朝鲜半岛上的政权的正常外交关系。

开始就“归还”冲绳进行谈判

佐藤荣作的另一个目标就是收回当时处于美国直接控制下的地区。1953 年，奄美群岛作为对美国战略意义不大，当地居民又
325 有着强烈回归愿望的地区被日本收回。之后的问题就是冲绳和小笠原群岛，其中冲绳问题尤其难以解决。

20 世纪 50 年代中期，因为美军强硬的基地扩张计划，冲绳发生了较大规模的反对运动。美国政府不得已在 1957 年以后实施怀柔政策，给予当地人一定的自由，并扶植当地经济发展。但即便如此，由教师、青年团体、女性团体、工会、自民党以外的其他政党等各方势力组成的“冲绳祖国复归协议会”，还是在 1960 年 4 月成立了。

佐藤荣作面对这种情况，在 1964 年 7 月参与自民党总裁选举时，便将收回冲绳作为自身政策之一。虽然池田勇人在这次选举中险胜佐藤，第三次当选自民党总裁，但他不久之后就因病辞任。经过商讨，佐藤荣作在 11 月继任自民党总裁，进而出任首相。佐藤荣作也因此得以继续推进收回冲绳的工作。

在 1965 年 1 月访问美国时，佐藤荣作便向美国总统林登·约翰逊表达了收回冲绳的愿望。虽然美国并不愿意轻易放弃冲绳，但是佐藤还是在 8 月访问了冲绳，成为第一位访问冲绳的日本首相。在那霸机场，佐藤发表讲话称，如果不能收回冲绳，那么日本就无

法走出战争的阴影，表达了其收回冲绳的强烈决心。

1967 年 11 月，佐藤再次访问美国，与林登・约翰逊会晤后，美方同意在保留美军基地的前提下，“归还”冲绳主权。日美双方开始以此为目标，推进冲绳与日本本土的一体化进程。但是，美国
政府内部依然存在反对迅速“归还”冲绳的意见，所以林登・约 326
翰逊并没有言明“归还”的具体日期。日美共同声明明确表示小笠原群岛将在一年内回归，而关于冲绳“回归”的日期，则定在了 6 年以内。佐藤回国之后，在羽田机场发表讲话，希望冲绳民众开始为“回归”做准备。1968 年 6 月，小笠原群岛回归日本。

冲绳的“回归”虽然尚需时日，但是已经成为既定事项。接下来，日美两国把讨论的焦点放在了美军基地和美军持有的核武器上。1967 年 12 月，佐藤荣作在国会发表了“不拥有、不生产、不引进”核武器的非核三原则。这其实只是佐藤在明白美军不可能放弃基地的情况下，为了顺利收回冲绳而提出的口号。当在野党于 1968 年提出将非核三原则作为国会决议时，佐藤便拒绝了这一要求。

日本作为唯一受到过核武器打击的国家，民众对于核武器有着相当强烈的反对情绪。在这种情况下，日本收回冲绳之后，美军维持现有基地并部署核武器是难以接受的。当时美国正深陷越南战争的泥潭，从 1965 年开始，美军轰炸机就从冲绳基地出发，空袭越南。日本民间的反美情绪日渐高涨，1968 年的舆论调查表明，有 57% 的人认为日本应该脱离美军的保护伞。在这种状况下，佐藤的决策不可能忽视国内的舆论。

因此，佐藤在 1969 年 3 月提出了“无核且与本土一样”的要 327

1971 年 6 月，民众举行《冲绳返还协定》抗议集会

求。佐藤派出国际政治专家、京都产业大学的若泉敬教授作为秘密特使，前往美国进行交涉，达成了在紧急情况下允许美国将核武器部署在日本基地的秘密约定。在这一秘密约定的基础上，佐藤于 1969 年 11 月访问美国，成功与美国谈妥“归还”冲绳时“无核且与本土一样”的条件。“归还”冲绳的日期终于被确定下来，美国将在 1971 年 5 月“归还”冲绳。

在国会审议条约时，有议员提出美国还是有可能将核武器部署在日本，以及条约中并未约定美军基地规模将会缩小等问题。佐藤做出了允许将非核三原则作为国会决议等让步，但是仍有人反对在收回冲绳以后完整保留美军基地。最终，佐藤又一次采取了强行表决的方式，批准了条约。

“归还”冲绳 328

1972 年 5 月，冲绳回归，佐藤荣作以此作为其政治生涯的谢幕，在 6 月退任首相。冲绳的主权在时隔 27 年后重新回到日本手中，但是冲绳的美军基地被完整保留下来，当地经济也仍然依赖美军基地，冲绳民众的平均收入仅为日本本土的 58%。考虑到当时正值冷战，日本在保留美军基地的情况下收回冲绳，也是不得已之举。在当时的情况下，日本脱离美国领导的西方阵营是不可能的，因此佐藤所做的决定是恰当的。但即便如此，政府也无法对穷困的冲绳民众和冲绳依赖美军基地的经济状况置之不理。

让冲绳“与本土一样”是佐藤做出的承诺，因此在冲绳“回归”的同时，政府设立了冲绳开发厅，准备通过在 10 年内实施 3 次冲绳振兴开发计划，使当地民众的收入达到日本本土的 80%。但是，这些计划并没能达到预期的效果。为了振兴冲绳经济而在 1975—1976 年举办的冲绳海洋博览会，也没能吸引来预期的大量游客。虽然这些计划都很难谈得上成功，但是将旅游业作为冲绳支柱产业的构想本身，还是很有意义的。

因为地处冷战前线，日本想要在冷战结束之前缩小美国驻军
的规模，几乎是不可能的。但是，日本政府仍然可以通过将驻冲绳 329
的美军转移到本土等手段，来尝试缩小冲绳美军基地的规模。遗憾的是，直到昭和时代结束，日本政府都没有做出这样的努力。战后的日本已经是一个议会制的民主国家，所以这不仅仅是政府的责任，也是本土所有拥有政治权利的人，甚至可以说是本土所有人的责任。冲绳民众在战前就受到诸多不公正的待遇，战后又无从选择

地成为美军基地所在地，一直以来都饱受苦难。冲绳民众对于日本本土的复杂感情，是无法在短时间内轻易消除的。

贸易摩擦与皇室外交

在外交方面，还有其他一些值得回顾的问题。在日本经济高速增长时期，纤维制品和汽车都是重要的出口产品。因为日本纤维制品的竞争，美国的纤维产业受到严重冲击，美国政府为此向日本要求限制出口，两国之间发生贸易摩擦。日美之间的谈判在 1970 年 6 月破裂，但是日本的纤维业界进行了主动的限制，使得争端在 1971 年 7 月得以平息。

不仅是日本，联邦德国对美国的出口额也极高，这使得美国陷入贸易赤字，用以贸易决算的黄金储备有可能出现不足，美国总统尼克松最终在 1971 年 8 月宣布美元与黄金脱钩。在第二次世界
330 大战以后，美元一直是国际贸易的结算货币，美元与黄金的脱钩引发金融市场动荡，被称为美元冲击。

在日本恢复主权时，实行的是 360 日元兑 1 美元的固定汇率，美元与黄金脱钩后，便开始实施浮动汇率，日元很快升值到 308 日元兑 1 美元的水平。股市与出口行业一时间陷入混乱，在政府出台相应的支持政策后才得以平息。一直以来受到美国支援的日本经济，此时已经具有了对美国经济造成冲击的力量。

1971 年 9 月下旬至 10 月中旬，昭和天皇和皇后一同访问西欧。虽然昭和天皇还是皇太子时就曾经访问西欧，但是在位天皇出访国外，这还是日本史上第一次。飞机在经停阿拉斯加的安克雷奇进行
331 加油时，天皇与尼克松进行了会面。之后天皇访问了丹麦、比利

时、法国、英国、荷兰、瑞士以及联邦德国。各国政府和王室都对日本天皇的到访表示欢迎，但是在英国、荷兰这些二战中与日本交战的国家，有相当多的民众对昭和天皇仍然心存芥蒂，还有人发起示威活动，抗议天皇到访。他们认为，昭和天皇作为二战中日本的最高统治者，理应对战争中发生的虐待战俘和对女性的性暴力等问题负责。昭和天皇在战后决定不退位的时候，想必已经对这种状况有了相应的思想准备。当然从总体上来说，昭和天皇的出访还是获得了成功，那次出访也为之后的皇室外交铺平了道路。

6 学生运动与大学纷争

学生运动走向过激

这一时期必须要提到的最后一个重点，就是学生运动与大学纷争。日本的大学入学率在 20 世纪 60 年代初达到 17%，并在 70 年代初进一步提高到 23%，与战前相比有了极大的提高。不过，社会上还是将此时的大学生视作精英人才，这些大学生就是这一时期学生运动与大学纷争的主角。小熊英二[①]对于这些事件的研究非常优秀，下面的叙述也参考了他的成果。

左翼学生组织在 1960 年的安保斗争中就与工会一起扮演了重要的角色，从 1967 年日美双方正式开始就移交冲绳主权的问题进行谈判时，学生组织再次活跃起来。其中起核心作用的，是三个派别的“全学联”（全日本学生自治会总联合）组织。这些组织反对日本共产党采取的合法路线，因此被称为新左派。

---

① 小熊英二：日本社会学者，庆应义塾大学教授，专攻历史社会学。此处提到的研究应为『1968 上：若者たちの叛乱とその背景』与『1968 下：叛乱の終焉とその遺産』（新曜社，2009 年）。

学生运动的参加者认为，政府因为在收回冲绳的谈判中允许保留美军基地，于是就成了在越南战争中压迫越南人民的美国帮凶，因此展开了抗议活动，并准备趁此机会发起社会主义革命。为了遏制共产主义势力的扩张，美国在 1964 年介入越南战争。但是从 1966 年 8 月开始，在美国的华盛顿和纽约等地出现了反战游行。

1967 年 10 月，三个派别的“全学联”派出约 2500 人，试图闯入羽田机场，阻止佐藤荣作访问东南亚，与 2000 多名警察发生冲突。他们这样做的原因，是佐藤荣作准备访问的国家里，有美国支持的南越政权。学生们头戴安全帽，手持被称为“武斗棒”的方形木棍与警察搏斗，并向警方投掷石块，放火焚烧警备车辆。这与从前的抗议活动完全不同，是非常暴力的武力斗争。从此以后，这种形式的斗争就成了学生运动的常态，而进行这些暴力活动的学生就被称为过激派。在羽田机场的乱斗中，有 1 名学生死亡，警方 333
与学生方面共有约 250 人受伤，58 名学生被逮捕。在一片混乱中，那名丧生学生的死因至今不明。

一个月后，在佐藤荣作准备出访美国时，大约 7500 名学生再次聚集到羽田机场周边进行抗议活动。警方派出约 5000 名警察进行驱散，逮捕学生 333 人，双方共有约 170 人受伤，另外还造成一些群众受伤。单就当时报纸所报道的情况来看，一般群众和知识分子虽然对学生的动机表示理解，但是并不能接受他们的暴力行径。

1968 年 1 月，学生们又一次发起斗争，试图阻止美国的“企业号”核动力航母停靠佐世保军港。“企业号”不仅是美国的第一艘核动力航母，在越南战争中也多次行动，还可以搭载核武器，因此成了学生们反对的目标。从关东和关西各地聚集起来的大约 800

名学生与1300余人规模的警队发生冲突，结果造成27名学生被逮捕，包括学生、警察以及记者在内的80余人受伤。那次斗争的情景被电视台拍摄下来，警察与学生斗殴的暴力画面以及警察对记者动手的影像都被播出，使得舆论开始同情学生。

1966年，左翼团体将每年的10月21日定为“国际反战日”。1968年10月21日傍晚，约4600名过激派学生聚集在国铁新宿站，准备进行街头斗争。在他们的影响下，又有一大批人加入其中，这批后来者的人数没有精确统计，有从1000人到2万人的各种说法。人群涌入新宿站内，对车站设备进行破坏，与警方发生冲突，甚至有人纵火，这样的骚乱一直持续到深夜。新宿站是东京重要的交通枢纽，因为这一天的骚乱，经过新宿的国铁各条线路直到次日10
334 点才恢复正常，这给搭乘电车上班、上学的人们造成了极大的不便，舆论对于学生的同情由此消失。此时过激派内部虽然发生了主导权之争，但是过激的行动依然在继续。

左翼团体将1969年4月28日定为“冲绳日”，准备在这一天采取统一行动，要求美国立即移交冲绳主权并全面撤销美军基地。过激派学生在东京的新桥、银座等繁华地带与警方爆发近乎巷战的激烈冲突，并冲入国铁线路，造成当天傍晚以后东海道新干线、东海道本线、山手线、京滨东北线等线路停运。1969年9月，学生组织内部也爆发了暴力冲突。10月21日的“国际反战日”，过激派学生又一次在东京都内多地闹事，投掷燃烧瓶，造成国铁的部分线路停运。11月，为了阻止佐藤荣作访问美国，过激派学生在多个国铁和私铁的车站周边与警方冲突，这一次也使用了燃烧瓶，结果造成包括铁路工作者和一般民众在内的多人受伤，多条铁路线路停运，2000 名以上的学生被逮捕。

过激派学生大都将自己的得失与前途置之度外，怀着满腔的正义感以及变革政治和社会的理想投入学生运动之中。但是，他们的理想过于纯粹，对变革的希冀过于灼热，以致运动走向暴力化。当自己的理想无法以暴力的形式得到满足时，他们或将暴力升级，或将失败的原因归于组织内部，从而引发了内部斗争。

造成这种情况的原因，在于他们所抱有的左翼思想。19 世纪
的德国思想家马克思所提出的马克思主义，在 20 世纪的世界历史 335
上留下了极大的影响。马克思拯救资本主义制度下苦难民众的动机非常伟大，但是后人在实践他的思想的过程中，如果刻意将平等作为最终目标，就难免出现抑制人们的自由表达和行动的情况，进而产生针对反对者的不宽容。

从“淀号”到浅间山庄事件

就算舆论已经不站在自己这边，过激派的行动也仍在继续，

浅间山庄事件

并进一步升级。过激派的一部分人结成名为“赤军派”的组织，在1970年3月劫持了昵称为“淀号”的日本航空351号客机，这成为日本史上的首次劫机事件。9名赤军派成员劫持客机后，经由韩国飞往朝鲜。当时担任运输政务次官的自民党议员山村新治郎在谈判中，以自己陪同恐怖分子前往朝鲜为条件，让其他乘客得以安全下机，最终这一事件没有造成人员伤亡。受到“淀号”事件的影响，日本在当年6月制定了《劫机处罚法》，7月开始在机场对旅客的行李实施检查。

在“淀号”事件发生之后，赤军派的重要成员接连被捕，余下的成员与其他组织合作，在1971年12月成立了“联合赤军”。此时的过激派如同游击队一般，使用燃烧瓶和爆炸物四处进行破坏活动。1972年2月，又发生了浅间山庄事件。一伙联合赤军的成
336 员原本躲藏在群马县的山中，在行踪暴露后有5人逃到长野县轻井泽的浅间山庄。他们劫持管理人的妻子作为人质，并利用家具构筑了栅栏。他们还对人质宣称，自己是在与强权进行斗争，但是并没有什么效果。

联合赤军的成员毫不理会警察的劝降，直接开枪应战。在僵持了10天之后，警察强攻山庄，抓获全部恐怖分子，解救了人质。事件造成2名警察以及1名试图说服恐怖分子投降的平民死亡，另有27人受伤。电视台对警察攻入山庄的情况进行了9小时的现场直播，许多民众通过电视了解了现场的情况。事后警方调查发现，在联合赤军成员逃到浅间山庄之前，曾经发生山岳据点事件。在“革命行动”毫无成果，自身被警察不断追捕的过程中，团伙首领变得疑神疑鬼，联合赤军的山岳据点陷入集体歇斯底里的状态中，

有 14 人被自己的“同志”折磨杀害。联合赤军成员在这起悲惨事 337
件中表现出的残虐震惊了整个日本社会。

在浅间山庄事件之后，过激派的大规模暴力行动基本消失。但是仍然有一部分人信奉暴力革命思想，不仅小规模的袭击和内部斗争时有发生，一部分过激派还将活动范围延伸到了海外。

大学纷争

从 1968 年持续到 1969 年的大学纷争也是当时重要的社会问题。虽然在战前就发生过学生因为不同意校方的方针意见而罢课的事件，但是此时的大学纷争在全国各地的大学同时发生，让这一问题带上了浓重的时代色彩。其实从 1965 年开始，庆应义塾大学、早稻田大学、中央大学、横滨国立大学等学校就陆续爆发了反对校方的斗争，理由或是反对学费上涨，或是对院系调整不满，不一而足。在早稻田大学，因为学生运动组织加入斗争中，使得问题一时难以解决。其他学校的斗争起因大多是单纯地反对学费上涨，由于学费上涨的消息本身就多少带有传闻的性质，加上毕业生和高年级学生的劝阻，事情都没有闹大。在这些斗争中，学生的一些要求也得到了满足。

1968 年 1 月，东京大学医学部的学生反对实习医生制度的改革，实施了无限期罢课。医学部采取强硬立场，处分了一部分学生，这一处分本身和处分对象的认定都存在一些问题，因此激化了校方与学生的对立，春天的毕业仪式被迫取消。同年 6 月，医学部
的学生占据安田讲堂，校方利用警察机动队赶走了学生。这种做法 338
引起全校学生的不满，各个学部的学生自治会在 7 月成立了“东大

斗争全学共斗会议”，即东大全共斗，在全校范围内发起罢课。

成立东大全共斗的主要目的在于要求校方改变强硬态度，学生加入或是退出这一组织都是自由的。东大全共斗具体提出了撤回医学部做出的处分决定，以及就把警察机动队引入学校一事进行反省等要求。但是，全学联和日本共产党下属的民主青年同盟等组织很快开始介入东大纷争，并引发学生内部的领导权之争，使得事态复杂化。

当时学生总数超过 10 万人的日本大学，是日本规模最大的学校之一。长久以来，日本大学的学生就对校方过度介入学生活动、教授上课照本宣科等问题相当不满。1968 年 4 月，因为怀疑日本大学的会计账目存在营私舞弊问题，学生发起运动，要求大学的管理更加透明。5 月，成立了“日大全学共斗会议”，即日大全共斗，发起全校罢课。

然而，日本大学的校方完全拒绝交涉，不仅叫来警察，还发动那些参加体育课外活动的学生使用暴力对抗日大全共斗的学生，局势陷入混乱。到了 9 月，校方终于与日大全共斗方面进行交涉，而且也同意了学生们的要求。但是，日本大学屈服于学生的做法遭到佐藤荣作的批评，结果校方背弃承诺，将警察机动队引入学校，试图驱散全共斗。而全共斗方面也因此变得激进，开始在自身主张中加入政治内容。不过，随着四年级学生临近毕业，全共斗的活动
339 渐渐失去普通学生的支持，在 1969 年 2 月平息下来。

东大的斗争依然在继续，并开始有日大全共斗的成员参与进来。如果这种情况持续下去，文部省就将中止这一年的大学入学考试，因此东大方面在 1969 年 1 月引入警察机动队，将全共斗方面

东大斗争

的学生驱离校园，然后与民主青年同盟方面的学生进行谈判，满足了学生的一部分要求。

由此一来，全校范围的罢课终于停止。但是，全学联的一部分学生和全共斗都拒绝就此妥协，这些学生不仅占据了安田讲堂，还大闹校园内的诸多研究室，然后将之占据。他们准备将东大的斗争作为世界革命的起点。1969 年 1 月 18 日，校方再次引入警察机动队，驱离学生，到第二天午后，基本夺回了被学生占据的场所。
各大电视台直播了警方在东大校园内的行动，生活在关东地区的每 340
个家庭，或多或少都看到了这些直播画面。虽然校方驱离了占据校园的学生，但此时的校园已经形同废墟，入学考试最终还是中止了。

在东京大学与日本大学爆发大学纷争的同时，全国各地的许多大学也发起了类似运动。学生们提出了学校管理民主化、反对照本宣科式的授课以及反对学费上涨等要求。其中一部分运动一直持续到1970年。以一部分升学率较高、被称为“进学校”的高中为中心，高中生也发起了类似运动。高中爆发纷争的原因在于，教师们表面上提倡尊重人性，重视修养素质，实际上却只看重考试成绩。

积极参加到大学纷争中的学生大约占全体学生总数的30%，参与了那些政治色彩更浓的学生运动的人则更少。但是，这些学生的总人数仍然是十分巨大的，他们放弃了作为社会精英的前途，毅然参与到学生运动中。这些学生接受了战后的民主主义教育，并通过“考试战争”为自己赢得了成为社会精英的机会。在认真地对自己的生活进行反思并为此烦恼的过程中，因为无法简单地得出答案，便参与到了学生运动中。他们的真诚不容否定，但同时也正是这份真心让他们充满正义感，以至于常常难以与现实妥协。

当时的大学生们在占领期受到民主主义教育，培养了独立思考的能力，又在严格的考试制度下获得了比同龄人更好的发展机会。这样一群年轻人在面对经过高速经济增长而发生巨大变化的日本时，目睹了社会存在的种种问题，于是发起了大学纷争这一针对
341 社会的反叛。

大学纷争并非全无意义，在这场运动之后，那些在课堂上年复一年地照本宣科、面对学生的交涉则敷衍塞责的教授们，威信尽失。越来越多的大学增加了重视学生自主性的小规模授课，大学的课程和研究主题也变得更贴近人们身边的问题。大众文化与高雅艺术之间的距离被拉近了，1972年创刊的《PIA》杂志，网罗了电影、音乐、戏剧等方面的文化资讯，并不分高低地加以报道。《PIA》的流行，就是这种文化趋势的证明。

7 电视时代

娱乐节目的流行

说到这一时期的文化现象，电视是当之无愧的主角。NHK 播
放娱乐节目的基本模式，就形成于这一时期。从 1962 年开始，20
世纪 50 年代前期诞生的一年一度的特别节目“红白歌合战”开始
计算收视率。每年最后一天播出的红白歌合战在 1962 年获得了
80% 的收视率。NHK 在早晨播放的电视连续剧有一个受到广播时
代影响的名字，“连续电视小说”。这一节目始于 1961 年，第二年
起将播放时间定在每天早晨 8 点 15 分。1966 年播放的《阿花小姐》 342
获得了 45.8% 的年平均收视率。大河剧则始于 1963 年，第二年播
出的第二部大河剧《赤穗浪士》，获得 31.9% 的平均收视率。NHK
的这三个节目，直到现在仍在继续。电视动画方面，根据手冢治虫
的漫画改编的动画《铁臂阿童木》于 1963—1966 年在富士电视台
播放，获得了 25% 的平均收视率。从此以后，动画就成了民营电
视台吸引孩子不可或缺的节目。

1969 年诞生了 3 个高收视率的长寿节目，分别是 TBS 电视台

的历史剧《水户黄门》，由漂流者乐团主持的综艺节目《八点全员集合》，以及富士电视台根据长谷川町子的漫画《海螺小姐》改编
343 的同名动画。水户黄门的故事在日本家喻户晓，在战前就常常被作为评书和电影的题材，被改编成电视剧的《水户黄门》增加了家庭剧的元素，主要讲述德川光圀云游各地、惩恶扬善的故事。这个系列的电视剧断断续续，一直到现在仍在拍摄新作进行播放，到 1998 年为止，获得了 25.6% 的平均收视率。《八点全员集合》一直播放到 1985 年，平均收视率为 27%。《海螺小姐》持续播放至今，收视率在电视动画中也是数一数二的。

在职业体育方面，1965—1973 年，读卖巨人队在教练川上哲治的率领下，取得了职业棒球史上空前的九连冠。1960—1971 年，读卖巨人队的一垒手王贞治连续 13 次成为中央联盟的本垒打王。

《八点全员集合》

大相扑的力士大鹏幸喜在 1960—1971 年赢下了 58 场比赛中的 32 场。这些代表性的体育人物都是凭借着踏实的努力取得成果的。从电视节目和体育赛事的情况可以看出，当时的人们倾向于追求“热门”，与其他人一起欣赏同样的内容。这种倾向也表现在耐用消费品的普及上。大家一起通过踏实的努力让生活变得更好，正是这一时期的时代精神。

8 田中角荣与石油危机

日本列岛改造论

1972年7月7日，田中角荣内阁成立。田中角荣的经历与之前的首相完全不同，他出生于新潟县的农民家庭，从高等小学校毕业后就前往东京，一边打工一边在中央工学校学习土木工程专业，1936年毕业后进入建筑行业。他在1938年被征召进入军队，后来因为生病退伍，重新进入建筑行业，并积累起了财富。在田中角荣之前，战后的首相全都拥有旧制中学以上的学历，如果单从这一点上来说，田中角荣确实如当时新闻报道的那样，来自平民阶层。田中角荣在战后开始为政治人物提供资金，自己也逐渐涉足政坛，他利用议员立法[①]这一手段为地方做了不少实事。但与此同时，关于他的政治资金，一直都有一些不好的传闻。

在田中角荣当选自民党总裁之前，他出版了《日本列岛改造论》一书。虽然这本书实际上是主管官员和田中角荣的亲信所写，

① 指由国会议员直接提出法案，并争取使之成立的立法方式。

并非他本人执笔，但是书中内容都是基于他的理念，因此也可以视作他政治主张的说明。在书中，田中角荣主张通过加强全国的通信基础设施、扩建新干线和高速公路等交通基础设施，来将工业设施分散到全国各地，使得人口分布不均和地区差距问题得到解决，读来非常令人振奋。这本书也成了当时的畅销书。田中角荣将列岛改造作为内阁的中心政策加以推进，宣布将推动更多新干线的建设。1972 年 9 月下旬，345
田中角荣访问了中华人民共和国，成为第一位在任期内访问中国大陆的日本首相。通过这次访问，两国发表《中日联合声明》，建立了外交关系。

田中角荣

此时的中华人民共和国正被越来越多的国家承认是统治中国的合法政权。1971 年 7 月，美国总统尼克松宣布将在第二年春天之前访问中国，美国对中国大陆与中国台湾地区的态度发生了转变。1971 年 10 月，中华人民共和国取代“中华民国”，获得了在联合国的席位。1972 年 2 月尼克松访问中国，发表《中美上海联合公报》，迈出了两国关系正常化的第一步。日本此时也认识到有必要与中国大陆建立外交关系，但是佐藤荣作与中国台湾方面关系很深，暂时没有采取行动。

田中角荣上台后，迅速访问中国，并建立了外交关系。虽然在这以前两国之间也有经贸合作关系，但是一直没有建立正式的外交关系。在与中国大陆建交后，日本自然断绝了与中国台湾地区的“外交关系”，但是实质上的人员和经贸往来还是一直维持到现在。

346 田中角荣开创性的行动也为内阁赢得了创纪录的支持率，《读卖新闻》在 1972 年 10 月进行的舆论调查显示，田中角荣内阁的支持率达到了 60%。然而在 12 月举行的总选举中，自民党虽然还是获得了过半席位，但是议席数量却略微下降。相对地，社会党和共产党的得票数增加了，特别是在大城市，两党的支持者显著增加。从当时的新闻报道来看，出现这种情况的原因，一方面是大城市的居民对列岛改造论不太满意，认为这种政策偏重农村地区；另一方面，则是当时物价与地价的上涨，已经影响到人们的生活。

物价与地价的上涨，首先源于市场预期列岛改造论能够促进内需，另一个原因则在于，日本在经济高速增长时期出口额猛增，引来外国不满，作为中央银行的日本银行下调利率，希望由此拉动内需，结果却引起贸易公司对生活必需品和土地的囤积抢购。

1973 年 1 月的公告地价相较前一年上涨了 30%，生活必需品的价格也上涨了一到两成，而且还会缺货。消费者团体为此进行抗议，国会也讨论了这一问题，当年 6 月有贸易公司因为囤积物资被曝光。田中内阁的支持率在 1973 年 5 月暴跌到 27%。

第四次中东战争爆发

以色列从建国开始，就因为巴勒斯坦地区的归属问题与阿拉伯国家形成尖锐的对立，并爆发数次战争。1973 年 10 月，埃及与叙利亚对以色列发动突袭，第四次中东战争爆发。为了报复支持以色列的西方国家，石油输出国组织中的阿拉伯国家开始减少原油产量并提高价格，从而引发了第一次石油危机。

日本政府在 11 月决定节约消费，大都市的霓虹灯不再闪亮，347
还开始实行双休日制度。现在人们能够在周末享受到两天的假期，起因竟然是石油危机，还真是有点令人啼笑皆非。因为当时已经发生生活必需品被贸易公司囤积抢购的问题，在石油危机发生后，人们更为恐慌，结果在各大城市都发生了抢购卫生纸等生活用品的风波。

副总理[①]三木武夫在 12 月被派往中东与产油国谈判，谈判虽然取得了不对日本进行出口限制的成果，但是原油价格上涨的情况并没有改变，日本国内物价上涨的势头依旧。一些家庭主妇发现住处附近的仓库里，有大量外面已经买不到的洗涤剂，于是向政府进行举报。这种情况在当时并不罕见，有不少企业被发现不愿卖出物资，而是希望等待价格进一步上涨。

到 1974 年初，国会几乎变成了对企业的批判大会，但是物价的上涨并没有停止。结果 1974 年的企业破产数量是战后最多的，当年的经济也出现了战后的第一次负增长。1972—1974 年的消费者价格指数则上升了 20%，除了战争刚刚结束的那段时间，物价还没有出现过这样的快速上涨。在 1974 年 7 月的参议院选举中，自民党虽然维持了过半席位，但选举中收买选票的行为被媒体曝

① 日本内阁中地位仅次于内阁总理大臣（首相）的国务大臣，并非正式职务，只是惯用称呼。

光，受到强烈批判。副总理三木武夫辞职，以此表达对田中角荣的不满，自民党内部对于田中角荣的批判也由此浮出水面。

媒体开始就田中角荣的资金问题进行曝光。1974 年的《文艺
348 春秋》11 月号刊登了立花隆所写的《田中角荣研究》一文，揭露田中角荣利用其政治地位倒卖土地，通过这种近乎违法的手段来秘密筹措政治资金。1974 年 10 月下旬，在外国记者俱乐部与记者们举行午餐会的田中也被问及这一问题，丑闻进一步传到国外。不仅仅是在野党，就连自民党内部也出现了要求田中辞职的声音。在 11 月进行的民意调查中，田中角荣的支持率仅为 11%。在 11 月 18 日美国总统福特作为第一位在职美国总统访问日本之后，田中角荣于 26 日提出辞职。

田中角荣内阁还曾经计划请昭和天皇访问美国。虽然昭和天皇本人确实有访问美国的想法，但是在日本与美国因为贸易摩擦等问题关系颇为紧张的情况下，在野党和宫内厅认为田中角荣的这一设想是在利用天皇，结果在田中角荣任内，天皇未能访问美国。直到 1975 年，昭和天皇才得以访问美国，在各地普遍受到了欢迎，为美日两国的友好关系做出了贡献。在踏上访美旅程之前，昭和天皇在记者招待会上也被问及战争责任问题，他明确表示这些问题有可能伤害到还活着的人，回避了问题。不过在 1978 年，时任中国副总理的邓小平访日并与天皇见面时，昭和天皇向邓小平表示，过去日本的种种行为是错误的，并道了歉，这让邓小平颇为惊讶。

三木武夫在金钱方面没有丑闻，便继任了首相。1975 年 11 月，“三公社五现业”的员工为了取得在占领期被短暂承认，随后
349 又遭到剥夺的合法罢工权，发起了长达 10 天的大规模罢工。这里

的“三公社”，即日本国有铁道、日本电信电话公社以及负责烟草与食盐专卖的日本专卖公社三家特殊法人企业，而“五现业”则是从事邮政、国有林业、特种印刷、造币、酒精专卖等行业的国家控制的企业。三木武夫最初准备将这些企业员工的罢工权合法化，但是遭到了自民党人士的强烈反对。

那些持反对意见的自民党人士的信心在于，他们认为民众并不同情这些企业员工发起的罢工。从 1972 年春天开始，国铁的两个工会，即以一般员工为主的“国铁劳动组合”和主要由机车乘务员组成的“国铁动力车劳动组合”，以取得罢工权为目标开始了斗争。他们的斗争手段主要是罢工与“顺法斗争”。所谓“顺法斗争”，字面意思即是合法斗争，具体而言就是以仔细的安全检查为由，故意造成列车晚点。1973 年 3 月 13 日，这些斗争手段造成埼玉县的高崎线上尾站车辆晚点，车站拥挤不堪，乘客的不满终于爆发，有大约 6000 人对列车和车站设施进行了破坏。3 月 24 日，当国铁员工再次进行“顺法斗争”时，东京都内各个主要车站也发生了打砸事件。因为国铁员工的罢工和斗争会给自己的生活和工作带来不便，很多民众对于国铁工会的做法持批评态度，认为这是自私的做法。

洛克希德事件

到 1975 年 11 月，“三公社五现业”的斗争因为得不到民众的支持，只能宣布暂停 8 天，自民党内部对于三木武夫的不满情绪也日渐高涨。田中角荣认为，这是自己东山再起的好时机，于是开始了活动。不巧的是，1976 年 2 月，洛克希德公司通过贿赂他国政

要获取利益的丑闻在美国参议院被曝光，日本的许多高官也收受了洛克希德的贿赂。田中角荣和他担任首相期间的内阁成员就成了嫌
350 疑人。

国会迅速开始就此问题质询非政府机构的有关人员，但是每个人作证时都含糊其词。三木武夫因此命令检察机关进行彻底调查，从当年 4 月开始，陆续有人被逮捕。到了 7 月，田中角荣因被怀疑违反《外汇与外贸管理法》而遭到逮捕，8 月被控受贿罪遭到起诉。3 周之后，田中角荣交出 2 亿日元的巨额保释金获得保释。1983 年 10 月，东京地方法院判决田中角荣有罪，虽然田中角荣再次通过缴纳巨额保释金避免了入狱，并提出上诉，但是他的政治生命在事实上已经结束。

在战前那种威权主义的政治状况下，单凭田中角荣的背景和资历，是完全无法想象他能够当上首相的。从这一点来看，田中角荣可以说是战后民主政治的象征。他真心地希望缩小偏远地区与城市之间的差距，与那些继承了父亲政治遗产的二世议员，或是进入政界却并没有什么抱负的高级官僚相比，田中角荣显然更有政治家的样子。田中角荣在自民党内能够组织起“田中派”这样一个有力的派系，并不单纯是凭借金钱的力量，他的理念和行动力也是不可或缺的。

但是，列岛改造论作为田中的中心政策，却引起了经济的混乱，这在某种程度上也是因为没有漂亮学历的他为了实现自己的理念，最终只能通过金钱来构筑需要的人脉。出乎意料的是，因为田
351 中角荣的奋斗而建设起来的高速公路和新干线，反而加速了地方产业向中心城市集聚，让人口分布不均和地区差距问题进一步恶化。

可以说，田中角荣是一个悲剧的政治家。

在田中之后，自民党内部又有两人被逮捕，舆论对自民党政权的批判日益高涨，一部分年轻的自民党议员宣布脱离自民党，成立新自由俱乐部。自民党内开始有人批评三木武夫在洛克希德事件中反应过度。在这种情况下，1976 年 12 月举行了众议院总选举，自民党仅得 491 席当中的 249 席，这是自民党成立以来第一次没有在众议院获得过半席位。虽然在选举之后，自民党通过“追加公认”，即将以无党派身份当选的议员吸收进本党，最终达到了 257 个议席，保住了过半席位，但是这并不能掩盖自民党受到强烈批评的事实。

9 经济恢复增长

日本第一

三木武夫承担了自民党在众议院选举中失败的责任，辞任自民党总裁，福田赳夫继任首相。在 1978 年 12 月的自民党总裁公选中，大平正芳当选，成为首相。但是，大平正芳在 1980 年 5 月底病倒，6 月去世，后由铃木善幸继任首相。这期间的政界充斥着自民党内部田中派和其余派系的钩心斗角，并没有什么值得特别留意的成绩。1978 年 11 月，日本与美国在行政层面制定了《日美防卫合作方针》，强化了自卫队与驻日美军的合作机制。

田中角荣下台之后，日本经济维持着每年 3%—5% 的增长。与之前的经济奇迹相比，这个成绩并不突出，但是在当时的主要发达国家中，这依然是最高的经济增长率，日本也因此保持着世界第二的国民生产总值。1979 年，美国的社会学者傅高义出版了著作《日本第一》，对日本式的经营管理大加推崇。这本书马上就被翻译成日语在日本出版，引起很大反响。当事情进展一切顺利的时候，就会像这样得到国内外的认同。

从统计数据来看，1972—1978 年，消费者物价指数增长了 2.6 倍，平均月薪从不到 11.2 万日元增长到 44.6 万日元。两者的增长速度之差相比之前的经济高速增长时期没有那么大了，但是薪资的增幅仍然超过物价，人们的购买力没有降低。家庭用车的普及率在 1972 年大约是 40%，到了 1989 年，达到 80%。空调的普及率在这段时间里则从不到 20% 变成了 60% 以上。

如果比较 1970 年与 1990 年的产业人口结构，就会发现从事第一产业的人口比重从 19.3% 降到了 7.1%，第二产业的数据分别是 33% 与 34%，基本没有变化，第三产业则从 46.6% 增加到了 59%，虽然增长速度不及过去，但是第三产业仍然吸收了大量的人口就 353 业。这些产业的国内生产总值也呈现与产业人口相似的变化趋势。当然，在这段时间里，大学入学率也在不断上升。

繁荣的持续靠的不仅是政府补贴、税费减免、关税保护等政府的扶持政策，也要归功于每个企业的奋斗。这些企业快速生产出优质的汽车、家电以及电子产品，远销海外，并在不单纯依靠政府扶持的情况下，继续开发生产受到国际市场欢迎的产品，这一切自然离不开企业内部技术人员的创意和努力以及工人的辛勤劳动。另一方面，虽然政府采取了保护政策，农业的衰退依然无法停止。从家庭用车的全面普及也可以看出，此时的农村已经变得相当富足。但是，这并非源于农业生产力的提高，而是因为八成的农村家庭都兼营副业，他们从农业之外的工作中获得了收入。到昭和时代快结束时，日本的粮食自给率已经不到 50%。

在这种背景下，社会也变得更为成熟。由父母与他们的未婚子女组成的核心家庭越来越多，人们追求富足而自在的生活。出生率不断降低，日本的人口增速在 80 年代以后放缓，1989 年日本大约有 1.23 亿人口。另一方面，民众的平均寿命则变得更长，1990 年男性平均寿命达到 76 岁，女性更是超过 80 岁，达到 82 岁。1970 年，14 岁以下的人口占总人口的 24%，14—64 岁的人口占 69%，65 岁以上的人口仅有 7%；到了 1990 年，以上数据分别变成了 18.5%、69.5%、12%，人口老龄化趋势开始显现。在 70 年代后期，基本上所有人都能进入高中，大学的入学率也接近 40%，
354 之后也基本维持了这个水平。

此时，国家财政最大的特征就是财政负债迅速增长。1970 年的财政收入约为 8.46 万亿日元，公债与借入款只有 3470 亿日元，只占财政收入的 4%。到了 1980 年，财政收入增长到 44 万亿日元，但是公债等负债也达到 14.1 万亿日元，负债的比重增长到 32%。这主要是因为政府为了促进经济增长，一方面对企业进行补贴和减税，另一方面以缩小各地区差距为目标，进行了大规模的公共投资。

1970 年，只有 15% 的普通道路进行了路面硬化，而到了 1990 年，这个比例超过了 70%。同样在这段时间里，高速公路的总里程从 640 千米上升到 4600 千米。1975 年山阳新干线冈山至博多段通车；1982 年东北新干线盛冈至大宫段、上越新干线新潟至大宫段开通；3 年后，这两条新干线又从埼玉县大宫站进一步延伸到了东京。1988 年，本州岛与北海道之间的青函海底隧道投入使用，人们不必再乘坐渡轮往返本州与北海道了。

这一时期的经济发展与经济高速增长时期不同，政府的积极财政政策起了相当大的作用，但同时也引发了一些问题。而如何

处理这些问题，就成了政治家们接下来需要面对的挑战。中曾根康弘就任首相后，积极采取措施应对这些问题，并取得了一定的成果。

10　中曾根康弘与国铁民营化

公营三社的民营化

1982年11月，中曾根康弘在自民党总裁公选中胜出，接替铃木善幸成为首相。中曾根康弘战前毕业于东京帝国大学法学部，除了在军队短暂服役，一直在内务省工作。战后不久，他投身政坛，当选为众议院议员。中曾根康弘梦想建设一个独立自主的强大日本，并以此为目标，持续着自己的政治生涯，最终成为首相。从这一点来说，中曾根康弘与池田勇人之后的首相都不一样。

中曾根康弘能够当选自民党总裁，也得益于田中派的帮助。但是之前已经提到，田中角荣在1983年被判有罪，这使得他的政治影响力丧失殆尽。中曾根康弘因此能够自由推行其计划，其中社会影响较大的政策，就是三公社的民营化。

在占领期进行的民主改革中，国有铁路、电话电信等通信事业以及烟草专卖事业被交给专门的公营企业经营。这三家巨型企业在接下来的时间里，渐渐出现了一些问题。尤其是国铁，随着经济高速增长时期私营铁路线路的增加以及汽车的不断普及，连年亏损，到 80 年代初已有超过 20 万亿日元的赤字。1983 年的国家财政预算是 43 万亿日元，对比之下，可见国铁亏损之严重。国铁希 356
望采取诸如提高企业经营效率、提高价格或是废止经营不善的地方线路等方法来扭转亏损的局面。但是，工会担心企业合理化会引起裁员，所以表示反对，而政府方面又不赞成国铁提高价格或废止路线，这使得国铁进退维谷。但是国铁的赤字需要国家通过特别财政预算来加以填补，这就导致了国家财政状况恶化，政府不得不采取增税手段加以应对。

虽然地方各界对于上越新干线和东北新干线期待已久，但是这两条建设成本高昂的新干线并没有东海道新干线那样的上座率；另一方面，新干线抢走了平行的普通铁路的一部分客源，使得普通铁路陷入赤字。这些都进一步恶化了国铁的经营状况。

铃木善幸担任首相时，设置了“第三次临时行政调查会”。为了在不增税的情况下改善财政状况，调查会提出了三公社民营化的策略。特别是国铁，调查会建议，若要提高企业效率，可以在拆分后推进民营化。但是当时的政界对这一方案多有反对，最终未能实施。

除了日本国有铁道，日本电信电话公社和日本专卖公社的相关负责人和工会都认可了民营化方针，因此进展相对顺利。1985 年，两家企业分别成为日本电信电话株式会社（NTT）和日本烟草产业株式会社（JT）。国铁方面，内部的工会自不必说，还有不少自民党议员因为担心地方线路废止后对自身选举不利，所以反对国铁民营化。1984 年 11 月中曾根康弘再次赢得自民党总裁选举后，他在党内的地位已经稳固，因此开始着手说服反对国铁民营化的议员们。1986 年 7 月，参、众两院的选举在同一天举行，自民党获得压倒性胜利，中曾根康弘抓住这一时机，压制了党内的反对意见，在 11 月的临时国会上通过了国铁民营化的相关法案。1987
357 年 4 月，国铁实现了分割民营化。这一举措不仅让政府得以卸下财政上的包袱，也瓦解了“公共企业体等劳动组合协议会”，也就是“三公社五现业”的联合工会。从此以后，工会运动就趋于平稳了。

校园暴力成为社会问题

1984 年 2 月，中曾根康弘设立临时教育审议会。当时，初、高中学校里的校园霸凌以及暴力事件不断升级，成为社会问题，成立这一机构的一大目的就是应对这些问题。1980 年，东京都和三重县的学校里都发生了教师因为批评学生而遭到暴力攻击的事件。东京还发生了因为高考不利、两次复读的学生怨恨父母，将双亲杀害的惨案。1983 年，位于爱知县的一所游艇学校号称能够通过运动治疗青少年的情绪与行为障碍，矫正不正常行为，结果在“教育”的过程中，出现体罚、虐待学生的现象，造成数人死亡，校长与教练等责任人被逮捕。这些事件迫使人们开始重新审视在经济高速增长时期形成的完全规格化的学校教育体系，以及由此带来的无法回避的“考试战争”。

在这种背景下，临时教育审议会开始推动学校教育的自由化与多样化。临时教育审议会首先对高考进行了改革，在 1979 年开始实施国立与公立大学共通的考试（大学共通第一次学力試験）。1990 年，随着采用这一考试的学校增加，又实施了新的考试（大学入試センター試験），进一步提高了学生选择考试科目的自由度。从 90 年代末开始，实施公立学校选择制，从前学龄儿童要进入公立学校，都是按照住址所在的学区来决定。在实施选择制后，家长就有了选择学校的权利。此外，为了缓解应试教育的压力，提高学习的连贯性，还着手增设初中与高中一贯制的学校。但需要指出的是，公立学校选择制的施行与一贯制学校的增加，也有可能助长教育的不公平。358

在外交方面，中曾根康弘也相当活跃。1982 年夏天，初中的社会课教科书里关于历史的部分，在教科书审定过程中，原本的“侵略”一词被改成较为中性的“扩张”（進出）。这一消息被媒体曝光后，中国与韩国都表示了抗议，最终日本接受了中、韩两国的意见。中曾根康弘接任首相后，在 1983 年 1 月访问韩国，成为战后第一位访问韩国的日本首相。第二年 8 月，日本在公布韩国总统全斗焕访日的消息时，中曾根康弘同时表达了对殖民统治的反省。同年 9 月，全斗焕访日获得成功，他也成为第一位访问日本的韩国总统。日韩关系由此获得了相当大的改善。

在这一时期，在野党和自民党的势力在很长一段时间里都不相上下。在野党主要分为保守系的新自由俱乐部，立场较为中立的公明党、民社党、社会民主联合，以及左翼的共产党和社会党，这些在野党很难找到政策上的相同点，合作自然也就无从谈起。因此，与其说是自民党受欢迎，不如说是在野党无法合力对抗自民党，才使得自民党得以持续执政。社会党在昭和时代末期的 1986 年 1 月发表《日本社会党的新宣言》，否定了通过和平革命建设社会主义的道路，抛弃了自身的阶级性，完全转向了社会民主主义。但是，社会党在 1987 年的选举中还是遭遇大败，转变并没能跟上形势。

中曾根康弘之所以能在多方面取得成果，离不开当时经济的繁荣。当时的经济状况被称作“泡沫景气”。1985 年 9 月，美国、日本、英国、法国及联邦德国 5 个发达国家的财政部部长和央行行
359 长在纽约广场饭店会晤后，签署了《广场协议》。协议的目的在于解决美国因为日、德两国的出口而出现的巨额贸易赤字，通过联合干预外汇市场，使美元对日元及德国马克等主要货币受控地下调，日元因此大幅升值。加上日本国内利率的下调、税率的降低，使得对房地产等资产的投资变得极为活跃。

日本经济一时间呈现一派繁荣景象，对土地和股票的投机交易盛况空前。1987—1988 年短短一年时间里，东京的公告地价就上涨了 70%，创下历史纪录。日经指数从 1986 年的 1.6 万点涨到 1987 年的 2.3 万点，1989 年更是创下 38915 点的最高纪录。前面提到过日本电信电话公社在 1985 年开始民营化，当民营化完成成为股份公司的 NTT 上市时，正是泡沫经济时期的 1987 年 2 月，当时 NTT 的股价也一时间成了街头巷尾热议的话题。

11　改元前后的政治和经济

首相接二连三爆出丑闻

中曾根康弘以财政健全化为目标，准备进一步开征消费税，但是最终未能成功。此时竹下登掌握了自民党内田中派的主导权，并将其变成从属于自身的竹下派，竹下登也由此在 1987 年 11 月继任首相。 360

竹下登成功地在 1988 年 11 月通过了消费税法案，但是在同年 6 月被曝光的瑞可利事件，让竹下登的政治前途变得黯淡。瑞可利公司是一家人力资源与媒体企业，在上市之前曾将股份赠予一些政要，公司上市之后那些获赠者卖出股票，获得了巨额利益。在年号改为平成以后不久的 1989 年 4 月，消费税正式开始征收，竹下登也就此宣布下台。但是，因为自民党内几大派系的要人大多涉及这一丑闻，首相的继任者一时难以决定。直到一个多月后的6月 2 日，才推出原外务大臣宇野宗佑继任首相，收拾残局。

但是，宇野宗佑上任不久便被爆出与女性有关的丑闻，加上自民党在参议院选举中大败，因此他在担任首相仅两个月之后便宣布辞职。继任的海部俊树担任过中曾根康弘内阁的文部大臣，也不是自民党内大派系的领导。此时自民党正准备趁经济繁荣，借助消费税来实现财政健全化这一目标，然而日本的泡沫经济在 1992 年骤然结束。为了挽救经济，政府的财政政策重新变得积极，财政的健全化宣告失败。长久以来，自民党的派系政治有利于听取各方的要求，对于自民党长期稳定的执政起了很大的作用。但是，这种体系在长期的发展过程中进一步趋于细化，同时也变得僵硬，改革变得迫在眉睫，自民党内也有人意识到了这一点并开始采取行动。

1993 年，担任首相的宫泽喜一支持进行政治改革，但遭到自民党内部一部分人的反对，最终使得自民党发生分裂。此时国会又通过了内阁不信任案，自民党在不利情况下迎来了总选举。分裂后的自民党无力维持过半议席，新成立的日本新党领袖细川护熙在当年 8 月成立不包括自民党和共产党的联合内阁。持续了数十年，仿
361 佛会永远持续下去的自民党长期执政的局面，由此画上了句号。

在自民党失去政权的同一时期，世界局势也发生了重大变化，铁幕另一边的社会主义阵营瓦解。从 1987 年开始，东欧的社会主义国家陆续出现民主化运动，苏联也在戈尔巴乔夫的领导下尝试与西方和解，并积极推进裁军行动。在年号已改为平成的 1989 年 11 月，柏林墙倒塌，这成了冷战走向终结的标志。第二年 8 月，两德统一。1991 年 12 月 26 日，苏联也最终解体。

在经济高速增长时期结束以后，日本的特征从“大家一起”变为“人各有不同”。这一点不仅表现在生活和文化方面，在政治上也是如此。虽然新成立了许多政党，但在 60—80 年代，除了与新自由俱乐部短暂的联合政权之外，自民党依然把持了政权。这是

因为当时的在野党无法团结一致，提出比自民党更有魅力的政策来吸引选民。自民党内部虽然也存在诸多矛盾，但是为了维持执政地位，还是勉强避免了分裂。为了调和多方面的利益，自民党和在其领导下的政府形成了相当致密的权力结构，这反过来导致了政治体系的僵化，最终导致了自民党长期执政局面的终结。

362 # 12　多样化与成熟

西方化与小型化的发展

这一时期社会和文化的主要特征在于多样化与成熟化。正是在这段时间里，日本人的饮食习惯开始变得多样。以泡面为代表的速食食品、速冻食品以及真空包装食品，不仅便于保存，也不需要复杂的烹饪过程，于是在经济高速增长时期开始普及。到了 70 年代，这些食品变得更加多样，并成了人们日常生活中不可缺少的一部分。除了这些方便的食品，更多的西方食材和原本普通百姓较难品尝到的高级食材，也越来越多地出现在人们的餐桌上。日本人不仅吃得更多样化，也更西方化了。

人们还拥有了更多新的方式来购买商品，1974 年，711 便利店在日本的第一号店在东京都江东区开业。便利店这种方便人们买到想要的商品的经营方式，此前已经在美国普及开来，现在也被引进日本。“711”最初的意思是商店从早上 7 点营业到晚上 11 点，但在不久以后，全天 24 小时营业就成了便利店的主流营业方式。几家主要的便利店迅速在全日本普及开来，如今人们早已习惯于在住

处附近的便利店购入各种生活所需的商品。 363

1979 年，索尼公司发售了 WALKMAN，这是由便携式磁带播放器加上耳机组合而成的随身听产品。WALKMAN 没有外放的扬声器，完全是为了一个人欣赏自己喜欢的音乐而开发的商品。随身听一经推出便迅速流行开来，并在全世界赢得了无数人的喜爱。之后，索尼进一步开发了播放 CD、MD 的随身听。如今以闪存作为存储介质，通过网络下载电子化的音乐文件进行播放的随身听仍然陪伴着相当多的人。

卡拉 OK 最早出现在 70 年代前期的关西地区，到了 70 年代后期，这种新的娱乐方式进一步扩展到关东和全日本。虽然也有人购买相应设备在家唱卡拉 OK，但大部分人是在饭店或是专门的 KTV 唱歌。卡拉 OK 的存储介质也经历了录影带、激光视盘、云存储等几个阶段。

这种娱乐活动的特征在于，虽然大部分人会和家人、朋友或同事一起参与，但是大家更多地会选择唱自己喜欢的歌曲。与去便利店购物或是听随身听这些完全个人的行为不同，唱卡拉 OK 大多
是群体行动。60 年代安保斗争时，歌声咖啡店（歌声喫茶）曾在 364
东京流行一时，在歌声咖啡店里，顾客们时常齐声歌唱。与歌声咖啡店相比，卡拉 OK 可以说是多样化的产物。

旅游作为人们普遍的休闲活动，一直到经济高速增长时期，大家一般都是参加单位组织的团体旅游。但是随着经济的发展，旅行社出售的团体旅游产品的对象也渐渐变成了个人，而不通过旅行社的个人出游也越来越流行。在大阪世博会结束之后，国铁推出了名为“发现日本”的旅游推广活动，并获得相当大的成功。这一时

期，《an · an》以及《non-no》这些面向年轻女性的杂志也多以旅游为主题。这些都标志着追求个性与多样化的个人出游正在成为主流，这一趋势一直发展并延续至今。

《男女雇用机会均等法》的制定

这一时期的另一大特征是女性社会地位的提高。在战争期间，女性活跃在社会的各个角落，但是随着战争结束，军人们回到日本国内，女性的处境重新变得与战前没有多少区别。女性就业的比例在 50 年代只有大约 20%，到了 60 年代，勉强超过 30%，昭和时期将要结束时，才接近 40%。而且其中还有超过 30% 的人从事的是兼职或是打工这些非正规雇用的工作。虽然《日本国宪法》中已
365 经规定了男女平等，但是许多企业都继续着战前的恶习，在人事与薪酬方面，公然地抑或是暗地里歧视女性。就算是从事全职工作的正规员工，女性也很少有机会能够走上领导岗位。

战后兴起的妇女解放运动在 70 年代传入日本，其中不少女性活动家也曾参与新左翼的学生运动，并在其中感受到性别歧视，因此转而投身新的妇女解放运动。

联合国为了宣传消除针对女性的性别歧视政策，将 1975 年定为国际妇女年。这一年好侍食品公司的电视广告中出现了“我来做，我来吃”（私作る人、僕食べる人）的台词，使用了日文中不同的第一人称代词，前半句的主语较为女性化，并由女演员说出，而后半句的主语偏男性，由男性演员说出，因此被认为会助长关于性别的刻板印象而受到女权组织的抗议，广告最终停止播放。女性学从这一时期开始兴起，历史、文学、社会学等众多领域开始重新

审视女性所扮演的角色。进而在讨论社会与文化意义上的性这一问题时，开始有意使用gender这一英语单词的音译词“ジェンダー”，以保持中立性。

1979 年，联合国通过了《消除对妇女一切形式歧视公约》，日本也加入了这一公约。1985 年，日本制定了《男女雇用机会均等法》并批准生效，禁止在就职、人事、薪酬方面歧视女性。在初中，男生原本会有一门叫“职业课”的课程，相对地，女生上的则是“家庭课”，这无疑也属于对性别的刻板印象。这种情况在 1989 年得到改变，男女学生都要学习“职业”与“家庭”这两门课程。但是，要彻底消除对女性的歧视并不容易，就算有了《男女雇用机 366
会均等法》，在很多企业和政府部门，担任领导职务的女性依然很少，对于女性的各种隐性歧视仍然存在。

从整体来看，这一时期的社会与文化依靠民主和公正的制度，以及经济和技术的积累，呈现出多样化的成熟姿态。

日本航空 123 号班机空难与过激派的落幕

在昭和时代的最后一段时间里，日本航空的大型客机坠毁事故震撼了整个社会。1985 年 8 月 12 日，从东京羽田机场起飞前往大阪的日航 123 号班机，因为之前机体损伤的修复工作存在失误，在飞行中机尾受损，飞机无法正常操控，最终坠毁在群马县御鹰巢山中。机上 524 人中仅有 4 人生还，在单架飞机遭遇的空难中，这次事故是死亡人数最多的。即使是使用了诸多最新技术的大型客机，也会因为人为的过失而出现重大事故。

在 60 年代后期出现的左翼运动过激派，因为舆论的批判和警方控制的加强，越来越难以在日本国内展开大规模行动。1974—1976 年，他们转而展开类似游击战的恐怖活动，连续针对大企业和政府部门发动爆炸袭击。还有一部分人远走海外，在国外继续活动。1975 年 8 月，日本赤军对马来西亚首都吉隆坡一栋大楼内的美国和瑞典大使馆发动袭击，劫持 52 名人质，要求日本政府释放
367 关押中的 7 名过激派成员。日本政府为了保证人质的安全，采取“超越法律的手段”，应允了恐怖分子的要求，除了主动拒绝出狱的 2 人以外，其余 5 人都被释放，并乘坐日本航空的专机到达吉隆坡。日本与马来西亚的政府官员代替人质，与恐怖分子一起飞往利比亚首都的黎波里，日本赤军的行动取得了成功。

1977 年 9 月底，载有 156 人、从巴黎飞往东京的日航 472 号班机在经停孟买之后，遭到日本赤军的劫持。劫机者要求日本政府释放包括吉隆坡事件的一名犯人在内的 9 名过激派成员，并支付 600 万美元的赎金。日本政府再次屈服于恐怖分子，同意释放监狱中的犯人并支付赎金。除了 3 名拒绝出狱者，其余 6 人与劫机者一同飞往阿尔及利亚首都阿尔及尔，获得自由。

日本政府与恐怖分子的交易引起了许多国家的批评，但是在日本国内进行的舆论调查中，有 60% 的人支持政府采取的措施。进入 80 年代之后，警方进一步加大了对过激派的打击力度，领导成员逐一被捕，过激派的活动渐渐平息。

13 昭和天皇去世 368

在位时间最长的天皇去世

随着昭和天皇的去世，昭和时代也迎来了落幕。在访问美国之后，昭和天皇剩下的愿望是访问中国与冲绳，但政府的方针是天皇应该访问冲绳之后再访问中国。1987 年 10 月，第 42 届国民体育大会的秋季大会在冲绳开幕，昭和天皇本希望利用这一机会访问冲绳。但是在当年 4 月 29 日举行的天皇生日宴会上，天皇突然身体不适，只好取消了这一计划。昭和天皇在 9 月接受了手术，这是有史以来天皇第一次接受开腹手术。当时对外公开天皇的疾病为慢性胰腺炎，但是一年后报纸报道称，天皇所患的实为胰腺癌。1987 年底昭和天皇的身体状况略微好转，他在 1988 年 4 月出席记者招待会时表示："虽然之前的战争是自己最糟糕的回忆，但是希望民众不要忘记那场战争，保护好和平。"昭和天皇以前基本没有在公开场合提到过战争话题，这一次的发言是他最后一次提及那场战争。

1988 年 9 月，昭和天皇出现吐血症状，再次卧床不起。日本

社会各界都主动停止了各种活动，全国各地都设置了“记账所”，
369 人们在那里签名，祈祷天皇痊愈。虽然前去签名，但内心却对天皇
持批判态度的人肯定也存在。毕竟这样的活动，除了人们自身的希
望以外，也有企业或公众人物是出于社会影响而参与的。

1989年1月7日，昭和天皇去世，享年87岁。昭和天皇在战后受到敬爱的同时，也不断受到各种各样的批判，这一点在新闻报道中也有明显的体现。

人们不断讨论的一点便是天皇的战争责任，虽然昭和天皇确
实没有积极主张或是主导使用战争手段来解决国际问题，并在日
本走向毁灭的时刻决定投降。但是，他作为当时日本的最高领导
人，虽然并不情愿，却依然认可了军队和政府使用武力解决问题的
370 意见，并且为了避免无条件投降而赞同“一击讲和论”，导致战火
进一步蔓延，人民受到更多伤害。在晚年，他也曾经对身边的人吐
露因为不断被追问战争责任，自己备受压力。昭和天皇的前半生是
国家的最高领导人，而后半生则成了国民的象征。他历经前后完全
不同的地位，并在战后承受毁誉参半的评价，可以说昭和天皇的一
生，正是昭和这一复杂时代的缩影。

结　语 371

在以极快的节奏回顾了昭和时代 64 年间的历史之后，我再一次深切地感受到第二次世界大战前后日本的变化之大。

在战前的日本，只要不对政治体制进行批判，也有机会过上不错的生活，同样能享受到不少乐趣，一般人通过自己的努力来改善生活也并非不可能。战争开始之后，虽然在早期给日本国内带来了繁荣，但是不久之后人们的生活就变得困苦，并最终演变成一场巨大的灾难。在这一过程中，日本给周围的国家和地区带去了难以计数的伤害。

战争并非天灾，而是人祸，是因政治而起的问题。从这一点上来说，日本战前的政治可谓失败至极。通过这本书中提到的有限内容，也能知道这一问题的根源在于一味忽视常理、埋头蛮干的政治体制。

直到战败为止，民众对于日本来说，不过是国家实现强盛的道具。人们通过辛苦劳动创造的财富，相当一部分都被投入了军备当中。如果政党内阁能够延续下去，通过宪法解释等方式，就有可能做出一些改变。 372

当然，当时的主流看法大概是如果国家兴盛，人民也会幸福，所以为了国家的富强，人民需要暂时忍耐。但是，随着军人和官员们为了出人头地而争权夺利，政党之间也为了政权而纷争不断，国体论就成了他们肆意行事的绝好借口。在国体论这面旗帜之下，日本的目标变得越来越“远大”，从“满洲国”到“东亚新秩序”，再到“大东亚共荣圈”，简直成了夸张的妄想，终于在最后完全失败。在政党内阁崩溃之后，政府的高级官员、军人以及华族等并非通过选举产生，因而无法被民众追究责任的人掌握了权力。这么一来，理论上天皇作为任命首相、国务大臣以及军队高级指挥官的人，就需要对国家的行为负责，如果出现需要天皇承担责任而退位的情况，以“天皇至高无上”这一理念存续的国家也就无法维持了。所以到头来，战前日本权力结构中的责任问题完全是稀里糊涂的。

在这种情况下，民众也无法对政治目标的设定与变更发表意见。在政党内阁时代，部分政治问题也能够公开得到讨论，但是对于诸如帝国国防方针、皇姑屯事件或是“九一八”事变这样的问题，因为涉及军事，因此实质上完全是由军部一手掌控的。政党内阁开始走向崩溃以后，不仅仅是军事问题，那些涉及政权的更迭和外交交涉等能够左右政治动向的重大问题，也全部成为政府内部的秘密。民众所能知晓的，只有最后的结果而已。结果就造成军部和
373 政府失去控制，随意行事，无人能够阻止。只有那些直接关系民众生活的问题，还能在帝国议会得到讨论，间接地对政府产生影响。

战前的日本没有充分教育民众独立思考，甚至还划定了越来越多的思想禁区，自然也不会公开足以让国内外的人们自行做出判断的信息，给出的只是对自身有利的消息。就算国家出现了过失，

也会为了国家的权威而加以隐瞒。

对于隐瞒事实的当事人来说，显然不愿意因为一点失误而失去自己的工作或是升职的机会，更不会轻易放弃那些多年积攒下的东西，所以会抱着“等待下一次有机会时加以弥补就好”的心态。如果站在当事者的立场，这种心理也并非不能理解，在日常生活中，有时按照这种方法行事也不会出什么问题。但是在国家层面，如果一直不能正视错误，那么就会渐渐失去国际社会的信任，在国内也会出现黑市蔓延、民众失去公德心、坏人横行无阻的局面。

不断出现过失并且毫无补救，相信军事力量胜过一切，为了
维护并进一步加强国家的权威，就去制造既成事实，高唱自己的主
张，天真地相信这种做法能够成功。在这样的氛围中，政治目标开
始变得荒诞，政府也依然毫无反省。日本对于当时纷争较多的中国
过于轻视，对第一次世界大战之后诞生的新的国际秩序和思潮也没 374
能正确评价，这一切最终导致了后来惨剧的发生。加之按照国体论
的解释，国家的权威来源于至高无上的天皇，要加以批判就更需要
勇气了。就算真的有勇气对国家的权威进行批判，也会反过来被国
家制裁。

对于国家的方针进行广泛讨论，并由政治家负起相关责任的制度，没有被很好地建立起来，这最终导致了战前日本的毁灭。建立战前日本的政治制度的是伊藤博文和山县有朋等明治时代的元勋，这些人太过相信只有自己和一部分自己的同志能够领导日本走向富强，因此他们所建立的制度也是不利于自由发言和讨论的。当大隈重信对这一点提出异议时，便被排挤出了政府。大隈重信在1881年提出的意见没有错误，这一制度确实出现了让人变得恋栈

的弊端，并造成了65年后的惨剧。

这一惨剧是如此令人心痛。丈夫出征时因为军事机密而无法与自己道别，结果就此与爱人阴阳两隔的妻子，在战场上无法得到足够补给饥饿而死的士兵，日本战败之后从中国东北撤退的途中不想成为累赘而请求别人杀了自己的女性，从原子弹爆炸中生还却痛苦地死于辐射病的少女，被日军强征为慰安妇身心都受到极大伤害
375 的女性，被日军夺走儿子的中国母亲，只要想象一下这些人的心情，就能理解那场战争造成的伤痛绝非一串数字那么简单。

日本在战败之后，终于意识到自身政治体制的问题，并进行了民主化改革。在改革的过程中，占领军，实际上主要是美国起了很大的作用，不过正如我们在回顾宪法的修正问题时所见，日本自身的行动也是极为重要的。国家的主权从属于天皇变成属于国民，而国民也不再被单纯地要求为国家贡献一切，国家现在是为了国民而存在的。通过保障基本人权，对个人的尊重和公平公正成了国家运作的基本规则。在教育方面，也不再一味教育学生遵从上级意见，而是重视独立思考与公共讨论。如果遇到不公正的对待，进行控诉也不会遭到政府的打压，通过合法途径解决问题的手段相比从前也变得更为多样。战后的日本人面对社会不公，可以自由议论，并有可能通过自己的努力加以改变。

国家的政治被交给由国民选举出的国会议员。大部分政治动向都被公开，就算政治家们像过去那样在料亭搞秘密会议，也会被迅速曝光，讨论的内容过不了多久就会被公之于众。

女性、残障人士以及部落民等自身并无过错却饱受无端歧视，身心都受到伤害的人群，现在能够通过法律途径为自己寻求公正。

虽然还无法完全根除歧视，但是也在逐渐进步。当然，如 2009 年 376
颁布施行相关法律，保障麻风病人的各项权利，并对过去麻风病人受到的歧视进行反省那样的举措，在当事人看来，无疑来得太晚了，而且也有诸多不充分之处。另外，还有在日本的朝鲜人和韩国人等因为日本的历史问题而面临各种困境的人群。在承认这些问题的基础上，民意调查显示，绝大多数人都对目前宪法的基本理念持肯定态度。可以说现在的社会对战前宪法下的诸多社会问题进行了反思，对受歧视者和少数者也能施予相应的救助和保护。

在任何时代，当人们尝试新方法或是面对新事物时，就算出发点是好的，也不免会出现一些意想不到的问题。正如日本在战后出现的各种公害和药害问题，“交通战争”和公共交通工具的重大事故，在社会发展过程中，意料之外的问题几乎是无法避免的。但如果是在战前的日本，一旦某些问题关乎国家的威信和利益，当事人就很难得到救助，而且在大多数情况下会被无视甚至被压制。在如今的宪法下，不仅在遭遇困难时求助成了理所应当的行为，而且通过公正的手续得到帮助的可能性也大为提高。

在战后日本进入经济高速增长时期以后，民众的购买力大幅提高，激发了巨大的内需。这相当程度上也要归功于当时的社会环境，和平的生活、对个人的尊重和劳动成果得到相对公平的分配，
使得人们对美好生活的追求得到完全的释放。这些有利因素在战前 377
和战争中的日本都完全不存在。另外，还有非常重要的一点，那就是战争中的敌国、那些受到日本攻击的国家，放弃向日本追索规模巨大的战争赔偿，这也是我们提到日本的经济奇迹时不能忘记的。

日本能够在和平的环境下专注于发展经济，并不单单是《宪

法》第九条的功劳。与美国这个在第一次世界大战后成长为世界第一强国的国家缔结安保条约，也是日本在战后能够将大部分资源投入经济建设的一大原因。在美国的军事庇护下，处于西方阵营的日本即便在冷战时期也不需要维持庞大的军队，可以说美国是日本战后和平发展的后盾。当然，放弃发动战争权利的《宪法》第九条依然是日本免于支出高额军费，并避免被卷入其他国家与地区之间的战争，成为和平国家的基石，今后也应当维持下去。

总体来说，战败之前的昭和日本，背负着已经成为负担的明治时期的遗产，最终走向了毁灭。而战争结束以后，日本通过反省，在接受美国援助的基础上，创造了一个尊重个人的和平、公
378 正、富裕的社会。支撑起这一切的，是无数为了自己的日常生活而埋头苦干的普通人。当然，要让每个人的辛勤劳动都能得到回报，国家也需要具有相应的制度来加以保障。全体日本人经历了空前的灾难，才促成国家做出改变，这一点不能不说令人遗憾。

在告别昭和进入平成时代以后，摆在日本面前的是经济停滞、财政赤字增加以及冷战结束等与战败之后完全不同的新局势。在苏联解体以后，长久以来的日美安保体制是应该维持下去，还是进行改变，成了日本的一大难题。2015 年引起巨大争议的新安保法，就是这一问题的体现。

在新的形势下，为了我们自身与整个世界，更需要去学习包括本书所涉及的昭和史在内的日本历史，以及更广泛的世界历史，从历史的教训中学到对个人的尊重和自由公平地讨论国是的重要性。因为通过学习昭和时代日本毁灭与重生的历史，我们就能明白，一旦忽视了这些，就会被时代抛弃，发展与进步也自然无从谈起。

后　记

从我因为好奇太平洋战争的起因而在进入大学以后装模作样地搞起日本近现代史研究开始，已经过去了 30 多年；而正式将历史学研究者作为职业，也已经有 25 年了。我的主要研究领域就是昭和史，因此能够得到写作这本书的机会，实在是感激不尽。我也尽了自己最大的努力，让本书变得有趣又有用。当然，最终的质量如何，还需要各位读者来判断。

虽然想写的内容以及应该写的内容还有很多，但是这本有关昭和史的小书，限于篇幅，目前的状态已经达到了我能力的极限。因此，今后还需要更加努力钻研，提高自己的能力。

虽然痛感自身的能力不足，但是就像在本书开头提到的那样，如果这本书能帮助大家思考昭和史或是日本近现代史，哪怕是成为批判的对象，但只要让更多的人了解历史的教训，也许就能够让人类社会向好的方向略微前进，这样就已经令人心满意足了。

最后，我想要向给予我写作本书机会的编辑小船健一郎，为我找出那些不经意的错误的校对者，以及作为本书最初读者的我的妻子，还有在写作本书的过程中给予我帮助和学习机会的各位，表示感谢。

古川隆久

2016 年 3 月

主要参考文献

青木学「近代日本における『ジャズ』の定着過程」（学位請求論文、日本大学、2015年度）

阿部武司ほか編『朝倉毎人日記』三（山川出版社、1989年）

天野郁夫『高等教育の時代』上・下（中央公論新社、2013年）

有沢広巳監修『昭和経済史』上（日本経済新聞社、1980年）

有山輝雄『情報覇権と帝国日本』Ⅱ（吉川弘文館、2013年）

アンドルー・ゴードン編（中村政則監訳）『歴史としての戦後日本』上・下（みすず書房、2001年）

石川寛子・江原絢子編著『近現代の食文化』（弘学出版、2002年）

板垣邦子「日米決戦下の格差と平等」（吉川弘文館、2008年）

一ノ瀬俊也『銃後の社会史』（吉川弘文館、2005年）

一ノ瀬俊也『戦艦大和講義』（人文書院、2015年）

百瀬孝・伊藤隆監修『事典昭和戦前期の日本』（吉川弘文館、1990年）

井上敏孝「戦時下における大日本航空株式会社の航空輸送業務に関する一考察」（『東洋史訪』20、2013年）

猪瀬直樹『昭和16年夏の敗戦』（文藝春秋、1986年）

岩瀬彰『「月給百円」サラリーマン』（講談社、2006年）

大久保邦彦・三宅俊彦・曽田英夫編『鉄道運転年表』最新版（JTB版『旅』1999年1月号付録）

遠山茂樹・安達淑子編『近代日本政治史必携』（岩波書店、1961年）

荻野富士夫『特高警察』（岩波書店、2005年）

小林英夫『日本軍政下のアジア』（岩波書店、1993年）

小熊英二『〈日本人〉の境界』（新曜社、1998年）

小熊英二『〈民主〉と〈愛国〉』（新曜社、2002年）

小熊英二『1968』上・下（新曜社、2009年）

外務省外交史料館日本外交史辞典編纂委員会編『新版日本外交史辞典』（山川出版社、1992年）

河西秀哉『「象徴天皇」の戦後史』（講談社、2010年）

柏木博『芸術の複製技術時代』（岩波書店、1996年）

片山杜秀『近代日本の右翼思想』（講談社、2007年）

笠原十九司『南京事件』（岩波書店、1997年）

笠原十九司『南京事件論争史』（平凡社、2007年）

加藤聖文『「大日本帝国」崩壊』（中央公論新社、2009年）

加藤阳子:《日本人为何选择了战争》，浙江人民出版社2019年版

河原理子『戦争と検閲』（岩波書店、2015年）

神奈川県立近代美術館編刊『「日本の写真1930年代展」図録』（1988年）

金山泰志『明治期日本における民衆の中国観』（芙蓉書房出版、2014年）

金城正篤・上原兼善・秋山勝・仲地哲夫・大城将保『沖縄県の百年』（山川出版社、2005年）

金子龍司「太平洋戦争期の流行歌・「ジャズ」の取締り」（『年報日本現代史』20、2015年）

北岡伸一『清沢洌』増補版（中央公論新社、2004年）

木村元『学校の戦後史』（岩波書店、2015年）

清沢洌『暗黒日記』（評論社、1979年）

栗原俊雄『シベリア抑留』（岩波書店、2009年）

黒川みどり・藤野豊『差別の日本近代史』（岩波書店、2015年）

黒羽清隆『太平洋戦争の歴史』（講談社、2004年）

倉田喜弘『日本レコード文化史』（東京書籍、1979年）

楠綾子『吉田茂と安全保障政策の形成』（ミネルヴァ書房、2009年）

久留島典子・長野ひろ子・長志珠絵編『歴史を読み替える　ジェンダーから見た日本史』（大月書店、2015年）

熊谷奈緒子『慰安婦問題』（筑摩書房、2014年）

小泉和子『昭和のくらし博物館』（河出書房新社、2000年）

航空局編刊『各国別主要国際航空路一覧』（1941年）

小林道彦『政党内閣の崩壊と満州事変』（ミネルヴァ書房、2010年）

坂口太助『太平洋戦争期の海上交通保護問題の研究』（芙蓉書房出版、2011年）

桜澤誠『沖縄現代史』（中央公論新社、2015年）

佐藤卓己『『キング』の時代』（岩波書店、2002年）

沢井実『帝国日本の技術者たち』（吉川弘文館、2015年）

篠原初枝『国際連盟』（中央公論新社、2010年）

柴山哲也『真珠湾攻撃の真実』（平凡社、2015年）

霜村光寿『金森徳次郎の憲法思想の史的研究』（同成社、2014年）

将基面貴巳『言論抑圧』（中央公論新社、2014年）

庄司俊作『近現代日本の農村』（吉川弘文館、2003年）

衆議院・参議院編『議会制度百年史』議会制度編、院内会派編衆議院の部、院内会派編貴族院・参議院の部、資料編（大蔵省印刷局、1990年）

白幡洋三郎『旅行ノススメ』(中央公論社、1996年)

季武嘉也・武田知己編『日本政党史』(吉川弘文館、2011年)

鈴木正幸『皇室制度』(岩波書店、1993年)

鈴木光男『学徒勤労動員の日々』(近代文藝社、2010年)

大門正克編著『新生活運動と日本の戦後』(日本経済評論社、2012年)

大日本航空社史刊行会編『航空輸送の歩み』(日本航空協会、1975年)

高岡裕之『資料集　総力戦と文化』第二巻(大月書店、2001年)

高岡裕之『総力戦体制と「福祉国家」』(岩波書店、2011年)

高杉洋平『宇垣一成と戦間期の日本政治』(吉田書店、2015年)

武部健一『道路の日本史』(中央公論新社、2015年)

竹山昭子『ラジオの時代』(世界思想社、2002年)

大霞会編『内務省史』第一巻(地方財務協会、1971年)

谷村政次郎『日比谷公園音楽室のプログラム』(つくばね舎、2010年)

塚瀬進『満洲国』(吉川弘文館、1998年)

辻浩美『作曲家・吉田隆子　書いて、恋して、闊歩して』(教育史料出版社、2011年)

筒井清忠『二・二六事件とその時代』(筑摩書房、2006年)

東京裁判ハンドブック編集委員会編『東京裁判ハンドブック』(青木書店、1989年)

東京都美術館・山口県立美術館・兵庫県立近代美術館・朝日新聞社編『1920年代日本展』(朝日新聞社、1998年)

東洋経済新報社編刊『完結　昭和国勢総覧』第三巻(東洋経済新報社、1991年)

徳富蘇峰『徳富蘇峰終戦後日記』(講談社、2006年)

戸ノ下達也『音楽を動員せよ』（青弓社、2008 年）

中澤俊輔『治安維持法』（中央公論新社、2012 年）

新田太郎・田中裕二・小山周子編『図説東京流行生活』（河出書房新社、2003 年）

日本コロムビア編刊『オリジナル盤による　昭和の流行歌』別冊解説書（1998 年）

日本放送協会編刊『20 世紀放送史』上（2001 年）

野間恒『増補　豪華客船の文化史』（NTT 出版、2008 年）

野田正穂・青木栄一・原田勝正・老川慶喜編『日本の鉄道』（日本経済評論社、1986 年）

秦郁彦『旧日本陸海軍の生態学』（中央公論新社、2014 年）

秦郁彦『明と暗のノモンハン戦史』（PHP、2014 年）

秦郁彦著・戦前期官僚制研究会編『戦前期日本官僚制の制度・組織・人事』（東京大学出版会、1981 年）

波田野節子『李光洙』（中央公論新社、2015 年）

服部聡『松岡外交』（千倉書房、2012 年）

服部龍二『中曽根康弘』（中央公論新社、2015 年）

原秀成『日本国憲法制定の系譜』Ⅲ（日本評論社、2006 年）

「阪神間モダニズム」展実行委員会編著『阪神間モダニズム』（淡交社、1997 年）

福永文夫『日本占領史』（中央公論新社、2014 年）

福永文夫・下河辺元春編『芦田均日記』第三巻、第四巻（柏書房、2012 年）

藤井信幸『テレコムの経済史』（勁草書房、1998 年）

藤森照信・初田亨・藤岡洋保編著『写真集　幻景の東京』（柏書房、1998 年）

舟橋正真「佐藤栄作内閣期の昭和天皇「皇室外交」」（河西秀哉編

『戦後史の中の象徴天皇制』吉田書店、2013 年）

舟橋正真「昭和天皇訪米決定の政治過程」（『歴史学研究』908、2013 年）

拙著『あるエリート官僚の昭和秘史』（芙蓉書房出版、2006 年）

拙著『皇紀・万博・オリンピック』（中央公論社、1998 年）

拙著『近衛文麿』（吉川弘文館、2015 年）

拙著『昭和戦後史』上・中・下（講談社、2006 年）

拙著『昭和戦中期の議会と行政』（吉川弘文館、2005 年）

拙著『昭和戦中期の総合国策機関』（吉川弘文館、1992 年）

拙著『昭和天皇』（中央公論新社、2011 年）

拙著『政治家の生き方』（文藝春秋、2004 年）

拙著『戦時下の日本映画』（吉川弘文館、2003 年）

拙著『戦時議会』（吉川弘文館、2001 年）

拙著『東条英機』（山川出版社、2009 年）

拙著『ポツダム宣言と軍国日本』（吉川弘文館、2012 年）

拙稿「犬養政友会総裁期の前田米蔵」（『研究紀要』〔日本大学文理学部人文科学研究所〕86 号、2013 年）

拙稿「京極高鋭の思想と行動」（『軍事史学』第 44 巻第 2 号、2008 年）

拙稿「田中義一内閣期の前田米蔵」（『史叢』88 号、2013 年）

拙稿「流行歌と映画」（戸ノ下達也・長木誠司編著『総力戦と音楽文化』青弓社、2008 年）

古川隆久・鈴木淳・劉傑編『第百一師団長日誌』（中央公論新社、2007 年）

政野淳子『四大公害病』（中央公論新社、2013 年）

松野修『近代日本と「高等遊民」』（吉川弘文館、2010 年）

水島朝穂・大前治『検証　防空法』（法律文化社、2014 年）

水野直樹『創氏改名』（岩波書店、2008 年）

三澤真美恵『「帝国」と「祖国」のはざま』(岩波書店、2010年)

三和良一・原朗編『近現代日本経済史要覧』補訂版(東京大学出版会、2010年)

三和良一『概説日本経済史　近現代』(東京大学出版会、1993年)

森永卓郎監修『物価の文化史事典』(展望社、2008年)

山田朗『軍備拡張の近代史』(吉川弘文館、1997年)

山田朗『護憲派のための軍事入門』(花伝社、2005年)

山中恒『暮らしの中の太平洋戦争』(岩波書店、1989年)

山中恒『子どもたちの太平洋戦争』(岩波書店、1986年)

山室信一『憲法9条の思想水脈』(朝日新聞社、2007年)

楊大慶「ヤンダーチン」(小沢弘明訳)「歴史家への挑戦」(『思想』890、1998年)

吉田裕『アジア・太平洋戦争』(岩波書店、2007年)

吉田裕『日本の軍隊』(岩波書店、2002年)

吉田裕・森茂樹『アジア・太平洋戦争(戦争の日本史)』(吉川弘文館、2007年)

吉見俊哉『ポスト戦後』(岩波書店、2009年)

吉見直人『終戦史』(NHK出版、2013年)

吉見義明『従軍慰安婦』(岩波書店、1995年)

吉見義明『焼跡からのデモクラシー』上・下(岩波書店、2014年)

INAXギャラリー名古屋企画委員会『名古屋のモダニズム』(INAX、1990年)

译者后记

2020 年 1 月，我开始翻译古川隆久老师的这本书，不久以后便回到浙江老家过春节。这个春节假期，本应普普通通、平淡无奇，以至于几年之后关于这段时间的记忆就会变得模糊。但是因为新冠肺炎疫情，这个春节的点点滴滴恐怕将会长存于我的脑海之中，难以忘怀。

在春节期间，我的翻译效率极高，这既是因为当时大家都闭门不出，专注于工作的时间自然增加，也得益于我母亲基本将家务一手包办。在 2 月初返回东京之后，翻译的进度便一下子慢了下来。少时在家，我很少做家务，直到实际经历了一个人的独立生活之后，才发现家务劳动是多么繁重。在因为疫情而减少外出之后，这种体验就变得更加深刻了。每日换洗的衣物几天堆积下来便会占据房间里不小的一角；屋子里所有的水平表面如果不勤加清洁，就免不了会蒙上一层灰；靠自己的双手做出一日三餐，不仅需要技巧，同样需要相当的时间与精力。就算家用电器为人们减轻了一部分家务劳动的负担，但也必须承认，操作、整理与清洁这些用具也是一件颇为烦琐的工作。

我的父母在20世纪80年代末结婚，作为双职工家庭，在繁忙的工作间隙还要照顾年幼的我，洗衣机和电冰箱等白色家电对他们的意义不言而喻。可以说，我的父母这一代人成家立业、打拼奋斗的时代，正与家电在国内的普及大潮相重叠。想来他们对其中的意义有着切身的感受。而生活在更早的60年代，也就是本书所述的昭和三四十年代的日本年轻人，应该也会有类似的感受。当时的日本正处在经济高速增长时期，随着厂商生产成本的下降与人们消费能力的提高，家电得到普及，这极大地方便了普通人的日常生活。

人们跨越时空的相似感触可能并不仅限于此。第二次世界大战之后，日本从一片废墟中重新崛起，在高速发展的几十年中，也无可避免地积累产生了各种各样的问题：安全生产、教育资源的分配、环境污染，以及与外国的贸易争端等，都曾经令昭和时代的日本人头疼。对于这些我们同样不会感到陌生的问题，日本的应对举措无疑是值得重视的经验教训。昭和时代的64年，正是20世纪人类历史经历巨大变动的时期。日本在国际舞台上的失败与成功，应当也有可资警醒与借鉴之处。

在本书的每一章中，古川老师都会用一部分篇幅介绍当时流行的电影。他对电影颇有研究，因此为我们提供了一个独特的视角，来一窥当时人们的精神与文化生活。随着影像技术的发展，我们得到了相当多亲眼“看到”近现代历史的机会。而各个时期拍摄的影视作品，特别是以当时的社会作为舞台的作品，往往能让我们更生动地感受彼时人们的生活环境。有时候，就算故事主题和情节与现实社会并无关系，也往往能从人物与布景中，瞥见一些过去的角落。例如，1973 年播出的《泰罗奥特曼》（ウルトラマンタロウ），虽然讲述的是奥特曼打怪兽的故事，但是在第 21 集中，主角感慨新建的大量住宅让自己儿时熟悉的自然景观消失，又如第 23 集中，人们在新建公路上开着贷款购入的轿车旅行，这些情节无不体现出强烈的时代气息。最后一集，主角漫步于东京银座街头的镜头，也让我们得以一睹“步行者天国”（即在指定的时间段将某一街区划为行人专用，禁止车辆通行的制度）在刚刚实施不久时的宝贵景象。去发现这些历史的角落，可以算是观看过去的影视作品带给我们的一种别样乐趣了。

如何翻译书中所提到的诸多影视作品的标题，是一个颇为伤脑筋的问题。最终为了统一并容易查询，我采用了网站“豆瓣”中相应条目的中文名称，在此向创建并翻译了这些条目的网友致谢。最后，感谢在家庭中承担起家务劳动的人们，愿其付出都能得到相应的理解与回报。本书的翻译若有错漏之处，敬请读者指正。

章　霖

2020 年 8 月于日本东京